Carsten Zelle

Der Wechselwähler

D1734576

Studien zur Sozialwissenschaft

Band 160

Carsten Zelle

Der Wechselwähler

*Eine Gegenüberstellung politischer
und sozialer Erklärungsansätze
des Wählerwandels in Deutschland
und den USA*

Westdeutscher Verlag

Umschlaggestaltung: Christine Huth, Wiesbaden
Druck und buchbinderische Verarbeitung: Rosch-Buch, Hallstadt
Gedruckt auf säurefreiem Papier
Printed in Germany

ISBN 3-531-12766-7

Vorwort

Dieser Band ist die überarbeitete Fassung meiner Dissertation, die im Herbst 1994 an der FU Berlin angenommen wurde. Hans-Dieter Klingemann, Richard Stöss und Bernhard Weßels sowie Dietrich Herzog und Oskar Niedermayer, danke ich herzlich für ihre Betreuung, ihren Rat und ihr Interesse an dem Thema.

Die Fragen, ob die Wechselaktivität steige und, wenn ja, ob dies auf soziale Erklärungen zurückzuführen sei, beschäftigten mich seit Beginn meiner Tätigkeit im Bereich Forschung und Beratung der Konrad-Adenauer-Stiftung. Hans-Joachim Veen und Peter Gluchowski, mit denen ich meine Thesen wiederholt diskutieren konnte, möchte ich aufrichtig danken. Besonderer Dank gebührt auch dem verstorbenen Kollegen Dieter Noetzel, der mich in meinen Bedenken gegen den "sozialen Erklärungsansatz" bestärkte.

Phil Shively, der mich während meines Aufenthalts an der University of Minnesota betreute, gebührt Dank. Den entscheidenden Impuls für den "politischen Erklärungsansatz" gaben Frank Soraufs Kenntnisse des amerikanischen Parteiensystems. Auch ihm möchte ich danken.

Nicht zuletzt bin ich den Kollegen und Freunden, die durch Diskussionsbereitschaft Schwächen in der Argumentation zu identifizieren und beseitigen halfen, dankbar verpflichtet. Besonderer Dank gilt auch Hannelore Meyer und Monika Lagerwij, die die umfangreichen Schreib-, Formatierungs- und Korrekturarbeiten übernahmen. Selbstverständlich gehen die verbleibenden Fehler zu meinen Lasten.

Inhaltsübersicht

Tabellen

Graphiken

1. Einführung: Sozialer Wandel, politischer Wandel, Wählerwandel

Diese Studie untersucht Bestimmungsgründe des Wählerwandels am Beispiel des Wechselwählens. Sie geht der Frage nach, inwieweit Wählerwandel in westlichen Demokratien eine Konsequenz gesellschaftlicher Modernisierung ist und in welchem Maße sich darin Veränderungen im politischen System niederschlagen: "Soziale" und "politische" Erklärungen des Wählerwandels werden gegeneinander abgewogen.

Auf den Forschungsgegenstand des Wechselwählers bezogen bedeutet dies einerseits, daß untersucht wird, ob die Entwicklung des Wechselwählens der gesellschaftlichen *Modernisierung* folgt. Wächst im Zuge des sozialen Wandels ein neuer Wählertyp heran, der, losgelöst von Parteibindungen, zur Wechselwahl bereit ist? Dieser Wählertypus wird hier als der "moderne Wechselwähler" bezeichnet.

Dem wird die Frage gegenübergestellt, ob sich die Wechselaktivität besser als individuelle *Adaption* an eine veränderte Konstellation der politischen Anbieter (Parteien bzw. Kandidaten) verstehen läßt. Eine derartige Erklärung macht es nicht erforderlich, von veränderten Charakteristika der Wechselwähler bzw. von einem bestimmten Typ des Wechselwählers auszugehen. Eine alternative politische Erklärung fragt, ob *Unzufriedenheit* mit dem politischen Geschehen Parteiwechsel stimulieren kann, die Entwicklung der Wechselaktivität also vom "frustrierten Wechselwähler" abhängt.

Die Fragestellung dieser Studie ist für das *theoretische Verständnis* des Wählerwandels von zentraler Bedeutung, weil es dessen Ursachen zu identifizieren sucht. Aus der Perspektive *politischer Praxis* ist der Inhalt von Präskriptionen an politische Eliten zu klären: Haben diese auf den Wählerwandel zu reagieren, oder stimulieren sie ihn? Die *empirische Bestandsaufnahme* gilt der Frage, ob es in den Untersuchungsländern zu einer Destabilisierung von Parteibindungen kam.

Um Kausalfaktoren im Systemvergleich identifizieren zu können, erfolgt die empirische Beurteilung der sozialen und politischen Erklärungsansätze im Vergleich der USA und der Bundesrepublik Deutschland. Zu diesem

Zweck werden zunächst soziale sowie politische Veränderungen untersucht, die Variationen der Wechselaktivität verursachen könnten, wie etwa das Wachstum der neuen Mittelschicht und das Verhältnis von Parteien und Politikern mit Blick auf das Angebot an den Wähler. Auf der Basis der daraus resultierenden Hypothesen wird die Entwicklung des Wechselwählens im Zeitverlauf, dessen sozialer Hintergrund und das Verhältnis der Wechselwähler zur Politik erkundet.

1.1   Hintergrund der Fragestellung

"Über die abnehmenden Bindungen in der Wählerschaft ist man sich im *mainstream* der westdeutschen Wahlforschung durchaus einig...", stellte Schultze 1991 in seiner Bestandsaufnahme der Wahlforschung fest (Schultze 1991:490). Gibowski und Kaase gehen in ihrer Analyse der Bundestagswahl 1990 von einer "von der Wahlforschung zweifelsfrei belegten zunehmenden Wechselbereitschaft" aus (Gibowski/Kaase 1991:6). Diese Zitate machen deutlich, daß dem Wechselwähler in der Wahlforschung derzeit ein hohes Maß an Aufmerksamkeit gilt. Dies trifft vor allem für die Frage nach der Entwicklung des Wechselwähleranteils in den letzen Jahrzehnten zu. Ein Anstieg der Wechselwählerschaft, ein Rückgang der Parteibindungen, ein dealignment sind Ergebnis oder Ausgangspunkt zahlreicher Untersuchungen in der Wahlforschung, aber auch in der Parteienforschung.

Damit ist ein Wählertypus erneut ins Blickfeld gerückt, auf den sich seit Kaases *Wechsel von Parteipräferenzen* (1967) keine Monographie konzentriert hat. Dies ist auch deswegen bedeutend, weil man aus Kaases Darlegungen den Eindruck gewinnen muß, daß der Wechselwähler als "Typus" gar nicht existiert. Kaases zahlreiche Analysen führen zu dem Gesamteindruck, daß sich Wechselwähler von Stammwählern nicht wesentlich in systematischer Weise unterscheiden, oder es zumindest im Jahre 1961, aus dem Kaases Daten stammen, (noch) nicht taten. Die vorliegende Studie möchte sich erneut auf die Suche nach dem Wechselwähler begeben, und sich dabei insbesondere auf die Entwicklung der Wechselwählerschaft im Zeitablauf konzentrieren.

Mit dem Begriff "Wechselwähler" wird die Instabilität des individuellen Wahlverhaltens angesprochen. In dieser Studie wird die Instabilität auf den Wechsel zwischen den Parteien beschränkt. Ein Wechsel in die (oder aus der) Nichtwählerschaft wird nicht als Wechselwahl verstanden. Dies geschieht im Interesse der Trennschärfe unterschiedlicher Konstrukte. Auch wenn es aus bestimmten Perspektiven durchaus gerechtfertigt ist, Wechselwähler und Nichtwähler als "zwei Seiten einer Medaille" (Veen 1992) zu betrachten, und auch wenn es wichtig ist, alle Phänomene des Wählerwandels zu untersuchen und zueinander in Beziehung zu stellen, so ist es gleichzeitig für die Analyse des Wählerwandels von entscheidender Bedeutung, seine verschiedenen Ausdrucksformen nicht im ersten Schritt zu vermischen. Ein Wechsel zu einer anderen Partei basiert nicht notwendigerweise auf derselben Motivlage wie ein Wechsel ins Lager der Nichtwähler, und auch die politischen Implikationen sind nicht identisch. Die vorliegende Studie versteht sich als ein Teil eines umfangreicheren Forschungsprogramms zum Wählerwandel, das die Nichtwählerschaft und das Aufkommen neuer Parteien als separate Ausdrucksformen gewandelten Wahlverhaltens einbezieht, aber stets darauf bedacht ist, diese unterschiedlichen Phänomene nicht in einer zu weit gefaßten Begrifflichkeit untergehen zu lassen. Das erste dieser Phänomene, der Parteiwechsel, ist Gegenstand der vorliegenden Studie.

Wenn heute in Deutschland von zunehmender Volatilität (Wechselhaftigkeit) des Wahlverhaltens gesprochen wird, werden die Ursachen dieser Entwicklung in aller Regel in den verschiedenen Erscheinungsformen des sozialen Wandels gesucht (vgl. zahlreiche Belege in den folgenden Kapiteln). Mit dem Anwachsen der "neuen Mittelschicht" und dem Schrumpfen traditioneller Milieus steige der Anteil derjenigen Wähler, die zum Wechselwählen neigen, weil ihre soziale Rolle keine sozial abgesicherte Wahlnorm zum Bestandteil habe bzw. ihre Interessenlage keine dauerhafte Verbindung mit einer Partei begründe. Zusätzlich wurde die These aufgestellt, daß die Bildungsexpansion einem wachsenden Anteil der Bevölkerung die kognitiven Ressourcen zugänglich mache, die ein von Parteibindungen losgelöstes und mithin potentiell instabileres Wahlverhalten ermöglichten. Damit werden zum theoretischen Verständnis dieser Form des Wählerwandels Kategorien herangezogen, die auch sowohl auf das Aufkommen neuer Parteien als auch auf die sinkende Wahlbeteiligung angewendet wurden. In allen Fällen erscheint der Wählerwandel als ein durch soziale Umstrukturierung hervorgerufener Prozeß, auf den die Politik sich einzustellen hat. Diese Thesen, die die Ursache des Wählerwandels im sozialen Wandel verorten, werden hier als "soziale Erklärungen des Wählerwandels" bezeichnet. Nach dem sozialen Erklärungsansatz resultierte aus dem Prozeß der gesellschaftlichen Modernisierung ein neuer, unge-

bundener Wählertypus. Dieser wird hier als "moderner Wechselwähler" bezeichnet.

Den sozialen Erklärungsansätzen des Wählerwandels sind die politischen gegenüberzustellen. Eine Erklärung eines Phänomens des Wählerwandels wird hier als eine "politische Erklärung" bezeichnet, wenn sie das
Angebot, das dem Wähler unterbreitet wird, als die Ursache des Wandels
benennt. Dabei sind sehr unterschiedliche Ausprägungen politischer Erklärungsansätze denkbar. Sie können sich beispielsweise auf die Zahl der Parteien in einem politischen System, deren Erscheinungsbild oder auf ihre jeweiligen inhaltlichen Positionen beziehen. Der zentrale politische Erklärungsansatz in dieser Studie besteht darin, daß untersucht wird, ob und in
welchem Ausmaß ein verändertes Verhältnis zwischen Parteien und Politikern und eine veränderte Anzahl von relevanten Parteien Auswirkungen auf
den Anteil der Parteiwechsel in der Wählerschaft haben können. Der Mechanismus, den diese politischen Erklärungen als ausschlaggebend für das
Ausmaß der Wechselaktivität ansehen, ist die Adaption an veränderte politische Bedingungen.

Im Rahmen der Alternativerklärungen für die empirischen Ergebnisse
wendet sich die Untersuchung einem zweiten politischen Erklärungsansatz
zu. Es wird die Frage angesprochen, ob Wechselaktivität und Parteiloyalität
zudem im Zusammenhang mit politischen Ereignissen (oder anderen Stimuli
auf der Makroebene) stehen könnten, die die Bewertung nicht nur einer,
sondern mehrerer Parteien beeinträchtigen. Dieses Phänomen fände auf der
Individualebene in dem "frustrierten Wechselwähler" seine Entsprechung.
Ebenso wie der moderne Wechselwähler bezeichnet der frustrierte Wechselwähler einen den Parteien nicht verbundenen Wählertypus. Beim
frustrierten Wechselwähler resultiert diese Distanz allerdings nicht wie beim
modernen Wechselwähler aus einer strukturellen Bindungslosigkeit,
sondern aus Unzufriedenheiten, die auf Ereignisse auf der Makroebene
zurückgehen könnten, und die sich auf die Bewertungen des Parteiensystems und des politischen Systems auswirken können. Die Wechselwahl
aus Frustration ist eine Form des Protestverhaltens.

Die Erklärung der Volatilität durch Ereignisse und das korrespondie-
rende Bild des frustrierten Wechselwählers stehen jedoch nicht vorrangig im
Zentrum dieser Studie. Die Untersuchung konzentriert sich zunächst auf die
Gegenüberstellung des politischen Erklärungsansatzes, der auf die Konstellation der Parteien und Politiker in einem politischen System abhebt, mit
dem sozialen Erklärungsansatz. Auf der Individualebene stehen damit der

moderne Wechselwähler und der, der sein Verhalten veränderten politischen Rahmenbedingungen anpaßt, im Blickpunkt. Der Frage, welche dieser Vorstellungen der Realität besser entsprechen, wird zuerst in einer Längsschnittuntersuchung im Vergleich Deutschlands und der USA nachgegangen, in der politischer Wandel, gesellschaftlicher Wandel und Wählerwandel zueinander in Beziehung gesetzt werden. Dann wird eine Querschnittuntersuchung im deutschen Kontext, im wesentlichen auf der Basis der Bundestagswahl 1990, nach Schwerpunkten der Wechselaktivität suchen, die von den verschiedenen Erklärungsansätzen behauptet werden. Die Verfahrensweise besteht darin, daß die Erwartungen des politischen Erklärungsansatzes und die des sozialen Erklärungsansatzes, ebenso wie häufig zusätzlich die eines gemischten Modells spezifiziert und getestet werden. So wird untersucht, ob die Entwicklung der Wechselaktivität und der Parteiloyalitäten in der Gegenwart eher von der Funktionsweise des politischen Prozesses oder eher vom gesellschaftlichen Wandel abhängt.

Die Fragestellung dieser Studie ist motiviert von einem grundsätzlichen Erkenntnisinteresse ebenso wie von praktischen Belangen der Politik und der Politikberatung. Für das grundsätzliche Verständnis des Wählerwandels ist die übergeordnete Frage, ob Veränderungen des *Auswählenden* oder Veränderungen des *Ausgewählten* wichtiger sind, um die Entwicklung der Wechselaktivität in der Gegenwart zu begreifen. Auch wenn diese in gegenseitiger Abhängigkeit stehen könnten, ist es wichtig, zu versuchen, die relative Bedeutung der einzelnen Faktoren zu bestimmen. Dies führt zu der Frage, ob der Wählerwandel im Gesamtmodell des Wandels, der in der Funktionsweise eines politischen Kontextes zu beobachten ist, als im wesentlichen exogene Variable betrachtet werden kann, die als Ursache wirkt, nicht aber von anderen politischen Elementen wesentlich verursacht wird. Dem steht die Frage gegenüber, ob der Wählerwandel als endogene Variable spezifiziert werden sollte, deren Ursachen zumindest teilweise in anderen Elementen des politischen Kontextes zu suchen sind. Damit einher geht die Frage, ob sich die Wahlforschung, wenn sie den Wählerwandel untersucht, im wesentlichen auf die Ergebnisse von Umfragen beschränken kann, oder ob weitere, nicht typischerweise von der Wahlforschung vorgenommene Analysen des politischen Prozesses hilfreich oder sogar notwendig sind.

Für die Politik und die Politikberatung steht zur Beantwortung an, ob sie auf veränderte Muster im Wahlverhalten zu reagieren haben, oder ob sie diese, willentlich oder unwillentlich, auch hervorrufen können. Aus beiden

Perspektiven sind die empirischen Ergebnisse dieser Studie, und sei es nur
aus einem deskriptiven Interesse, von Belang: Steigt die Zahl der Wechselwähler? Sinken Parteibindungen? Welche sozialen Schwerpunkte der Wechselaktivität lassen sich ausmachen? Gibt es einen bestimmten "Typus" des
Wechselwählers?

Dabei können die Analysen jedoch nicht auf das Wahlverhalten in den
neuen Bundesländern eingehen. Damit wird nicht die Wichtigkeit der Frage
nach der Entwicklung von Parteiloyalitäten in Ostdeutschland verkannt,
sondern lediglich der Tatsache Rechnung getragen, daß für deren Untersuchung der an längerfristigen Entwicklungen der industrialisierten Demokratien ausgerichtete theoretische Rahmen des Wählerwandels noch nicht sinnvoll zur Anwendung kommen kann.

1.2   Der Untersuchungsaufbau: Zur Logik des Systemvergleichs

Die vorliegende Studie wird sich ihrer Fragestellung durch einen Vergleich
der Bundesrepublik Deutschland und der USA annähern. Die vergleichende
Methode ist hier angebracht, weil sie es ermöglicht, die Auswirkungen ver-
schiedenartiger Veränderungen in der Funktionsweise politischer Systeme
auf das Wahlverhalten zu untersuchen. Für diesen Vergleich sind die USA
und Deutschland optimal geeignet, weil sie einerseits als demokratisch und
marktwirtschaftlich   organisierte   Gesellschaften   im   gesellschaftlichen
Modernisierungsprozeß hinsichtlich grundlegender Rahmenbedingungen
ähnlich sind, sich aber andererseits hinsichtlich einiger Entwicklungen, die
in den politischen Systemen zu beobachten sind, sehr unterscheiden. Im
Kontext dieser Studie ist als der wichtigste derartige Unterschied die Personalisierung der Politik in den USA zu nennen, die in Deutschland keine
Entsprechung findet (dazu im einzelnen Kap. 4). Erst durch diese Verschiedenheit vor dem Hintergrund ähnlicher Rahmenbedingungen wird die
vergleichende Analyse fruchtbar.

Dabei ist zu betonen, daß dieser Vergleich nicht zum Ziel hat, Ein-
zeldarstellungen der beiden Kontexte zu erstellen. Die beiden Länder werden nicht als Fallstudien untersucht, sondern zur Überprüfung von Kausalhypothesen herangezogen, die den Anspruch haben, für verschiedene Kontexte einschlägig zu sein. Erkenntnistheoretisch steht hinter dieser Vorgehensweise die Überzeugung, daß auch das Soziale und das Politische
gesetzesähnliche Regelmäßigkeiten aufweisen. Mit anderen Worten, im

Prinzip wird es für möglich erachtet, zu allgemeinen, kausalen Gesetzen zu gelangen, die Ursache und Wirkung in sozialen und politischen Phänomenen beschreiben. Obwohl sicherlich darüber gestritten werden kann, ob und in welchem Maße dies in der sozialwissenschaftlichen Forschungspraxis je überzeugend geleistet werden konnte, hat diese Auffassung Konsequenzen für das gewählte Untersuchungsdesign. Diese Auffassung liegt nämlich dem experimentellen Design zugrunde. Und die Art des internationalen Vergleichs, die hier vorgenommen werden soll, versteht sich als Annäherung an die experimentelle Logik: Variationen in abhängigen Variablen sollen Variationen in unabhängigen Variablen zugeordnet werden und so die Deutung als Kausalzusammenhang je nach Ergebnis entweder ausschließen oder, sofern man sich epistemologisch zur Möglichkeit kausaler Inferenzen bekennen möchte, erlauben.

Diese Logik des Experiments soll, wie u.a. von Lijphart (1971) vorgeschlagen, auf den Systemvergleich übertragen werden. Dies ist die angemessene Vorgehensweise, um die in der Form von Kausalhypothesen ausgedrückte Forschungsfrage zu testen. Es soll untersucht werden, ob unterschiedliche Entwicklungen in politischen Kontexten, insbesondere gesellschaftliche Modernisierung und ein verändertes Angebot an die Wähler, unterschiedliches Wahlverhalten verursachen können. In einem statischen Verständnis des Experiments besteht die abhängige Variable also aus dem individuellen Wahlverhalten, die unabhängigen Variablen aus Aspekten des politischen Systems und der Sozialstruktur. In der hier durchgeführten dynamischen Vorgehensweise besteht die abhängige Variable aus dem *Wandel* des Wahlverhaltens, die unabhängigen Variablen entsprechend aus dem *Wandel* im politischen System und in der Sozialstruktur. Diese auf dem Prinzip der concomitant variation basierende Vorgehensweise entspricht Mills "method of difference" (vgl. Lijphart 1971:687-690) bzw. Przeworskis und Teunes "most similar systems design" (1970:32-34).

Diese Methode beruht auf der Annahme, daß die politisch-sozialen Kontexte verschiedener Länder nicht als ganzheitliche Einmaligkeiten verstanden werden müssen, sondern als Konstellation von Merkmalsausprägungen auf einer Reihe von Variablen zu beschreiben sind. Eine vollständige vergleichende Theorie wäre in der Lage, die politisch-sozialen Kontexte der Welt durch die Aufzählung von Merkmalsausprägungen zu beschreiben. Ein Verweis auf nationale Besonderheiten wäre unter diesen, in der Praxis natürlich unerreichbaren Umständen überflüssig (vgl. Przeworski/Teune 1970:25). In diesem Sinne werden in der vorliegenden Arbeit z.B. die unterschiedlichen Dimensionen der Gelegenheitsstruktur des Wählens als Variablen betrachtet.

Die Übertragung der experimentellen Logik auf den Vergleich politisch-sozialer Kontexte bringt das Problem mit sich, daß die Voraussetzungen, die für ein Experiment gegeben sein müssen, nicht zu erfüllen sind. Im Experiment wird versucht, von den Hypothesen abweichende, plausible Alternativerklärungen für die Ergebnisse durch eine Reihe von Maßnahmen zu entkräften. Dies sind die gleiche Zusammensetzung von Experimental- und Kontrollgruppe (in der Regel durch Zufallszuweisung), das Zusammenspiel von pre-test und post-test und die Manipulation der unabhängigen Variablen (experimenteller Stimulus) (vgl. im einzelnen Zimmermann 1972). Von seltenen Einzelfällen abgesehen ist all dies beim Vergleich politischer Systeme unmöglich. Anstelle der Zuweisung in die Gruppen tritt die Nationalität; die Variation der unabhängigen Variablen wird nicht herbeigeführt, sondern beobachtet. In der Regel vollzieht sich die Analyse also anhand der vollzogenen Ereignisse nach natürlicher Variation der unabhängigen Variablen. Dieses Design entspricht der ex-post-facto analysis, einem Sonderfall des Quasi-Experiments (vgl. Cook/Campbell 1979:98-99).

Dieses Design macht es in der Regel nicht möglich, alle plausiblen Alternativhypothesen mit hinreichender Bestimmtheit zurückzuweisen. Plausible Alternativhypothesen können sich stützen auf (1) nicht kontrollierte Unterschiede zwischen den Bevölkerungen der untersuchten Staaten und (2) Veränderungen, die sich in zeitlicher Überschneidung mit der Variation der in der Hypothese spezifizierten unabhängigen Variablen vollzogen. Diese strukturellen Ansatzpunkte plausibler Alternativhypothesen führen dazu, daß der Erklärungswert des most similar systems designs hinter dem des Experiments zurücksteht. Von einem Nachweis kausaler Zusammenhänge kann jedenfalls nicht ohne Einschränkungen gesprochen werden, lediglich von Anhaltspunkten: "If a hypothesis is confirmed as a result of the most similar systems design, we gain some encouragement about the generality of the hypothesis" (Przeworski/Teune 1970:38).

Diese Schwächen dürfen jedoch nicht dazu veranlassen, von dem Design Abstand zu nehmen. Es ist in besonderer Weise geeignet, die hier anstehende Frage zu untersuchen. Denn die Auswirkungen des Angebots an den Wähler auf das Wahlverhalten können nicht untersucht werden, ohne daß hinsichtlich dieses Angebots Variation gegeben ist. Diese läßt sich in einigen Aspekten über den Zeitvergleich innerhalb eines politischen Systems gewinnen, in anderen aber nicht. Zumindest in den letzteren Fällen ist der Weg über den internationalen Vergleich der einzig gangbare.

Nun ließe sich aber argumentieren, daß, wenn sich die Frage im Zeitvergleich angehen läßt, ein Vergleich zwischen Nationen nicht mehr notwendig ist. Diese Argumentation übersieht, daß mit der Beschränkung auf eine Fallstudie die empirische Basis verkürzt wird. Denn auch angesichts aller Schwierigkeiten der komparativen Methodik bedeutet der vergleichende Hypothesentest doch in jedem Fall in erster Linie eine Bereicherung. Und das nicht nur, weil durch ihn nicht kontextgebundene Ergebnisse möglich werden, sondern auch, weil eine Hypothese einem zusätzlichen Test ausgesetzt wird. Im Gesamtbild gilt, daß der vergleichende Hypothesentest in einigen Fällen zwingend erforderlich ist und in anderen Fällen das Vertrauen in Ergebnisse erhöhen kann. Für die Solidität des Untersuchungsprozesses ist dabei wichtig, daß die Schwächen der Methodik nicht aus den Augen verloren werden. Hypothesen, die den vergleichenden Test bestehen, müssen stets den nicht widerlegten plausiblen Alternativhypothesen gegenübergestellt werden. Obwohl also die Existenz sozialer und politischer Gesetzmäßigkeiten angenommen wird, werden die Ergebnisse nicht den Rang eines wissenschaftlichen Gesetzes beanspruchen können.

Von zentraler Bedeutung für die erfolgreiche Durchführung des Systemvergleichs nach der Logik des Experiments ist die Auswahl der Länder. Die Bezeichnung als "most similar systems design" spricht bereits an, daß die einbezogenen Länder einander "ähnlich" sein sollten. Denn dadurch läßt sich die Zahl derjenigen Variablen, die zwischen den Systemen nicht variieren, die also "kontrolliert" sind, maximieren. Dann kann die Variation in der abhängigen Variablen mit einem höheren Maß an Sicherheit der hypothetischen Ursache zugeordnet werden. Insofern erscheint die Auswahl der USA und der Bundesrepublik als zwar rechtfertigbar, denn beides sind demokratisch verfaßte, industrialisierte, sich modernisierende Nationen, sie erscheint aber nicht optimal. Insbesondere wäre es im Interesse einer möglichst weitgehenden Übereinstimmung zwischen den Ländern zunächst naheliegend, den Vergleich an politischen Systemen Westeuropas durchzuführen. Voraussetzung dafür, daß die Analyse im most similar systems design möglich ist, ist jedoch zudem, daß die Kontexte bei aller Ähnlichkeit doch hinsichtlich der in der Hypothese spezifizierten Variablen Variation aufweisen. Denn das "most similar systems design" soll die Analyse nach der "method of difference" ermöglichen. Deswegen stellen die USA und die Bundesrepublik eine gute Auswahl für den Systemvergleich dar. Für eine

Gegenüberstellung politischer und sozialer Erklärungen der Volatilität erweisen sich die Länder als eine gute Wahl, denn bei ähnlichen sozialen Entwicklungen haben in der Gelegenheitsstruktur des Wählens der USA durch die Schwächung der Parteien Veränderungen stattgefunden, die in der Bundesrepublik keine Entsprechung finden.

1.3   Überblick über die Untersuchung

Der Aufbau der Studie ist von dieser zugrundeliegenden experimentellen Logik bestimmt. Im folgenden werden zunächst die sozialen und politischen Erklärungsansätze erörtert. Kapitel 2 widmet sich der Logik sozialer Erklärungen des Wählerwandels und stellt einige Trends gesellschaftlicher Umstrukturierung in den USA und der Bundesrepublik Deutschland dar. Kapitel 3 erarbeitet die Grundlagen des politischen Erklärungsansatzes und beschreibt den Stellenwert, den dieser in der Literatur verschiedener Länder einnimmt. Die Messung der unabhängigen Variablen "politischer Wandel" erfolgt in Kapitel 4, in dem die Frage gestellt wird, ob in den USA von einer zunehmenden Personenorientierung in der Politik gesprochen werden kann und das einige Veränderungen im Parteiensystem der Bundesrepublik anspricht. Damit ist die Erörterung und Messung der unabhängigen Variablen des "Experiments", die mögliche Ursachen des Wählerwandels darstellen, abgeschlossen. Kapitel 5 bereitet die Grundlage für die Messung der abhängigen Variablen, indem der Begriff des Wechselwählers betrachtet und Operationalisierungen vorgestellt werden. Die Trends elektoraler Volatilität sind der Gegenstand des Kapitel 6. Hier wird die Frage gestellt: Steigt die Zahl der Wechselwähler in den USA und der Bundesrepublik Deutschland? Dies stellt die eigentliche Messung der abhängigen Variablen des "Experiments" dar.

Die verbleibenden Kapitel setzen sich mit einigen Alternativerklärungen für die Ergebnisse des "Experiments" auseinander. Der Alternativhypothese, die vermutet, in Deutschland sei es zu einem Anstieg der Wechselbereitschaft gekommen, wird in Kapitel 7 durch eine Analyse der Besonderheiten der Wechselwähler hinsichtlich ihrer sozialstrukturellen Verortung und ihrer Einstellungen zur Politik nachgegangen. Kapitel 8 widmet sich den Auswirkungen politischer Ereignisse auf die Parteiloyalitäten, wobei die Entwicklung der Parteiidentifikation in den USA zwischen 1964 und 1972, und die in Westdeutschland seit 1990 im Zentrum stehen. Das abschließende Kapitel wird die Ergebnisse unter dem Blickwinkel der Politikberatung, dem grundsätzlichen Verständnis des Wählerwandels, der Möglichkeiten der Prognose sowie unter methodischen Aspekten beurteilen.

Da die Untersuchung an der Forschungsfrage nach dem Erklärungswert politischer und sozialer Ansätze ausgerichtet ist, muß es unterbleiben, eine auf Vollständigkeit zielende Durchleuchtung des Forschungsgegenstandes "Wechselwähler" zu erstellen. In dem Versuch, die Forschungsfrage bzw. daraus abgeleitete Hypothesen möglichst eingehenden Untersuchungen zu unterziehen, wurde auf Analysen des Wechselwählens, die nicht durch diese Frage geboten schienen, verzichtet. Dieser Prioritätensetzung fällt insbesondere die sozialstrukturelle Analyse der Wechselwähler in den USA zum Opfer, da sie angesichts der Ergebnisse aus der Längsschnittuntersuchung zur Beantwortung der Forschungsfrage nicht erforderlich ist. Sie wird sich auf einen kurzen Exkurs beschränken.

2. Sozialer Wandel und Wechselwahl

2.1 Sozial begründetes dealignment: Diskussion der Thesen

Die Grundlage der auf dem sozialen Wandel basierenden Thesen steigender Wechselaktivität ist der Befund, daß die Kenntnis der objektiven Lebensverhältnisse eines Individuums helfen kann, seine politischen Präferenzen zu erklären, auch wenn keine seiner Einstellungsmuster bekannt sind. Ein Wandel dieser Lebensverhältnisse kann zu der Hypothese Anlaß geben, daß sich die politischen Präferenzen ebenfalls ändern könnten. Die sozialen Wandelthesen beschreiben auf der Makroebene eine veränderte Zuordnung von sozialen Segmenten und Parteien, auf der Mikroebene eine unterschiedliche Sozialpsychologie des Wählens.

Ausgangspunkt der sozial begründeten Thesen eines dealignment ist die Diagnose von Stabilität in der Vergangenheit. Auf der Makroebene beruht dieses Stabilitätsbild in der Regel auf Allianzen zwischen sozialen Segmenten und Parteien. Üblicherweise werden diese Allianzen als Folge historischer Konfliktsituationen gesehen. Auf beiden Seiten der jeweiligen gesellschaftlichen Konfliktlinien (cleavages) sei eine Zuordnung von sozialen Gruppen zu Parteien erfolgt (vgl. Lipset/Rokkan 1967). Damit nicht völlig unvereinbar, jedoch mit anderer Schwerpunktsetzung, ist Lepsius' Interpretation, die die Parteien als Repräsentanten sozialmoralischer Milieus auffaßt (Lepsius 1973).

Derartige Allianzen lassen sich wie bei den genannten Autoren auf der Makroebene, aber auch im Sinne sozialstruktureller Prägung des Wahlverhaltens auf der Mikroebene verstehen (vgl. Pappi 1973:v.a. 191-193). Das Stabilitätsbild der Vergangenheit beruht in der mikrosoziologischen Perspektive also auf der von der Columbia-Schule beschriebenen Prädisposition der individuellen politischen Präferenzen auf eine bestimmte Partei, die im sozialen Umfeld wurzelt (vgl. z.B. Berelson u.a. 1954). Die berufliche und bildungsmäßige Ausgangslage des Individuums, seine Bindung an Kirche und/oder Gewerkschaft, sein Alter und sein Geschlecht bestimmen sowohl seine Interessenlage als auch den Charakter seines sozialen Umfeldes wesentlich mit, und sie haben sich in der Vorhersage des Wahlverhaltens als bedeutsam erwiesen. Zudem sind sie in Umfragen relativ problemlos zu erfassen. In hier wichtigen Aspekten ist Kompatibilität mit dem Ansatz des *American Voter* dadurch gegeben, daß die Parteiidentifikation über die Sozialisation vermittelter Ausfluß der sozialstrukturellen Lage des Individuums sein kann (vgl. Campbell u.a. 1960:291-498).

Dabei sind unterschiedliche Mechanismen denkbar, durch die sich die Auswirkungen der sozialstrukturellen Verortung auf die politischen Präferenzen vollziehen könnten. Einerseits kann darauf abgehoben werden, daß eine ähnliche sozialstrukturelle Lage verschiedener Individuen eine ähnliche objektive Interessenlage begründen kann und in der Folge ähnliche politische Präferenzen auf individueller Ebene entstehen können. Andererseits lassen sich Identifikationen mit einer sozialstrukturell definierten Gruppe bzw. Interaktionen innerhalb derartiger Gruppen als Grundlage für die Ausformung und Stabilisierung politischer Präferenzen verstehen. Während im ersten Fall äquivalente Stimuli bei verschiedenen Individuen äquivalente Einstellungen hervorbringen, wird dies im zweiten Fall durch die soziale Einbindung des Individuums bzw. eine Gruppennorm bewirkt. Diese verschiedenen Konzepte wurden in der Literatur wiederholt angesprochen. Campbell u.a. (1960:298-332, v.a. 303) greifen sie bei der Suche nach einer originären "group influence" auf die politischen Präferenzen auf. Pappi wendet diese Unterscheidung, bezeichnet durch Gegensatzpaare wie "Vergesellschaftung" vs. "Vergemeinschaftung" (Pappi 1977a:417-437, v.a. 421) und "individualistische" vs. "Gruppenmodelle" des Wahlverhaltens (Pappi 1977b:208) auf das deutsche Wahlverhalten an (vgl. für eine aktuelle Diskussion Weßels 1994).

Die mikrosoziologischen Erklärungsansätze des Wahlverhaltens haben sich jedoch stets schwer damit getan, das Verhalten derjenigen Individuen zu erklären, deren Wahlverhalten nicht durch das Zusammenwirken mehrerer Faktoren auf eine bestimmte Partei ausgerichtet war. Im Blickpunkt der Columbia Schule stand dabei das Individuum unter "cross pressure". Dieses sei dadurch, daß unterschiedliche Faktoren verschiedene Parteien begünstigen, nicht an eine bestimmte Partei gebunden. In Übereinstimmung mit dieser These beobachteten Berelson u.a. eine geringere Stabilität der Parteipräferenzen bei Befragten in sozialstrukturellen cross pressure Situationen (Berelson u.a. 1954:19-20, 128-132). Andere Untersuchungen gelangten jedoch nicht konsistent zu diesem Ergebnis (vgl. die Übersicht in Berelson u.a. 1954:347, Kaase 1967:132). Wähler unter cross pressure sind von der Wahlforschung noch nicht in befriedigender Weise untersucht worden (vgl. Flanigan/Zingale 1991:80-84). Damit steht die klassische sozialstrukturelle Erklärung des Wechselwählens auf keinem sicheren Boden.

Wenn sich die Parameter des in der Sozialstruktur begründeten Stabilitätsbildes verschieben, kann vom sozialen Wandel verursachter Wählerwandel die Folge sein. Wählerwandel auf der Makroebene kann unterschiedliche Formen annehmen. Insbesondere gehört hierzu das vor allem in der amerikanischen Diskussion wichtige realignment, das die Neubildung der Allianzen zwischen Parteien und Wählergruppen bezeichnet (vgl. Key 1955, Clubb u.a. 1980, Sundquist 1983:1-49). Die Vorstellung eines Wandels in der Form von realignments in critical elections hat jedoch auch in den USA an Bedeutung verloren. Es werden immer häufiger grundsätzliche Zweifel an der Gültigkeit dieses Schemas für die Gegenwart (vgl. Burnham 1970:170-174), aber auch für die Vergangenheit geäußert (vgl. Ladd 1991, Carmines/Stimson 1989:19-26).

Im europäischen Kontext werden vor allem zwei weitere Formen des makrosoziologischen Wählerwandels diskutiert. Beide gehen davon aus, daß - anders als in einem realignment in einer critical election - die Bindung sozialer Gruppen an die Parteien im Prinzip stabil bleibt. Wandel entsteht dadurch, daß sich die Größenrelationen dieser sozialen Gruppen verändern (vgl. das "secular realignment" bei Key 1959). So wird in Pappis Analysen der "Genosse Trend" bis 1965 ausschließlich durch den wachsenden Arbeitnehmeranteil in der Bevölkerung bei gleichzeitig sinkender Zahl von Selbständigen erklärlich (Pappi 1986:378). Die verbleibende Form makrosoziologischer Wandelargumentationen ist die, die auf Europa gemünzt am häufigsten zu hören ist. Sie beschreibt das Abnehmen derjenigen Gruppen, die über eine Allianz an eine Partei gebunden sind, und ein damit einhergehendes Anwachsen der nicht mit einer bestimmten Partei verbundenen Gruppen. Auch bei stabilen Beziehungen zwischen den traditionellen Stammwählergruppen und den Parteien, und bei dementsprechend konstanter Wirkungskraft der sozialstrukturellen Faktoren auf der Individualebene, entsteht durch diese Entwicklung eine Situation, in der ein geringerer Bevölkerungsanteil von der Wirkung dieser Faktoren betroffen, die Erklärungskraft der Sozialstruktur im Aggregat also niedriger ist. Diese häufig mit dem Begriff "dealignment" gekennzeichnete Entwicklung wird im wesentlichen auf der Basis von drei quantifizierbaren Trends diagnostiziert.

Dies sind:

(1) Die Tertiärisierung der Gesellschaft und der damit einhergehende Rückgang des Arbeiter- und des Selbständigenanteils an den Beschäftigten.

(2) Die Bildungsexpansion.

(3) Die nachlassende Bindungskraft der intermediären Organisationen.

Die Soziologie hat diese Entwicklung zur "postindustriellen Gesellschaft", die sich vor allem in den ersten beiden Trends ausdrückt, auf unterschiedliche Weise interpretiert. So erscheint im Falle von Pappis Begriff der "Arbeitnehmergesellschaft", der Arbeiter, Angestellte und Beamte umfaßt, das Konfliktgefüge in seiner Essenz stabil (vgl. Pappi 1973:v.a. 209). Dagegen wird, wenn vom "neuen Mittelstand" (vgl. Geiger 1967:v.a. 97-105) oder von der "neuen Mittelschicht" (nach Dahrendorf 1957:54) gesprochen wird, oftmals auf deren unklare Stellung im Konfliktgefüge verwiesen. Einige Theorien beschreiben neue Konflikte, etwa wenn Apter von der "bifurcation of the community" durch die Vormachtstellung der wissenschaftlichen und technischen Elite spricht (Apter 1964:v.a. 30-39, vgl. Bell 1974), Dunleavy einen sektoralen Konflikt diagnostiziert, dessen wesentliche Komponente in der Gegenüberstellung von Staatsbediensteten und privat Beschäftigten besteht (Dunleavy 1980a, 1980b) oder Cotgrove und Duff auf die "alienation" des Dienstleistungssektors angesichts des vom traditionellen Klassenkonflikt bestimmten politischen Prozesses abheben (Cotgrove/Duff 1980).

Unabhängig von der genauen Interpretation dieser Entwicklung hat sie aus der Makro-Perspektive zur Konsequenz, daß sich die großen Parteien um neue Wählerschichten bemühen müssen, um mehrheitsfähig zu bleiben (vgl. z.B. Veen/Gluchowski 1988). Zudem kann diese neue Mittelschicht zur elektoralen Basis für Parteineugründungen werden (z.B. Grüne Parteien, vgl. Dalton 1988:154-155).

Aus mikrosoziologischer Perspektive wurde auf der Basis dieser Entwicklungen unter anderem über die Auswirkungen unterschiedlicher Sozialpsychologien des Wählens spekuliert. Grundlage dieser Überlegung ist, daß sich eine gewachsene Zahl von Individuen in vormals unüblichen Lebensverhältnissen befindet, mithin veränderte politische Präferenzen bzw. veränderte Entscheidungsregeln bei der Bewertung politischer Akteure nicht ausgeschlossen seien. Insbesondere resultierte daraus die These, der soziale Wandel führe zu einem wachsenden Anteil derjenigen Wähler, die zum Parteiwechsel bereit sind. Auch bei gleichlautendem Ergebnis unterscheiden sich die theoretischen Argumentationen jedoch etwas, je nachdem, ob auf (1) die Interessenlage des Individuums, (2) seine soziale Integration oder (3) seine kognitive Kompetenz abgehoben wird.

Diese unterschiedlichen Argumentationsweisen haben gemeinsam, daß das Portrait des Wechselwählers von dem abweicht, das die Columbia-Schule zeichnete. Wechselwählen erscheint in diesem Verständnis nicht als Reaktion auf sich widersprüchlich überlappende Bindungen, wie dies bei der Konstruktion des "cross pressure" Wählers der Fall ist. Vielmehr stellen die sozialen Wandelthesen darauf ab, daß sich Bindungen, die vormals dem Wechselwählen entgegenstanden, auflösen, ohne ersetzt zu werden. Waren beim cross pressure Wähler gute Gründe auszumachen, verschiedene Parteien zu wählen, so gibt es für den modernen Wechselwähler, den man als "non pressure" Wähler bezeichnen könnte, im Extremfall keine auf eine oder mehrere Parteien weisende, sozialstrukturell verankerte Motivlage. Der "non pressure" Wähler zeichnet sich dadurch aus, daß kein Grund zu benennen wäre, der konstantes Wahlverhalten erwarten ließe, weshalb mit instabilerem Wahlverhalten gerechnet wird.

Im folgenden wird kurz die Logik einiger Spielarten der Wählerwandelthesen aus der mikrosoziologischen Perspektive vorgestellt. Jede bietet Ansatzpunkte für kritische Auseinandersetzung. Diese können sich (1) auf das zugrunde gelegte Vergangenheitsbild, (2) auf die Diagnose der Gegenwart und (3) auf die Verknüpfung der aus dem sozialen Wandel resultierenden Situation mit dem Wahlverhalten beziehen. Hier werden mögliche Ansatzpunkte für kritische Auseinandersetzungen, die für jede These spezifischer Natur sind, direkt angesprochen. Dagegen werden die verbleibenden möglichen Bedenken grundsätzlicher Art, die mehr als nur eine Spielart der Thesen betreffen, anschließend erörtert.

Verschiebung von Interessenlagen und Stabilität des Wahlverhaltens

Diese Variante des sozialen Erklärungsansatzes der Volatilität hebt darauf ab, daß sich für die Beschäftigten im Dienstleistungssektor - im wesentlichen also Angestellte und Beamte - im dominierenden Gefüge von Konfliktlinien keine klare Prädisposition für eine Partei ergibt, weil sie keiner

Klasse zugehören, die eine dauerhafte Allianz mit einer Partei eingegangen ist. Die Individuen in diesen Schichten weisen keine in der Sozialstruktur begründete Interessenlage auf, die auf eine bestimmte politische Präferenz hinwirkt. Das Fehlen einer intermediären Organisation, die spezifische Interessen dieser Schichten repräsentieren könnte, macht dies augenfällig. Bei diesen Individuen sei deswegen eine anhaltende, verhaltensrelevante Identifikation mit einer Partei seltener. Im Wahlverhalten orientierten sie sich demzufolge im höheren Maße an anderen Kriterien als an der Parteiidentifikation. In Ermangelung dieser dauerhaften Stabilisierung sei Wechselwahl hier besonders häufig (vgl. z.B. Klingemann 1985, Brinkmann 1988, Rose/McAllister 1986 und weitere Verweise im Text). Weil diese Gruppen, deren soziale Lage keine Parteipräferenz begründe, im Wachsen begriffen seien, bedeute dies im Aggregat eine geringere Bedeutung der Sozialstruktur in der Stabilisierung des Wahlverhaltens.

Dieser Gedankengang ist plausibel, aber nicht zwingend. Bemerkenswerterweise hat die Beobachtung, daß die Bedeutung der Klassenlage sinkt, ursprünglich sogar zu einer entgegengesetzten These geführt. So argumentiert Shively (1979), daß, wenn die sozialstrukturelle Vermittlung politischer Präferenzen entfalle, der Weg frei werde für direkte Identifikationen des Individuums mit einer Partei. Dadurch steige die Häufigkeit von Parteiidentifikationen im Zuge des sozialen Wandels an (Shively 1979:1050). Zentrale Prämisse dieser These ist, daß die sozialstrukturelle Prägung politischer Präferenzen über die Identifikation des einzelnen mit einer Klasse, die wiederum einer Partei verbunden ist, bestimmt ist, nicht aber unmittelbar auf der individuellen Identifikation mit einer Partei basiert (vgl. Shively 1972). Baker/Dalton/Hildebrandt (1981) wenden diese Argumentation im deutschen Kontext an. Sie gelangen zu dem Ergebnis, daß mit dem Bedeutungsverlust der sozialstrukturellen Determinanten der Wahlentscheidung in der Tat ein Anwachsen des "attitudinal partisanship" und damit in der Summe eine gestiegene Bedeutung der Parteibindung einhergehe (Baker u.a. 1981:198-199, 258). Im weiteren Verlauf der Diskussion wurde diese These anwachsender Parteibindung aber selten vertreten (vgl. Dalton 1984b:126, Mair 1984:423-424).

Die These, das Wachstum der neuen Mittelschicht führe zu einer höheren Flexibilität im Wahlverhalten, ist mit der Auffassung einer stabilen Wirkung sozialstruktureller Faktoren auf der Mikroebene vereinbar, weil sie sich auf den Bevölkerungsanteil bezieht, der von diesen Faktoren betroffen ist, nicht aber auf deren Effektivität da, wo sie präsent sind. Zusätzlich

werden Thesen vertreten, die einen Rückgang nicht nur in der Reichweite
sozialstruktureller Faktoren, sondern auch in deren Wirkungskraft auf der
Individualebene behaupten. Insbesondere Thesen von der Individualisierung
der Gesellschaft laufen auf eine sinkende politische Relevanz der sozialstrukturellen Lage hinaus. Diese Thesen konstatieren einen Bedeutungsverlust der Klassenlage, der nicht auf die neue Mittelschicht begrenzt sein
muß und der sich aus der Vielfalt der Lebensverhältnisse und der zumindest
partiell frei gewählten Mobilität zwischen diesen erklärt (vgl. z.B. Beck
1983, Zapf u.a. 1987, Gluchowski 1987). Dagegen wurde der Einwand geltend gemacht, daß die zahlreichen neu entstandenen Interessenlagen zwar
weniger klar einer Klasse zugeordnet sind, deswegen aber nicht weniger
wichtig für die Ausformung politischer Präferenzen sein müssen. So geben
Oberndörfer/Mielke zu bedenken, daß "eine fortschreitende Differenzierung
und Segmentierung der sozio-ökonomischen Strukturen keineswegs einen
generellen Bedeutungsverlust sozio-ökonomischer Verhältnisse an sich für
die Genese und den Wandel politischer Einstellungen impliziert"
(Oberndörfer/Mielke 1990:41-42). Nach diesem Argument ist Un-
übersichtlichkeit nicht mit Strukturenlosigkeit gleichzusetzen.

Soziale Integration und Wechselwahl

Die sozialstrukturelle Verankerung der Wahlentscheidung wurde einerseits
in der Form von cleavages, andererseits in der Form von sozialen Milieus
beschrieben, wobei plausibel erscheint, daß beide Ansätze verwandte Sachverhalte aus unterschiedlicher Perspektive schildern. Dementsprechend setzen die sozialen Erklärungen, die auf der Integration des Individuums basieren, an denselben Trends an, auf die sich auch die an der Interessenlage des
Individuums orientierten Erklärungen stützen. Was dort als ein Wandel der
Konfliktstrukturen erschien, wird hier zu einer Auflösung sozialer Milieus.
Der Akzent liegt jetzt auf der die politischen Präferenzen stabilisierenden
Wirkung homogener sozialer Umfelder, also auf einem Gruppenansatz der
Parteibindung. Zwar wurde die Auflösung der "sozialmoralischen Milieus"
von Lepsius als ein Phänomen der Vorkriegszeit dargestellt (Lepsius 1973),
sie wurde aber überdies mit einem Anstieg der Wechselaktivität in der
Gegenwart in Verbindung gebracht (vgl. z.B. Veen 1991:12). Dem sozial
integrierten Bürger der Vergangenheit steht der individualisierte gegenüber,
der sich keiner sozial verankerten Wahlnorm verpflichtet fühlt. Auch hier

liegen zwei theoretische Varianten vor: Zum einen kann darauf abgehoben werden, daß Zugehörigkeiten zu diesen Gruppen seltener werden, ohne daß aber die Mitgliedschaft, wenn weiterhin bestehend, ihre prägende Wirkung im Einzelfall verliert. Andererseits kann eine generelle Abschwächung der Wirkungskraft von Gruppenzugehörigkeiten bzw. Identifikationen behauptet werden. Die Forschung zur Auffächerung der Lebensstile nimmt sich diesen Phänomenen der Individualisierung und Pluralisierung und ihrer Bedeutung für die Ausformung politischer Präferenzen mit wachsender Intensität an (vgl. u.a. Gluchowski 1987, Zapf u.a. 1987, Vester u.a. 1993).

Weil diese Thesen - ähnlich wie die auf die Interessenlagen bezogenen - einen Verlust an Strukturen behaupten, läßt sich ihnen gleichfalls die These gegenüberstellen, daß eine Auffächerung der Strukturen nicht deren Bedeutungsverlust gleichkommen muß. So ist denkbar, daß sich ein Individuum in "non pressure" Bedingungen in einem selbst konstruierten, homogenen sozialen Umfeld aus Freunden, Bekannten, Nachbarn etc. bewegen kann und die politischen Präferenzen auf diese Art und Weise stabilisiert werden. Ein Beispiel eines umfangreichen derartigen Umfelds ist das grün-alternative Milieu (vgl. Veen 1988b), aber zahllose weitere, unter Umständen erheblich kleinere, sind denkbar. Diese These wird durch den von Vester u.a. berichteten Befund unterstützt, daß die Individuen der "Mentalitätstypen", die die Autoren als Klassifikationsschema präsentieren, "häufig miteinander vergemeinschaftet und vergesellschaftet oder in ein gemeinsames gesellschaftspolitisches Lager integriert" sind (Vester u.a. 1993:243). In ähnlicher Weise läßt sich auch die Theorie der Kulturschemata interpretieren, die Müller-Schneider als Basis von Gruppenbildungen vorstellt (Müller-Schneider 1994:v.a. 111). Zugehörigkeit zu einem derartigen sozialen Umfeld ist in Umfragen jedoch schwerer erfaßbar als die sozialstrukturelle Verortung. Das muß aber nicht bedeuten, daß sie in der Bildung und Stabilisierung politischer Präferenzen weniger wirksam sind. Die These, das Wahlverhalten verliere durch die Pluralisierung der Lebensstile seine soziale Absicherung, setzt jedoch die schwierige Erfaßbarkeit dieser Umfelder de facto mit deren Nichtexistenz gleich.

Zunehmende Kompetenz und Wechselwahl

Sowohl die in der Klassenzugehörigkeit begründete Interessenlage als auch die soziale Integration beschreiben die politischen Präferenzen des Individuums im Zusammenhang mit den Präferenzen anderer. Dagegen wurde auf der Basis der Bildungsexpansion eine Dealignmentthese formuliert, die lediglich auf die Möglichkeiten des Individuums abhebt. Insbesondere für Shivelys functional theory of party identification spielt die Bildungsexpansion eine wichtige Rolle. In Shivelys (1979) Theorie kommt der Parteiidentifikation die Funktion zu, die Komplexität der Politik zu reduzieren. Demnach sei die in den höheren Bildungsgruppen geringere Neigung, eine Parteiidentifikation anzunehmen, damit zu erklären, daß diese dank ihrer kognitiven Fähigkeiten der Orientierungshilfe durch die Parteibindung in geringerem Maße bedürfen. Durch die Bildungsexpansion würden funktionelle Parteiidentifikationen in einem dealignment-ähnlichem Prozeß seltener (Shively 1979:1050-1051). Dieser Gedankengang wurde von Dalton (1984a) aufgenommen und vertieft: Die "cognitive mobilization" des Elektorats mache es dem Wähler eher möglich, auf die Parteiidentifikation als Interpretationsrahmen für politische Informationen zu verzichten.

Anders als im Falle der vorangegangenen Thesen, die das Entfallen von Bindungen beschreiben, geht der Wandel hier dadurch vonstatten, daß die Bindungen ihrer Funktion beraubt werden, Komplexität zu reduzieren. Die These gestiegener Wechselwahl resultiert dann daraus, daß die jetzt überschaubareren und dadurch potentiell entscheidungsrelevanteren politischen Sachverhalte Anlaß zum Parteiwechsel geben. Annahme ist dabei - und das ist ein wesentlicher Anhaltspunkt für kritische Auseinandersetzungen -, daß die zunehmende Fähigkeit der Bürger, Komplexität zu verarbeiten, mit der zunehmenden Komplexität der Politik nicht nur Schritt hält, sondern diese sogar übertrifft (vgl. zur Debatte um das Wachstum der Regierungstätigkeiten z.B. Lehner 1979:28-38, Chubb/Peterson 1989).

Vergangene Stabilität, Wählerbild

Die beschriebenen Thesen des im sozialen Wandel begründeten dealignments bringen ein von Stabilität gekennzeichnetes Bild der Vergangenheit mit einer weniger stabilen Auffassung der Gegenwart in Verbindung und leiten daraus das Vorliegen eines Trends ab. Ein kardinales Problem, das diese Thesen zu bewältigen haben, ist das der methodischen Diskontinuität zwischen den unterschiedlichen Zeitpunkten der Diagnose. Dies bezieht sich insbesondere auf die Thesen, die auf den sozialen Zusammenhang der Wahlentscheidung abheben, denn diese basieren auf wesentlich komplexeren Kategorien als sich im Trend verfolgen ließen. Den schematischen Darstellungen Lipset/Rokkans und den sozialgeschichtlichen Kategorien Lepsius', die zum Ziel hatten, Struktur in einer scheinbar ordnungslosen Aneinanderreihung von Wahlergebnissen zu lokalisieren, stehen die mittels der verfeinerten Umfrageforschung gewonnenen modernen Diagnosen gegenüber, die eine Quantifizierung von Strukturen und Strukturlosigkeit erlauben. Wenn aus der auf Inferenzen von Wahlergebnissen basierenden Vorstellung homogener sozialer Milieus eine mittels Clusteranalysen empirisch belegte Auffächerung in Lebensstile entsteht, kann dies durchaus von einem entsprechenden sozialen Wandel zeugen. Es stellt aber keinen hinreichenden Beleg für einen tatsächlichen Wandel dar, denn ein entsprechend ausgefeilt analysiertes Bild der Vergangenheit läßt sich nicht erstellen, weil die erforderlichen Daten fehlen. Daß die Pluralisierung ein neues Phänomen ist, ist zwar eine durchaus plausible Vorstellung, empirisch belegt ist sie aus diesen Gründen jedoch nicht. Dieser Einwand ist mehr als nur methodischer Rigorismus. Denn es bestehen Zweifel daran, daß die aus den Theorien von Lepsius und Lipset/Rokkan gefolgerte Stabilität und Homogenität eine zutreffende Beschreibung der Situation in der Vergangenheit ist. So stehen Oberndörfer/Mielke dem "Bild vormals sozial und politisch homogener Milieus" skeptisch gegenüber (Oberndörfer/Mielke 1990:20, Fn.). Derartige Bedenken können sich darauf stützen, daß Winkler die mangelnde Geschlossenheit der sozialen Gruppen in der Weimarer Republik feststellte (Winkler 1993:285-305). So sei die Arbeiterschaft dieser Zeit durch "Defizite an Klassenbewußtsein" charakterisiert gewesen (ebda:287), aber auch andere Milieus, etwa das katholische, erschienen nicht monolithisch. Selbst wenn jedoch entgegen diesem Einwand von stabilen Bindungen in diesem Zeitraum ausgegangen werden soll, ist dies insbesondere im deutschen Fall offensichtlich nicht ohne die Berücksichtigung von zusätzlichen Variablen möglich, die die Flexibilität im Wahlverhalten erklären können, die die Weimarer Wahlergebnisse ermöglichte.

Ein weiterer Ansatzpunkt für eine Diskussion des sozialen Erklärungsansatzes bezieht sich auf das zugrundeliegende Wählerbild und damit auf die Verknüpfung zwischen sozialem Wandel und Wahlverhalten. Alle diese Wandelthesen teilen die Annahme, daß das Wahlverhalten in Erman-

gelung einer externen, bekannten Stabilisierung instabil ist. Es ist aber zu
bedenken, daß die politischen Präferenzen auch durch individuelle Faktoren
stabilisiert werden könnten. Hier ist beispielsweise an Werte und an
ideologische Grundeinstellungen zu denken. Zwar wirft dies unmittelbar die
Frage nach deren Ursprung auf, weist aber auf eine theoretisch denkbare
Existenz von die Wahlentscheidung stabilisierenden Faktoren hin, die nicht
vom sozialen Wandel negativ betroffen sein müssen. Über die Stabilität
dieser Faktoren ist jedoch noch recht wenig bekannt. Wandelthesen gehen,
wenn sie darauf Bezug nehmen, davon aus, daß sie weniger stabil sind als
die sozialstrukturellen Merkmale und deswegen auch das Wahlverhalten
nicht mit der gleichen Dauerhaftigkeit stabilisieren können (vgl. Dal-
ton/Rohrsschneider 1990:322, vgl. auch Dalton 1986:449, vgl. für das Ergebnis in der Tendenz höherer Stabilität der sozial abgeleiteten Parteineigung Berger 1977). Diese Frage bedarf noch abschließender empirischer
Klärung.

Aber selbst wenn die Möglichkeit einer von externen Einflüssen unabhängigen Stabilisierung des Wahlverhaltens gering eingeschätzt wird, ist der
Schluß auf dessen Instabilität nicht zwingend. Denn die geringere Reichweite sozialstruktureller Bestimmungsgründe des Wahlverhaltens, an der die
sozialen Erklärungen der Volatilität anknüpfen, bedeutet zunächst nur, daß
das Wahlverhalten im Aggregat und unter den betroffenen Individuen
schwerer vorhersehbar und erklärbar ist. Der Schluß von der Unvorhersehbarkeit des Wahlverhaltens auf dessen Flexibilität muß aber nicht gerechtfertigt sein. So lange nicht benannt wird, welche Faktoren die Wechselhaftigkeit des Wahlverhaltens begründen, unterstellt dieser Schluß eine endogene Instabilität des Wahlverhaltens.

Als Zusammenfassung sind die wichtigsten Elemente der im sozialen
Wandel begründeten Thesen eines dealignment und die möglichen Ansatzpunkte einer konkurrierenden Sichtweise in Tab. 2.1 zusammengestellt. Als
Ergebnis dieser Diskussion ist festzuhalten, daß die im sozialen Wandel begründeten Dealignmentthesen zwar ausnahmslos hochplausibel, in keinem
Fall jedoch theoretisch zwingend sind. Plausible Alternativhypothesen
stützen sich auf (1) ein anderes Vergangenheitsbild, (2) eine andere
Interpretation der Gegenwart und (3) eine andere Verknüpfung des Re-
sultats des Wandels mit dem Wahlverhalten. Inwieweit die Erwartungen des
sozialen Erklärungsansatzes zutreffen, ist empirisch zu klären.

Tabelle 2.1

Die Struktur der sozialen Erklärungen der Volatilität

Ansatzpunkt der These:	Elemente der Thesen:		
	Bild der Stabilität in der Vergangenheit stützt sich auf:	Sozialer Wandel bewirkt:	Verknüpfung veränderte Gegenwart/ Flexibilität des Wahlverhaltens:
1. Sozialstrukturelle Interessenlagen	Cleavages	Wachstum nicht in Cleavages eingebundener Gruppen	Soziale Interessenlage bestimmt Wahlverhalten seltener
Mögliche Kritik	*These unterstellt homogene Zuordnung Interessenlage/Partei*	*These geht davon aus, daß in gewachsenen Gruppen keine klar auf Partei prädisponierenden Interessenlagen bestehen*	*These setzt mangelnde Vorhersehbarkeit mit Flexibilität gleich* *geht von Flexibilität in Ermangelung externer Statilisierung aus*
2. Soziale Integration	Milieus	Schrumpfen der Milieus	Soziale Einbindung des Wahlverhaltens seltener
Mögliche Kritik	*These unterstellt homogene Milieus*	*These geht davon aus, daß keine stabilen sozialen Umfelder neu entstanden sind*	*wie zu 1.*
3. Funktionale Theorie	Funktion der Parteibindung als Orientierungshilfe	Durch Bildungsexpansion ist Orientierungshilfe seltener notwendig	Wahlverhalten häufiger offen
Mögliche Kritik	*Andere Quellen der Parteibindung möglich*	*These geht davon aus, daß höhere kognitive Fähigkeiten Orientierungshilfe ersetzen*	*These geht von höherer Flexibilität bei höheren kognitiven Fähigkeiten aus*

2.2   Soziales dealignment und Politik

Die sozialen Wandelthesen beschreiben Veränderungen, die in der Essenz
von der Politik unabhängig verlaufen. Im zugrundeliegenden Modell politischer Interdependenzen und politischen Wandels erscheint der Wählerwandel als ein selbständig ablaufender Prozeß, also als eine exogene Variable.
Diese exogene Stellung des Wählerwandels wird von den sozialen Wandelthesen nicht ausdrücklich hervorgehoben, wohnt ihnen aber implizit
inne. Der Argumentationsstrang mündet nicht selten darin, daß die infolge
des sozialen Wandels in stärkerem Maße auf das politische Geschehen rea-
gierende, flexiblere Wählerschaft als eine Herausforderung an Parteien und
Politiker beschrieben wird. So schreibt Kaase (1992:167):

> Over the last three decades, processes of social change have eroded established milieux
> and, as a consequence, have severed traditional ties between social groups and political
> parties (such as those between Catholics and the CDU/CSU). The impact had been
> heightened by the fact that social groups once at the centre of political action (like the la-
> bour movement) have lost in absolute size and in political influence. All this has, in
> Germany as elsewhere, resulted in more electoral volatility, in more changes of govern-
> ment directly through elections rather than through changes in coalition composition, and
> in increasing difficulties for the parties as they try to mobilize their voters.

Eine entsprechende Argumentation findet sich bei zahlreichen Vertretern
von Thesen eines sozialen dealignment. In einigen Fällen liegt die Vermutung nahe, daß derartige Darstellungen partiell in der Absicht präsentiert
werden, den politischen Akteuren veränderte Verhaltensweisen insbesondere hinsichtlich der Kommunikation mit dem Wähler nahezulegen. Die
Flexibilisierung des Wahlverhaltens wird in Deutschland auch in der Parteienforschung häufig als eine veränderte Rahmenbedingung für die Parteien
und damit als eine Herausforderung an sie dargestellt (vgl. z.B. Mint-
zel/Oberreuter 1990:375-376, Haungs 1990:166, Rucht 1993:272).

2.3   Evidenz sozialen Wandels in den USA und in Westdeutschland

Nachdem die Logik des sozialen Erklärungsansatzes steigender Wechselaktivität diskutiert wurde, sollen nun die wesentlichen sozialen Veränderungen, auf die sich dieser Ansatz stützt, für die USA und Westdeutschland
dargestellt werden.

Veränderte Berufsstruktur und Tertiärisierung der Gesellschaft

In den USA wie in Westdeutschland ist es zu einem Anstieg des Beschäftigtenanteils im tertiären Sektor gekommen, der in den USA auf Kosten der beiden anderen Sektoren, in der Bundesrepublik zumindest seit 1950 vor allem auf Kosten des primären Sektors ging. Das Tempo dieses Anstiegs der "Dienstleistungsklasse" ist in beiden Ländern nach den vorliegenden Daten ähnlich, wobei in den USA allerdings ein höherer Anteil zum tertiären Sektor gezählt wird (siehe Tab. 2.2 und 2.3). Damit geht ein Rückgang des Selbständigenanteils und ein Anwachsen der Angestellten und Beamten einher. Für das Wahlverhalten ist dies bedeutend, weil die Zuordnung der amerikanischen Parteien im New Deal alignment und die traditionelle Konfrontation von Union und SPD wesentlich auf der Klassenlage und dem "class voting" basieren (vgl. Sundquist 1983:217, Dalton 1988:155-157 mit vergleichenden Zahlen zum class voting).

Tabelle 2.2

Tertiärisierung der Gesellschaft in den USA und in Westdeutschland

	1950	ca. 1960	ca. 1970	ca. 1980	1980er	1990er
USA **% Beschäftigte im**						
1. Sektor		8	4	3	3	
2. Sektor		32	31	28	25	
3. Sektor		60	65	69	72	
		(1959)	(1969)	(1979)	(1984)	
Westdeutschland **% Beschäftigte im**						
1. Sektor	23	13	9	5		4
2. Sektor	43	48	48	45		41
3. Sektor	34	39	43	49		56
	(1950)	(1960)	(1970)	(1980)		(1990)

Quellen: Durch Addition berechnet aus Caplow u.a. 1991:151 (USA) und Statistisches Bundesamt 1992:97 (BRD).
Entgegen der amerikanischen Definition wurde der Bergbau wie in Deutschland üblich zum 2. Sektor gezählt.

Tabelle 2.3

Selbständige in den USA und in Westdeutschland

	1950	1960	1970	1980	1985	1987
USA						
% der Beschäftigten						
Selbständig	17	14	9	9	9	9
% mithelfende Familien-						
angehörige	3	2	1	1	-	-
Westdeutschland						
% der Beschäftigten						
Selbständig	16	13	10	9	9	9
% mithelfende Familien-						
angehörige	16	10	7	3	3	2

Quelle: Caplow u.a. 1991:178 (USA), Glatzer u.a. 1992:198 (BRD)

Bildungsexpansion

Amerikaner und Deutsche erlangen zunehmend höher qualifizierte Schul- und Hochschulabschlüsse (Tab. 2.4). Für das Wahlverhalten ist dies aus zwei Gründen wichtig: (1) In den traditionellen Klassen-Alignments beider Länder sind die Bildungsgruppen ihrem unterschiedlichen sozialen Status entsprechend Parteien zugeordnet. (2) Bildung kann die kognitive Kompetenz erhöhen und damit möglicherweise zu einer andersartigen, vielleicht instrumentelleren Beziehung des Individuums zu den Parteien führen.

Nachlassende Bindungskraft intermediärer Organisationen

In beiden Ländern gibt es Anzeichen einer nachlassenden Bindungskraft intermediärer Organisationen. Nach den vorliegenden Zahlen gilt dies in Westdeutschland insbesondere für die Kirchen (durch weniger regen Kirchgang und durch nicht kompensierte Austritte), wohingegen die Gewerkschaften im Betrachtungszeitraum einen stabileren Organisationsgrad verzeichnen. In den USA ist dagegen der starke Rück-

Tabelle 2.4

Bildungsexpansion in den USA und in Westdeutschland

	ca. 1950	ca. 1960	ca. 1970	ca. 1980	Ende 80er
USA					
% der ab 25jährigen mit High-School Diplom	34 (1950)	41 (1960)	52 (1970)	66 (1980)	75 (1987)
% der ab 25jährigen mit College-Abschluß	6 (1950)	8 (1960)	11 (1970)	16 (1980)	20 (1987)
Westdeutschland					
% der 15- bis 64jährigen*					
Volksschulabschluß		87	72	68	57
Mittlere Reife		9	15	16	21
Abitur**		4 (1964)	8 (1976)	11 (1980)	17 (1989)

*   1964: 14- bis 64jährige
** seit 1976 mit FHS-Reife

Quelle: Caplow u.a. 1991:478 (USA), Mikrozensus nach Auskunft des Statistischen Bundesamtes (BRD)

gang der Gewerkschaftsmitgliedschaft auffällig, während die Kirchen in etwas geringerem Maße betroffen sind (Tab. 2.5).[1]

---

1   In diesen Zahlen wird nicht deutlich, daß in den USA ein Trend zu non-main Religionen zu beobachten ist, der als sinkende Bindungskraft der traditionellen Kirchen interpretiert werden könnte (vgl. Nientiedt 1994). Überdies wurde die Vermutung geäußert, daß eine objektive Erhebung der Kirchgangshäufigkeit, die in den USA nicht verläßlich vorgenommen wird, zum Ergebnis einer Säkularisierung der amerikanischen Gesellschaft führe (vgl. Hadaway u.a. 1993).

Tabelle 2.5

Einbindung in Gewerkschaften und Kirchen in den USA und in Westdeutschland

	1950er	1960er	1970er	ca. 1980	ca. 1990
USA					
a) % der Arbeitnehmer (non-farm) Gewerkschaftsmitglied	32 (1953)	30 (1966)	29 (1975)	19 (1985)	
b) % Mitgliedschaft in Kirche/Synagoge	73 (1952)	73 (1965)	71 (1975)	69 (1980)	65 (1988)
Westdeutschland					
c) % der Arbeitnehmer Gewerkschaftsmitglied		37 (1960)		40 (1983)	37 (1990)
d) % Mitgliedschaft in kath. Kirche		45 (1960)	45 (1970)	43 (1980)	43 (1989)
e) % Mitgliedschaft in ev. Kirche		50 (1960)	47 (1970)	42 (1980)	43 (1989)
f) für Katholiken: % Teilnahme an Eucharistie		48 (1960)	37 (1970)	29 (1980)	23 (1989)

Quellen: a) Caplow u.a. 1991:277; b) Caplow u.a. 1991:287;
c) Statistisches Bundesamt 1985:162 und 1992:185;
d)-f) errechnet aus Statistisches Bundesamt 1992:39 und 141 und 1993:50.

Die Bedeutung dieser intermediären Organisationen für das Wahlverhalten erklärt sich zum einen aus der in beiden Ländern vorhandenen Zuordnung bestimmter Denominationen und religiöser Anschauungen ebenso wie der Gewerkschaftsmitgliedschaft zu bestimmten Parteien in den traditionellen alignments. Zum anderen besteht sie in der Mobilisierungs- und Stabilisierungswirkung der Mitgliedschaft (vgl. Sundquist 1983:218-219, Berelson u.a. 1954:37-53, 61-71, Schmitt 1990).

   Aus diesen Trends wird deutlich, daß in beiden Ländern der Einflußbereich von Faktoren, von denen bekannt ist, daß sie das Wahlverhalten auf einen bestimmten Typ von Partei hin ausprägen, abgenommen hat. Sie dokumentieren, daß die Bevölkerungsanteile sinken, die von der Wirkung dieser Faktoren betroffen sind. Trotz aller Unterschiede im Detail, und weitgehend unabhängig davon, in welchen theoretischen Rahmen man das Argument kleiden möchte, wäre aus der Sicht des sozialen Erklärungsansatzes der Wechselaktivität demnach eine Destabilisierung des Wahlverhaltens in beiden Ländern zu erwarten.

Sozialer Wandel und generationeller Austausch

Wählerwandel wird häufig im Zusammenhang mit der Generationenfolge gesehen. Dies basiert auf der Annahme, daß die Parteibindungen schwächende Faktoren nur relativ geringe Veränderungen des Individuums bewirken, aber in erster Linie dazu führen, daß sich nachfolgende Generationen durch eine geringere Parteibindung auszeichnen (zur Übertragung der Parteibindung in der Generationenfolge im internationalen Vergleich siehe Jennings u.a. 1979). Das dealignment wird dadurch erst mit zeitlicher Verzögerung wirksam. Dabei ist aber wichtig, festzuhalten, daß Wählerwandel im Wege des generationellen Austausches nicht an die Wirkung sozialer Faktoren gebunden ist. Auch für ein politisch erklärbares dealignment ist eine an Generationen gebundene Wirksamkeit denkbar, weil jüngere Generationen in besonderer Weise und besonders nachhaltig auf politische Stimuli reagieren könnten. Die Möglichkeit eines in der Generationenfolge ablaufenden deaglinments ist also für beide Erklärungsansätze in Betracht zu ziehen.

Zum Zeithorizont

Für den empirischen Test der Wandelthesen stellt sich die Frage, in welchem Zeitabschnitt das Stabilitätsbild der Vergangenheit verortet werden soll. Wann herrschten die stabilen Verhältnisse, deren Niedergang sich im sozialen Wandel vollzog? Für die USA ist diese Frage mit einiger Plausibilität recht präzise zu beantworten: Die Geschichte des amerikanischen Parteiensystems wird üblicherweise in unterschiedliche Phasen aufgeteilt, die anhand bestimmter Allianzen zwischen Parteien und Bevölkerungsgruppen definiert sind (vgl. z.B. Sundquist 1983). Das gegenwärtige alignment geht auf Roosevelts New Deal der 30er Jahre zurück. Es vollzog sich nach herrschender Deutung durch den Wahlsieg Roosevelts 1932, die Reorganisation der Wählerschaft 1936 in Reaktion auf den Erfolg seiner Politik und durch nachfolgende Umstrukturierungen in einigen Staaten (vgl. Clubb u.a. 1980:258-260, Sundquist 1983:198-268). Demzufolge erscheint die Volatilität zwischen 1940 und 1944 als geeigneter Zeitpunkt, die Analysen einzusetzen.

Dagegen ist die Lage im deutschen Fall weniger klar. Die Zwischenkriegsphase mag als eine Zeit homogener Milieus und stabiler Konfliktstrukturen gekennzeichnet werden, sie war aber sicherlich keine Phase dauerhafter elektoraler Stabilität, wie der Niedergang der Weimarer Republik deutlich belegt. Nach Gründung der Bundesrepublik entstand ein Vielparteiensystem, das sich im Verlauf einiger Wahlen konzentrierte, was mit individuell instabilem Wahlverhalten einhergegangen sein dürfte. Traditionellen, stabilen Verbindungen zwischen Parteien und bestimmten sozialen Gruppen sind damit quantitative Grenzen gesetzt. In dieser Situation stecken die Analysen in dieser Studie den Zeitrahmen in pragmatischer Weise ab. Eine Entwicklung, die im spannungsfreien Einklang mit dem sozialen Erklärungsansatz zu sehen wäre, wäre eine, die früh nach Gründung der Bundesrepublik einsetzte. Weil der soziale Wandel über den generationellen Austausch stark zeitverzögert wirksam werden könnte oder die Stabilität in der Vergangenheit aufgrund historischer Bedingungen überdeckt sein könnte, wird auch ein Trend, der nach der Konzentration des Parteiensystems sichtbar wird, als dem Zeitrahmen der sozialen Wandelthesen entsprechend gewertet. Entscheidendes Kriterium ist, daß zur Zeit der jüngsten Wahlen erkennbare Zeichen eines dealignment zu finden sein sollten, die diese zumindest von der Situation der späten 60er und der 70er Jahre abheben.

3. Politische Erklärungen des Wählerwandels

Was bedeutet es, von politischen Erklärungen des Wählerwandels zu sprechen? Ein Blick auf die Entscheidungssituation des Wahlaktes soll dies verdeutlichen. In dieser werden dem Wähler bestimmte Angebote gemacht, zwischen denen er entscheiden kann. Dabei verfährt er nach bestimmten Entscheidungsregeln, in die die kognitiven und affektiven Bewertungen von Parteien und Kandidaten und die Einstellungen zu politischen Inhalten in einem nicht genau geklärten Verhältnis eingehen.[1] Wenn sich diese Entscheidungsregeln ändern, so kann von einem Wählerwandel gesprochen werden. Wenn dieser Wandel darin begründet ist, daß sich die Bewertungen des Wählers zu einem konstanten Angebot verändert haben, weil sich seine politischen Motivlagen und/oder Fähigkeiten im Zuge sozialen Wandels verändert haben, liegt ein im sozialen Wandel begründeter Wählerwandel vor. Wenn sich das Verhalten des Wählers dagegen deswegen ändert, weil sich in der Struktur des politischen Angebots Verschiebungen ergeben haben, so hat der Wählerwandel in der hier verwendeten Terminologie politische Ursachen.

Sinn dieser Unterscheidung ist die Trennung von Präferenzen und Gelegenheiten. Mikrosoziologische Wandelthesen gehen von einer Veränderung der individuellen Präferenzen des Wählers aus. Dagegen konzentrieren sich die politischen Erklärungsansätze des Wählerwandels auf die Gelegenheitsstruktur des Wählens.

Die durch das Angebot der politischen Eliten an den Wähler definierte Gelegenheitsstruktur ist durch eine Reihe von Faktoren charakterisiert. Dies sind u.a. die Zahl der Parteien, ihre Verortung im ideologischen Raum, die im politischen System gültige Zuweisung von Kompetenzen und Einflußbe-

---

1   Der Begriff Entscheidungsregel bezeichnet hier einen Mechanismus der Verknüpfung von Klassen von politischen Anbietern (Parteien, Kandidaten) und Entscheidungskriterien (z.B. bestimmte politische Themen, Sympathien) zu einer Entscheidung. Die Entscheidungsregel legt fest (1) welche Kategorien politischer Anbieter mit welchem Gewicht in die Entscheidung eingehen und (2) nach welchen Gesichtspunkten diese Anbieter zu beurteilen sind. Dieser Vorgang beruht auf den Wahrnehmungen und den Präferenzen des Entscheidenden.

reichen an verschiedene politische Akteure und Institutionen, Wahlrechtsbe-
stimmungen, aber auch einzelne Politiker und Themen (eine präzise Definition wird unten vorgestellt). Die Gelegenheitsstruktur umfaßt alle diejenigen Bedingungen, die beschreiben, was genau die Optionen sind, zwischen
denen der Wähler entscheiden kann. Wenn sich diese Gelegenheitsstruktur
ändert, kann sich der Wähler veranlaßt sehen, seine Wahlentscheidung zu
revidieren, ohne daß dies eine Veränderung der sozialpsychologischen
Hintergründe ausdrücken muß. Dann kann eine instabile Gelegenheitstruktur auch bei stabiler Sozialpsychologie instabiles Wahlverhalten erzeugen.

Die vorliegende Studie befaßt sich mit den Auswirkungen eines veränderten Angebots an den Wähler auf das Wahlverhalten. Im Zentrum der
hier zu untersuchenden politischen Hintergründe des Wählerwandels sollen
dabei - dem Aspekt des Wandels gemäß - langfristig wirksame
Veränderungen der Gelegenheitsstruktur stehen. Es geht also nicht in erster
Linie um Kurzfristeffekte bei einzelnen Wahlen, wie bestimmte Kandidaten
und aktuelle Themen, auch wenn sich diese natürlich nicht gänzlich
ausklammern lassen. Vielmehr sollen Änderungen in Funktionsweisen des
politischen Systems, das die Struktur des politischen Angebots generiert,
daraufhin untersucht werden, ob sie Wählerwandel produziert haben
können. Damit sind politische Erklärungen des Wähler*wandels* abzugrenzen
von politischen Erklärungen der Wahl*entscheidung* in bestimmten Wahlen.
Letztere werden insbesondere unter der Frage, welche issues und
Kandidaten in welchem Maße für das Verhalten bei einer Wahl ausschlaggebend waren, diskutiert.

Im folgenden soll zuerst die Rolle, die politische Erklärungen in der
Literatur zum Wählerwandel einnehmen, dargestellt werden. Dann wird auf
einige Grundlagen des politischen Erklärungsansatzes dieser Studie eingegangen. Die politischen Veränderungen in den USA und in Deutschland,
die hier in Beziehung zum Wahlverhalten gesetzt werden sollen, werden im
anschließenden Kapitel (Kap. 4) untersucht.

3.1   Die Rolle politischer Erklärungen in der Literatur zum
Wählerwandel

In der deutschen, britischen und amerikanischen Literatur zu verschiedenen
Aspekten des Wählerwandels haben sich hinsichtlich des Stellenwerts, der
politischen Erklärungen zugemessen wird, unterschiedliche Traditionen

entwickelt. Im folgenden wird versucht, das relative Gewicht politischer und sozialer Erklärungen des Wählerwandels in diesen drei Ländern im Zeitablauf anhand einiger Beispiele zu skizzieren. Die britische Literatur wurde mit einbezogen, obwohl Großbritannien nicht zu den in dieser Studie untersuchten Ländern zählt. Dies geschieht, weil Teile dieser Literatur als für den deutschen Kontext instruktiv erachtet werden.

Diese Darstellung verfolgt nicht das Ziel, das Wahlverhalten oder den Wählerwandel in den verschiedenen Ländern zu beschreiben oder miteinander zu vergleichen. Vielmehr steht nicht die Wählerschaft, sondern die Disziplin der Wahlforschung in den einzelnen Ländern im Zentrum dieses Abschnitts. Es soll gezeigt werden, daß die Kategorien, unter denen die Wandelphänomene in den verschiedenen Ländern betrachtet werden, variieren. Daß diese Variation zumindest zum großen Teil durch unterschiedliche Gegebenheiten verursacht sein kann, versteht sich dabei von selbst. Es wird aber nicht ausgeschlossen, daß dem Diskurs der Wahlforschung nicht nur eine beobachtende, sondern zugleich eine gestaltende Rolle beim Porträtieren des Wählerwandels zukommt.

3.1.1 Politik und Wählerwandel in der britischen Forschung

Insbesondere seit Butlers und Stokes' *Political Change in Britain* (1971) ist der Wählerwandel einer der zentralen Gegenstände der britischen Wahlforschung. Dabei spielten bei Butler und Stokes politische Erklärungen des Wählerwandels auf theoretischer Ebene eine wichtige Rolle. Es sei wichtig, so Butler/Stokes, in die Wahlanalyse einzubeziehen, wie sich die Politik dem Wähler darstellt. "We must ... avoid focussing the whole of electoral analysis on the elecorate itself. ... If we are to develop a comprehensive account of change we must look beyond the electorate to its environment; beyond the immediate social-psychological factors in the electorate's 'response' to the changing stimuli to which the electorate is successively exposed." (1971:5)

In der Analyse schlägt sich diese Überzeugung Butlers und Stokes' unter anderem in einem Aspekt nieder, der für die Thematik der vorliegenden Studie von Bedeutung ist. Dies ist die Rolle der Spitzenkandidaten in der Politik und im Wahlverhalten. Butler/Stokes konstatieren, daß sich die Bedeutung des britischen Premier zunehmend der des amerikanischen Präsidenten annähere (1971:217-218). Diese erhöhte "salience of the leader" könne sich auf das Wahlverhalten auswirken, wenn der Wähler von der Parteienwahl zur Personenwahl überginge. Dies wäre ein politisch verursachter Wandel des Wahlverhaltens. Butlers und Stokes' Analyse ist jedoch dadurch limitiert, daß eine Untersuchung der abhängigen Variable (Wahlverhalten) nicht über einen längeren Zeitraum möglich war, während eine systematische Untersuchung der unabhängigen Variablen (Personalisierung der Politik) nicht vorgenommen wird. Das impressionistische Verständnis dieser Variable ist dadurch zusätzlichen Zweifeln ausgesetzt, daß auch in früherer Zeit Premiers durchaus eine herausragende Stellung im politischen System zukam, wie Butler und Stokes (ebda.) selbst einräumen. In dieser Situation können Butler und Stokes die These einer zunehmenden Personalisierung des politischen Prozesses und infolgedessen auch des Wahlverhaltens, und damit eines politisch zu erklärenden Wählerwandels, nicht empirisch testen.

In der Folgezeit verloren langfristige politische Erklärungen des Wählerwandels in der Literatur an Aufmerksamkeit. Politische Faktoren wurden häufig mit kurzfristigen Faktoren gleichgesetzt und damit der Möglichkeit, langfristigen Wandel zu erklären, bereits auf der theoretischen Ebene weitgehend beraubt. Dies wird besonders deutlich bei Crewe/Särlvik/Alt (1977), die politische Effekte mit Periodeneffekten gleichsetzen. Die Diskussion wurde damit vom sozialen Wandel dominiert, und hier in erster Linie vom sich abschwächenden Klassengegensatz. Schrumpfende Arbeiterklasse und/oder die "secularization of class" führen, so die Argumentation, zum "class dealignment". Die wohl umfassendste Untersuchung mit diesem Tenor, Särlviks und Crewes *Decade of Dealignment* (1983), schließt mit folgenden Aussagen: "Both parties will need to take into account that they are appealing to an elecorate in which social group loyalties mean less than they used to, where many fewer voters than in the past have any strong sense of party allegiance, and where many more are inclined to take an instrumental view of voting. If either of the parties fails to recognise that the electorate has changed, then it will doom itself to a long period on the opposition benches in Parliament" (1983:338). Sozialer Wandel verursacht einen Wandel des politischen Sytems. Kurzfristige, politische Faktoren bestimmen das jeweilige Wahlergebnis mit nur geringer Bindungswirkung für das folgende. Dies ist eine soziale Erklärung des Wählerwandels in idealtypischer Form.

Diese Orientierung am sozialen Wandel bestimmte für weitere Jahre die Diskussion um den Wandel des britischen Wählers (vgl. z.B. Franklin

1985, Robertson 1984). In jüngerer Zeit hat sich das Bild jedoch verändert. Die Verschiebung des Blickwinkels wird besonders deutlich in den Publikationen von Rose und McAllister. 1986 titelten diese *Voters Begin to Choose*, um das "open electorate", das aus dem sozialen Wandel resultiere, zu beschreiben. "The class structure ... bulges at the centre ... The resulting indeterminacy simultaneously produces more wobbling and floating voters and less class conflict between voting blocs," schrieben Rose und McAllister, ganz im Sinne der These vom class dealignment (1986:159). 1990 setzten die beiden Autoren die Schwerpunkte anders. *The Loyalties of Voters* betont die stabile Sozialpsychologie des Wahlverhaltens, die sich für Rose und McAllister in ihren Regressionsanalysen des "lifetime learning models" bestätigt (insbesondere 1990:161-162). Die Kontinuität zu ihrem früheren *Voters Begin to Choose* sehen die Autoren durch die Hervorhebung politischer Erklärungen gewahrt: "Individuals are *forced to choose*, when the party that they formerly supported is no longer in existence, or when it differs radically from what it has been before." (1990:6-7, Hervorhebung original). "Unstable parties" - also Veränderungen in der Gelegenheitsstruktur des Wählens - seien für schwankendes Wahlverhalten verantwortlich (siehe insbesondere 1990:27). Rose/McAllister vertreten damit einen politischen Erklärungsansatz des Wählerwandels.

Maßgeblich für diese Umorientierung könnten die Arbeiten von Heath u.a. gewesen sein (vgl. insbesondere Heath u.a. 1985). Heath u.a. konzentrieren sich auf makrosoziologische Aspekte - also die Frage, welche Wählergruppen welcher Partei zuzuordnen sind - und auf ideologische Grundeinstellungen in der Bevölkerung. Fragen der individuellen Stabilität werden dagegen kaum angesprochen. Für die Diskussion hier sind ihre Arbeiten aber dennoch wichtig, weil sie in ihren Erklärungsansätzen stark auf politische Faktoren abheben. Darin verstehen sie sich ausdrücklich als Gegenpol zu den Thesen vom decline of class voting und dealignment. Wählerwandel habe, wo er zu beobachten ist, häufig Ursachen, die im Parteiensystem zu verorten sind. Dies kann die Gründung einer neuen Partei sein (SDP, dazu Heath u.a. 1985:150-152) oder die ideologische Um- orientierung einer Partei, wie die gewachsene Polarisierung zwischen Conservative Party und Labour Party (dazu 1985:146-149). Die "interactionist interpretation", zu der sich die Autoren bekennen, sieht die Parteien als gestaltendes Element in der Entwicklung ideologischer Positionen in der Bevölkerung (1985:138, 174-175). Wählerwandel - hier insbesondere ideologische

Umorientierung - erscheint damit als zum Teil von den Parteien verursacht.[2]

In ihrer Analyse anläßlich der Unterhauswahl von 1987 vertiefen die Autoren diese Argumentationslinie (Heath u.a. 1991). Soziale und politische Erklärungen des Wählerwandels werden untersucht und gegeneinander abgewogen. Im Ergebnis sehen die Autoren die politischen Faktoren als die in der Summe potenteren Erklärungen der veränderten Wähleranteile von 1964 bis 1987 an (Heath u.a. 1991:219-221, vgl. auch Evans u.a. 1991).

Für den hier relevanten Aspekt des dealignment ist eine empirische Stütze der politischen Erklärungen des Wählerwandels der Befund, daß sich der Trend zunehmender Volatilität im Wahlverhalten, der ein Anlaß für die Diagnose des dealignment war, nicht verfestigte. Wie der in Umfragen erhobene Vergleich der Wahlentscheidung in zwei aufeinanderfolgenden Wahlen zeigt, ergibt sich kein von einem dealignment zeugender Anstieg der Wechselaktivität in Großbritannien. Zwar wurde bei den Wahlen von 1974 bis 1983 häufiger von der Vorwahl abgewichen als 1964 und 1970, 1987 lag die Wechselaktivität aber erneut auf dem Niveau von 1970 (vgl. Heath u.a. 1991:20). Dieser Befund fügt sich in das generelle Muster der empirischen Ergebnisse in den Interpretationen Heaths u.a., die Begriffen wie dem des dealignment, die auf einer Fortschreibung beobachteter Trends basieren, den der "trendless fluctuation" entgegensetzen. Auch in Roses und McAllisters Interpretation spielt die Diagnose individueller Stabilität bei Unterhauswahlen eine wichtige Rolle (1990:173). Der empirische Befund, daß in Großbritannien kein Anstieg der Volatilität festzustellen sei, wurde später von Field (1994) für den Zeitraum von 1959 bis 1992 untermauert und auf politische Variablen zurückgeführt.

Es muß betont werden, daß sich nicht alle vorgetragenen Argumente nahtlos in die Dichotomie von politischen und sozialen Erklärungsansätzen fügen. Hervorzuheben sind die Beiträge von Crewe (1985) und Alt (1984). Gegenüber *Decade of Dealignment* bezieht Crewe (1985) eine distanziertere Stellung zur Erklärungskraft des sozialen Wandels. Er betont jetzt eine

---

2   Die Ausführungen von Heath u.a. blieben nicht unangefochten. Sowohl aus konzeptueller als auch aus methodischer Perspektive wurden sie kritisiert. Die Funktion dieses Abschnitts ist es aber lediglich, die theoretische Ausrichtung der britischen Wahlforschung aufzuzeigen, nicht aber, die Ergebnisse im einzelnen zu analysieren. Deswegen wird hier auf diese Diskussion nicht eingegangen. Sie bezog sich unter anderem auf Heaths u.a. Präsentationsweise, auf die Operationalisierung der Klassen und auf die Interpretation der logit Koeffizienten. Siehe insbesondere: Crewe 1986, Heath u.a. 1987, Dunleavy 1987.

ideologische Umorientierung der Wählerschaft, die sich insbesondere in einer Abkehr von Labour-Positionen äußere (Crewe 1985:129-141). Die Ursachen dieser Entwicklung werden jedoch nicht angesprochen. Alt (1984) erklärt den Rückgang der Parteiidentifikation dagegen mit Hilfe eines Modells retrospektiver Evaluierungen, das von Fiorinas Modell der Parteiidentifikation inspiriert ist (Fiorina 1981:84-102). Wenn die eigene Partei, so Alt, in der Bewertung ihrer Leistungen nicht besser abschneide als andere Parteien, entfalle die Basis für Parteiidentifikationen (Alt 1984:310-311, 325-327). Sowohl Alts als auch Crewes Erklärungsansätze beinhalten politische Elemente, die aber nicht in Beziehung zum Verhalten politischer Eliten gesetzt werden.

Aus diesem Überblick der britischen Literatur zum Wählerwandel entsteht das Gesamtbild, daß politische Erklärungen des Wählerwandels sich neben den sozialen Erklärungen etabliert haben.

3.1.2   *Politik und Wählerwandel in der amerikanischen Forschung*

Die USA ist dasjenige Land, in dem die Symptome eines dealignment am frühesten festgestellt und untersucht wurden. Erklärungen des Wählerwandels in den USA setzten von Anfang an auf das Zusammenwirken sozialer und politischer Erklärungsansätze. Dabei spielen die Wirkung krisenhafter politischer Ereignisse und die zunehmende Schwäche der Parteien im politischen Geschehen als politische Erklärungsvariablen eine besondere Rolle.

So setzt sich Ladds und Hadelys (1975) Bild der amerikanischen Politik der 70er Jahre schwerpunktmäßig aus der Beschreibung des gebildeteren Elektorats, das geschwächten Parteien gegenüber steht, zusammen (Ladd/Hadley 1975:v.a. 300-302, 313-320). Diese Konstellation bedinge weniger parteigebundenes, stärker schwankendes Wahlverhalten. Mit ähnlichem Tenor analysiert Pomper (1975) die sich auflösenden sozialen Bindungen in der Wählerschaft, die zum "modern American voter" führten, und den "institutional decay", der die Schwäche der Parteien bei gleichzeitiger Stärkung des zunehmend parteiunabhängigen Präsidentenamtes beschreibt (Pomper 1975:v.a. 211-220).

In diesem Zusammenspiel sozialer und politischer Erklärungsansätze zeichnete sich jedoch recht frühzeitig die Konzentration zahlreicher Wahlforscher auf die politischen Faktoren ab. Nie, Verba und Petrocik (1976) präsentieren eine Interpretation des Wählerwandels, die stark auf die ursächliche Wirkung von "political events" abhebt. Politische Krisen wie Vietnam und Watergate führten zu Unzufriedenheiten mit den Parteien und einem Rückgang der Parteibindung (Nie u.a. 1976:v.a. 43-58). Diese Entwicklungen seien zu einem großen Teil, aber nicht ausschließlich, generationell vermittelt. Vor allem jüngere Generationen würden durch die krisenhaften Ereignisse in der Entwicklung einer Parteiidentifikation beeinträchtigt (Nie u.a. 1976:58-73). Die Kombination dieser politischen und generationellen Erklärungsfaktoren wird, wenn auch modifiziert, von Beck bestätigt. Beck spricht davon, daß zwischen 1965 und 1973 "the very strong antipartisan period forces had a substantial impact upon the relatively inert partisan attachments of young voters" (Beck 1984:259).

Für Nie u.a. können auch weitere politische Faktoren verändertes Wählerverhalten mit sich bringen. So sei der Anstieg des issue voting auf polarisierendere Kandidatenkonstellationen zurückzuführen, nicht etwa auf eine veränderte Psychologie des Wählers (Nie u.a. 1976:311-318). "The data indicate that the new role of issues is, in large part, a reaction to the nature of the candidates offered" (Nie u.a. 1976:318). Die ebenfalls konstatierte Konzentration des Wahlverhaltens auf die Kandidaten spiegele die zunehmende Kandidatenorientierung der Wahlkämpfe wider (Nie u.a. 1976:346-347). Der soziale Wandel spielt dagegen bei Nie u.a. eine vergleichsweise untergeordnete Rolle. Als Fazit gilt: "The public responds to the political stimuli offered it" (Nie u.a. 1976:319). Petrocik (1980), dessen Argumentation im wesentlichen auf die Wirkungen des "political context" setzt, zeichnet ein sehr ähnliches Portrait des Wählerwandels. "Voters are probably not dramatically more ideological now than they were in the recent past. The increase in issue consistency and in the portion who used ideology to evaluate political stimuli reflect the intrusion of politics during the 1960's and a widespread use of ideological labels" (Petrocik 1980:276).

Das bedeutet allerdings nicht, daß die weitere Diskussion am sozialen Wandel vorbeiging. Insbesondere für Shivelys (1979) "functional theory of party identification" spielt die Bildungsexpansion eine wichtige Rolle (dazu s.o. 2). Empirisch ist die Rolle der Bildung im dealignment Prozeß nicht ganz geklärt. Bereits Nie u.a. wiesen darauf hin, daß der Rückgang der Parteiidentifikation in allen Bildungsgruppen zu beobachten sei, die Bildungsexpansion also nicht die Ursache des dealignment sein könne (Nie u.a. 1976:61, Fn.). Dieser Befund wurde in Wattenbergs Analysen auch für weitere Indikatoren bestätigt (Wattenberg 1986:114-120). In detaillierteren Analysen von Panels stellte Beck unter Kontrolle anderer Faktoren jedoch einen Effekt der Bildung fest (Beck 1984:256). Auch Beck schränkt jedoch ein, daß die Bildungsexpansion den Rückgang der Parteiidentifikation nur partiell erklären könne (ebda.). In der Summe weisen die empirischen Befunde zum Zusammenhang von Bildungsexpansion und dealignment also in keine eindeutige Richtung. Es ist jedoch unstrittig, daß die Bildungsexpansion das dealignment zumindest nicht vollständig erklären kann.

Unter diesen Voraussetzungen sind politische Erklärungen des Wählerwandels in den USA derzeit häufig zu finden. So ist für Wattenberg (1986, 1994) die von ihm diagnostizierte neutrale Haltung der Bevölkerung gegenüber den Parteien eine Konsequenz der gesunkenen Bedeutung der Parteien im politischen Prozeß. Chubb (1988) erklärt das von Präsidentschaftswahlen zunehmend unabhängige Wahlverhalten in Wahlen in state elections mit der institutionellen Verfestigung der Parlamente und Gouverneursämter in den Einzelstaaten. Eine ähnliche Argumentation benutzt Fiorina (1989), um die gestiegene Neigung der Wähler, Amtsträger in Kongreßwahlen zu unterstützen, zu erklären. Dieser incumbency advantage sei, so Fiorina, eine Konsequenz der gestiegenen Bemühungen der Abgeordneten um ihren Wahlkreis. Jacobson (1993a) führt zur Erklärung des incumbency advantage in den Congressional elections der achtziger Jahre an, daß potentiell attraktive Kandidaten sich nur selten durchringen können, einen Amtsträger herauszufordern. Angesichts der geringen Attraktivität der Herausforderer fällt es den Wählern umso schwerer, sich gegen den Amtsinhaber zu entscheiden. Shively betont weiterhin die Bedeutung der verbesserten Bildung für die Veränderung des Wahlverhaltens. Er hebt aber auch die veränderten Wahlkampftechniken und die gewachsenen Ressourcen der Kandidaten als Faktoren hervor, die den von ihm beobachteten "change in electoral change" von Wählermobilisierung zu Wählerkonversion herbeigeführt haben könnten (Shively 1992:v.a. 317-318). Flanigan/Zingale (1985) sehen das dealignment als Folge der Unfähigkeit der Politik, überzeugende Programmatik erfolgreich umzusetzen. Allen diesen Erklärungsansätzen ist gemein, daß sie einen Wandel des Wahlverhaltens in Abhängigkeit von einem Wandel der Gelegenheitsstruktur des Wählens sehen.

Daß diese politischen Erklärungen des Wählerwandels derzeit in den USA häufig vertreten werden, fügt sich in den Diskurs der amerikanischen Wahlforschung, der auch in anderen Beziehungen die Reaktion der Wählerschaft auf das politische Geschehen hervorhebt. Hier sind nicht zuletzt die Einflüsse von Downs' (1957) Modell der Demokratie, in der Parteien und Wähler aufeinander reagieren, aber auch die von Keys Eintreten für das "responsible electorate" (1966) spürbar. In zahlreichen Publikationen amerikanischer Wahlforscher ist das Bestreben unverkennbar, den Befunden der Michigan School das Bild einer Wählerschaft entgegenzusetzen, die der Politik mehr oder minder aufgeschlossen, flexibel und kompetent gegenübersteht. Insbesondere Converses Ergebnis, daß die Ansichten der Wähler nur ein geringes Maß an Konsistenz und zeitlicher Stabilität aufweisen, regte Widerspruch an (Converse 1964). Als zentrale Werke sind hier zu nennen Pages (1978:v.a. 62-107) Analysen der Wechselwirkung zwischen Wahlkampfpositionen und Perzeption und Informationsgrad der Bevölkerung, Page/Shapiros und Stimsons Charakterisierung von Änderungen in der öffentlichen Meinung als Reaktion auf veränderten Problemdruck und Änderungen im policy Bereich (Page/Shapiro 1992:v.a. 321-354, Stimson 1991:v.a. 18-31) und Fiorinas (1981) Theorie des "retrospective voting".

Im Kontext der vorliegenden Arbeit ist die in amerikanisch-schwedischer Kooperation entstandene Monographie *The Political System Matters* wegen der Kombination von vergleichender Orientierung und politischem Erklärungsansatz besonders hervorzuheben (Granberg/Holmberg 1988). Granberg und Holmberg stellen verschiedene sozialpsychologische Prozesse dar, die sich bei der Beurteilung von politischen Objekten durch die Wähler vollziehen. Die Autoren stellen wiederholt fest, daß die Neigung zu "irrationalen" psychischen Vorgängen in den USA ausgeprägter sei als in Schweden. Zum Beispiel stellen die Autoren die von der social judgement theory beschriebenen Prozesse "assimilation" und "contrast", durch die das perzipierte Objekt der eigenen Position angenähert oder von ihr entfernt wird, bei amerikanischen Befragten häufiger fest als bei schwedischen (vgl. 1988:z.B. 10-37). Als Grund für diese Unterschiede benennen die Autoren die weniger klaren Stimuli, die das amerikanische Parteiensystem im Vergleich zum schwedischen biete (1988:z.B. 37).

Im Gesamtbild kann festgestellt werden, daß politische Erklärungen des Wählerwandels in den USA zur Standardargumentation der Wahlforschung gehören.

3.1.3   Politische Erklärungen des Wählerwandels im deutschen Kontext

Im Gegensatz zur Situation in den USA wird Wählerwandel in der Bundesrepublik Deutschland in den weitaus häufigsten Fällen mit sozialen Entwicklungen erklärt. Politische Erklärungen deutscher Wählertrends sind die

Ausnahme. Dabei sind die abnehmende Bedeutung des Klassengegensatzes, das Anwachsen der neuen Mittelschicht, die nachlassende Kirchenbindung und die Bildungsexpansion die am häufigsten genannten sozialen Veränderungen, von denen angenommen wird, daß sie zu einer Umorientierung des Wahlverhaltens führten. Die Literatur zu diesen Komplexen hat inzwischen beachtlichen Umfang angenommen. Mit den Auswirkungen dieser Entwicklungen auf die individuelle Stabilität des Wahlverhaltens beschäftigen sich insbesondere Dalton (1984b und - mit verändertem Tenor - 1989), Dalton/Rohrschneider (1990), Klingemann (1985), Conradt (1986), Veen (1988a und 1991). Diese Beiträge stellen den empirischen und konzeptuellen Kern der Thesen steigender Volatilität im deutschen Wahlverhalten dar. Ihre Ergebnisse werden im empirischen Teil Berücksichtigung finden.

Es finden sich jedoch auch Beiträge, die politische Erklärungen in Erwägung ziehen. Hier ist insbesondere das erste umfassende Werk, das sich dem Wählerwandel in Deutschland widmet, zu nennen. Baker/Dalton/Hildebrandt betrachten Eliteverhalten als einen wichtigen Kausalfaktor bei der Erklärung von Wandelphänomenen in der Wählerschaft (1981:13-14). Diese Einschätzung schlägt sich in den Analysen vor allem darin nieder, daß die programmatischen Positionen von Union und SPD (nach Godesberg) als mitverantwortlich für die abnehmende Klassenbindung des Wahlverhaltens herausgestellt werden (v.a. 1981:164-165, 180-181; vgl. für eine ähnliche Argumentation bereits Pappi 1973:209). Auch die Images der Parteien seien zumindest teilweise Ausfluß von Eliteverhalten (1981:237-248). Ein Einfluß der Eliten auch auf den Wertewandel wird zwar im Prinzip konstatiert (1981:158), in den Analysen treten die Eliten aber lediglich als auf den Wertewandel reagierend in Erscheinung (1981:145, 156-159). In der Summe ergibt sich jedoch eine wichtige Bedeutung des Eliteverhaltens für den Wählerwandel: " ... the actions of elites have facilitated, and indeed encouraged political change ..." (1981:14).

Trotz dieses hohen Stellenwertes politischer Erklärungen des Wählerwandels bei Baker u.a. wird kein direkter Bezug zwischen Eliteverhalten bzw. anderen Aspekten der Gelegenheitsstruktur des Wählens einerseits und der Stabilität des Wahlverhaltens andererseits hergestellt. Die veränderte Rolle der Parteiidentifikation erkläre sich aus den sozialen Entwicklungen und damit aus der gesunkenen Prägung des Wahlverhaltens durch die sozialstrukturelle Verortung. Dabei gehören Baker u.a. zu denjenigen Autoren, die als Folge der nachlassenden Bedeutung der Sozialstruktur einen Anstieg der Parteibindung erwarten (siehe Kap. 2).

Weitere Beispiele von Beiträgen, in denen der Politik ein gewisses Gewicht in der Erklärung des Wählerwandels zukommt, lassen sich anführen, aber diese sind nicht sehr zahlreich. Bemerkenswert ist Pappis Ansatz, Koalitionsentscheidungen der Parteien einzubeziehen. Die Koalitionsentscheidung lege die "Hauptthematik der politischen Auseinandersetzung" fest und wirke sich deshalb "mittelfristig auf das Wahlverhalten der sozialen Gruppen aus" (Pappi 1986:377). Hildebrandt/Dalton sehen einen begrenzten Einfluß des Eliteverhaltens auf den Wertewandel. Dabei handele es sich jedoch lediglich um "kurzfristige Störungen eines längerfristigen Trends" (1977:252). Ebenfalls Dalton und Hildebrandt (1983) beziehen das politische Geschehen als potentielle Ursache der gestiegenen Polarisierung zwischen den Parteien mit ein, der Tenor des Beitrags geht aber dahin, daß "diese Erklärung zumindest nicht ausreichend ist" (1983:79). Ähnlich verhält es sich bei Dalton/Rohrschneider (1990): Politische Skandale können nach Dalton/Rohrschneider das dealignment kaum erklären (1990:317-320).

Aus dieser Zusammenstellung wird deutlich, daß politische Erklärungen im umfangreichen Fundus der Literatur zum Wählerwandel in Deutschland vergleichsweise selten herangezogen werden. Insbesondere der hier im Zentrum stehende Gegenstand, die Erosion bzw. die Stabilität von Parteibindungen, wird sehr selten im Zusammenhang mit Veränderungen der Gelegenheitsstruktur des Wählens gesehen. Dennoch liegen Forschungsansätze vor, die für die Orientierung der vorliegenden Arbeit bedeutsam sind:

(1) Der vor allem in den 70er Jahren geführten Debatte um die Übertragbarkeit des Konzepts der "Parteiidentifikation" aus dem amerikanischen in den deutschen Kontext entstammt Gluchowskis (1978) Analyse der Wechselwirkung zwischen politischem System und Funktionsweise der Parteiidentifikation. Gluchowski argumentiert, daß im Personenwahlrecht der USA ein Abweichen von der Parteiidentifikation leichter falle als im Parteienwahlrecht der Bundesrepublik. Deswegen sei die der Wahlentscheidung vorgelagerte Stellung der Parteiidentifikation in den USA unproblematischer nachzuweisen als in Deutschland (1978:287). Gluchowski untersucht also die Auswirkungen unterschiedlicher Gelegenheitsstrukturen in verschiedenen Kontexten. Für die hier vorgenommene Betrachtung der Veränderung der Gelegenheitsstruktur bietet dies einen Ausgangspunkt.

(2) Die Entwicklung der Gelegenheitsstruktur innerhalb eines Kontextes steht dagegen im Vordergrund bei Oberndörfer/Mielke (1990). In ihren Ausführungen zu *Stabilität und Wandel in der westdeutschen Wählerschaft* kontrastieren sie die Veränderungen der Sozialstruktur mit einem politischen Angebot, das sich nur durch das Aufkommen der Grünen und die Etablierung des Lagersystems geändert habe. Das im wesentlichen stabile politische Angebot bestimme die weitgehende Stabilität der Wählerstrukturen (1990:43). Oberdörfer/Mielke untersuchen also die Auswirkungen über Zeit konstanter Gelegenheitstruktur auf Aspekte des Wahlverhaltens. Gluchowski (1987) bezieht in der Darstellung seiner Lebensstilanalysen ebenfalls die Angebotsseite des Wählens mit ein. In seiner Interpretation sind das Aufkommen der Grünen und die Entwicklung des Lagersystems Mitverursacher der Flexibilisierung im Wahlverhalten (1987:18-19).

(3) Der Beitrag von Klingemann und Wattenberg (1990) zu den Vorstellungsbildern von den Parteien in Deutschland und den USA kommt dem hier gewählten Ansatz in mancher Hinsicht am nächsten. In der Tat ist eine unabhängige Variable - die Rolle von Parteien im politischen System - weitgehend deckungsgleich mit einer der vorliegenden Studie. Die Unterschiede ergeben sich in der abhängigen Variablen und damit in der Fragestellung. Klingemann/Wattenberg stellen ein dealignment in beiden Ländern fest und gehen in den weiteren Analysen von diesem Befund aus (1990:330). Die Unterschiede zwischen den Parteiensystemen - einem "zerfallenden Parteiensystem" in den USA und einem "sich entwickelnden Parteiensystem" in der Bundesrepublik - wirken sich auf die Wahrnehmung der Parteien in der Ära des dealignment aus. So interessieren sich die (West-) Deutschen in zunehmendem Maße für die Parteien, was zu einer "differenzierteren und ausgewogeneren Vorstellung" von den Parteien führt (1990:341). Dagegen nimmt die Wahrnehmung der Parteien in den USA ab. Die Amerikaner stehen den Parteien zunehmend neutral gegenüber. Die wichtigsten Fragestellungen sind also nicht die nach dem "ob" und nach dem "warum" des dealignment in beiden Ländern (obwohl auch diese angesprochen werden), sondern die nach dem "wie". Für die deutschen Parteien steht als Ergebnis des Beitrages die Einstufung als "sich entwickelndes Parteiensystem", das gleichwohl einem dealignment unterworfen sei. Der seit den 70er Jahren nachgewiesene Wandel in den Images der Parteien

könne daraus resultieren, daß die Deutschen aus der Erfahrung des Dritten Reiches gelernt hätten, sich den Parteien nicht mehr bedingungslos anzuvertrauen (1990:342).

(4) Obwohl nicht der Literatur zum Wählerwandel im deutschen Kontext zuzurechnen, ist eine Studie von Bartolini/Mair (1990) hier zu nennen, weil deren europäisch-vergleichender Ansatz die Bundesrepublik Deutschland einbezieht. Auf der Basis der Wahlergebnisse stellen Bartolini/Mair zunächst eine Stabilisierung der europäischen Elektorate (einschließlich des deutschen) fest. Dann werden verschiedene Erklärungsfaktoren der Volatilität, wovon einige zu den sozialen, andere zu den politischen zu rechnen sind, empirisch getestet. Auf einige dieser Ergebnisse wird im Verlaufe der Untersuchungen einzugehen sein.

Alle diese Beiträge werden in der weiteren Diskussion in dieser Arbeit Berücksichtigung finden. Insgesamt ist jedoch festzustellen, daß die Wahlforschung im deutschen Kontext vergleichsweise geringen Wert auf die Gelegenheitsstruktur des Wählens als Erklärungsvariable des Wählerwandels gelegt hat. Damit geht einher, daß die politischen Eliten in diesen Erklärungsansätzen in der Regel auf den Wählerwandel zu reagieren haben, ihn aber nicht hervorrufen.

3.2 Grundlagen des politischen Erklärungsansatzes in dieser Studie

3.2.1 Die Gelegenheitsstruktur des Wählens

Der Begriff der Gelegenheitsstruktur des Wählens ist für politische Erklärungen des Wählerwandels von zentraler Bedeutung. Um sich diesem Begriff anzunähern, ist es zunächst sinnvoll, von einer Welt auszugehen, in der keine Unwägbarkeiten bestehen, in der Prognosen über die Auswirkungen bestimmter Handlungen also fehlerfrei möglich sind. Denn die Wahlentscheidung ist eine Entscheidung, die Auswirkungen nach sich zieht, genaugenommen ist sie eine Entscheidung über die erwarteten Auswirkungen. Bei Wahlen zu Institutionen in repräsentativen Demokratien bestehen diese

Auswirkungen in der rechtlich festgeschriebenen Umsetzung der Wähler-
stimme in die personelle Besetzung der Institution, im Verhalten der Personen, die in diese Institution gelangen, und den daraus resultierenden Entscheidungen, die von dieser Institution getroffen werden. Die Konsequenzen der Wahlentscheidung manifestieren sich also auf mehreren
Dimensionen.

Dabei ist es dem Wähler aber nicht erlaubt, über diese Dimensionen unabhängig voneinander zu befinden. Vielmehr wird ihm eine limitierte Anzahl von Punkten aus dem multidimensionalen Raum der politischen Konsequenzen unterbreitet. Mit jeder dieser ihm zur Auswahl gestellten Optionen
ist eine bestimmte Konstellation von Konsequenzen auf diesen Dimensionen
verbunden. Dies ist die Gelegenheitsstruktur des Wählens. *Die Gelegenheitsstruktur des Wählens bezeichnet die Menge der Punkte im multidimensionalen Konsequenzenraum, zwischen denen der Wähler entscheiden
kann.* Anders ausgedrückt: *Die Gelegenheitsstruktur des Wählens umfaßt
die Verknüpfung der dem Wähler unterbreiteten Optionen mit politischen
Konsequenzen auf mehreren Dimensionen.*

In einer unwägbaren Welt, in der die Konsequenzen von Entscheidungen nur innerhalb enger Grenzen absehbar sind, nimmt die Definition der
Gelegenheitsstruktur eben diese Grenzen an. Sie bezeichnet die Verknüpfung der Optionen der Wahl mit zu erwartenden Konsequenzen. Aufgabe
einer politikwissenschaftlichen Beschreibung der Gelegenheitsstruktur ist
es, die zu erwartenden Konsequenzen der Wahlentscheidung aufzuzeigen.
Daß dies nie auf allen Dimensionen möglich sein wird, versteht sich von
selbst.

Dimensionen der Gelegenheitsstruktur des Wählens

i. Objekte der Wahl

Die Objekte einer Wahl sind die in der Wahlentscheidung mit der Über-
nahme von politischen Funktionen zu betrauenden Personen oder Perso-
nengruppen. Diese Betrauung von Objekten mit politischen Funktionen ist
die direkteste Konsequenz der Wahlentscheidung. Bereits sie wirkt sich
jedoch auf mehreren Dimensionen aus. Im Personenwahlrecht treten neben

die persönlichen Eigenschaften des Kandidaten die Gruppierungen, denen er angehört, und die mithin mit seiner Wahl gestärkt werden. Dabei handelt es sich um Parteien, ideologische Gruppierungen (z.b. Seeheimer Kreis) und (Interessen-)Gruppen (z.b. Frauen). Im Falle eines an den Parteien orientierten Wahlrechtes treten zu den auf die Partei bezogenen Erwägungen diejenigen zu den Personen, die sie voraussichtlich für bestimmte Ämter nominieren wird. Für die Wahlentscheidung ist wichtig, wie sich das Gewicht der simultan gestärkten Objekte in für den Wähler ausschlaggebenden Aspekten verteilt.

ii. Politische Inhalte

Die beschriebenen Objekte, die durch die Wahlentscheidung gestärkt werden, stehen für politische Inhalte.[3] Teil der Beschreibung der Gelegenheitsstruktur des Wählens ist die Verortung der politischen Objekte im Raum der politischen Inhalte. Dabei werden folgende Aspekte als für die Wahlentscheidung ausschlaggebend erachtet: (1) Der Abstand der Position des Wählers zu von ihm als entscheidend erachteten politischen Objekten auf ihm wichtigen inhaltlichen Dimensionen und (2) der Abstand der als wichtig erachteten Objekte voneinander auf ihm wichtigen Dimensionen.

Eine umfassende Beschreibung der Gelegenheitsstruktur des Wählens beantwortet also folgende Fragen:

- Welche Objekte werden durch eine bestimmte Entscheidung in welchem Ausmaß gestärkt?

- Mit welchen inhaltlichen Positionen sind diese Objekte verbunden?

Nur wenn der Wähler diese zwei Fragen beantwortet hat, kennt er die Möglichkeiten und die Tragweite der Wahlentscheidung. Die vorliegende Studie konzentriert sich für die Analyse der Wechselaktivität auf die erste Frage.

---

3   Dabei ist es möglich, hier aber nicht erforderlich, zwischen verschiedenen Arten von politischen Inhalten (z.b. programmatisch vs. aktuell, Valenz vs. Position) zu unterscheiden.

Veränderungen der Gelegenheitsstruktur

Wenn sich die Verbindung zwischen den dem Wähler unterbreiteten Optionen und politischen Konsequenzen verändert, verändert sich die Gelegenheitsstruktur des Wählens. Da die Gelegenheitsstruktur selbst nicht lückenlos zu beschreiben ist, kann dies auch für die Veränderungen, denen sie unterworfen ist, nicht geleistet werden. Die Darstellung der Veränderungen erfordert daher eine Auswahl nach Plausibilitätskriterien. Die Analysekapitel werden dies gemäß der jeweiligen Fragestellung erörtern.

3.2.2 *Gelegenheitsstruktur und Perzeptionen: Zum Verhältnis von Makro- und Mikroebene*

Zu erklärende Variable in dieser Arbeit ist das Verhalten großer Zahlen von Individuen. Individuen können für eine Entscheidung nur diejenigen Aspekte der Gelegenheitsstruktur berücksichtigen, die sie wahrgenommen haben. Es könnte von daher argumentiert werden, daß lediglich die subjektive Gelegenheitsstruktur, also ihre perzipierten Elemente, erfaßt werden müßten, um die Auswirkungen der Gelegenheitsstruktur auf das Wahlverhalten zu untersuchen. Andere, nicht perzipierte Aspekte seien ohnehin nicht verhaltensrelevant, und die perzipierten Aspekte ließen sich mittels Umfragen ermitteln. Die Analyse könne sich dann auf eine Analyseebene beschränken.

Dieser Argumentation ist nicht zuzustimmen. Sicherlich bewirkt eine nicht perzipierte Veränderung der Gelegenheitsstruktur keine Verhaltensänderung. Die Schlüsselstellung der Perzeptionen im kausalen Prozeß ist demnach unbestritten. Dennoch kann sich nicht auf die Analyse der Perzeptionen beschränkt werden. Denn Perzeptionen sind nicht durch das perzipierte Objekt vollständig determiniert. Perzeptionen können Veränderungen unterworfen sein, die nicht auf einer Veränderung des perzipierten Objektes beruhen. Veränderungen des Wahrnehmenden - z.B. erhöhte Bildung, gewachsenes Interesse am Gegenstand, Einstellungsänderungen - können eine veränderte Perzeption bewirken. Deswegen kann, wenn eine gewandelte Perzeption der Gelegenheitsstruktur festgestellt wird, nicht unter allen Umständen auf eine tatsächliche Veränderung der Gelegenheitsstruktur geschlossen werden.

Zwei Beispiele sollen die Relevanz dieser Argumentation verdeutlichen. So stellen Dalton und Hildebrandt eine im Zeitraum von 1961 bis 1980 gewachsene Polarisierung der bundesrepublikanischen Parteien in der Wahrnehmung der Bevölkerung fest (Dalton/Hildebrandt 1983). Ihre weiteren Untersuchungen führen zu dem Ergebnis, daß diese Entwicklung in Abhängigkeit von Generationszugehörigkeit, Parteianhängerschaft und politischer Beteiligung nicht gleichartig verlief. Dagegen ist die Frage, ob die tatsächliche Konfrontation der Parteien diese Polarisierung erklären kann, nur spekulativ beantwortet. Die Autoren können lediglich anmerken, ihnen erscheine es "unwahrscheinlich", daß Wahlkämpfe zunehmend konfliktreicher ausgetragen wurden (Dalton/Hildebrandt 1983:64). Damit muß offen bleiben, ob und inwieweit die veränderte Perzeption der Gelegenheitsstruktur auf einer tatsächlichen Veränderung basiert. Ähnlich verhält es sich bei Alts (1984) Erklärung des britischen dealignment, die auf der Perzeption schlechter Leistungsfähigkeit beider Parteien fußt (s.o.). Die Frage, ob die Bürger anspruchsvoller oder die Parteien leistungsunfähiger geworden sind, bleibt unbeantwortet.

Beide Beispiele beschreiben Entwicklungen, denen zumindest potentielle Verhaltensrelevanz zukommt. In beiden Fällen besteht das Dilemma darin, daß die gemessene Perzeption nicht in einer eindeutigen Beziehung zum perzipierten Objekt steht. Eine veränderte Perzeption führt also oft nicht sehr weit in der Beantwortung der Frage nach Ursache und Wirkung. Eine lediglich auf Perzeptionen gestützte Analyse der Gelegenheitsstrukturen ist oftmals nur begrenzt in der Lage, sich der - häufig zugrundeliegenden - Forschungsfrage nach den Ursachen einer Verhaltensänderung anzunähern. Und wenn unklar ist, ob der gewachsene Abstand zwischen den Parteien oder die schlechte Leistungsbewertung der Parteien auf Veränderungen der Wähler oder auf Veränderungen der Parteien zurückgehen, so ist auch unklar, welche Folgerungen aus den Befunden zu ziehen sind.

Unter diesen Umständen kann es für die Wahlforschung also notwendig werden, über die Analyse der Mikrodaten hinaus Untersuchungen der Gelegenheitsstruktur vorzunehmen. Politische Erklärungen des Wahlverhaltens und des Wählerwandels sind in anderer Form kaum denkbar. Dies ist der Ansatz der vorliegenden Studie. Es soll versucht werden, das individuelle Verhalten mit einer möglichst objektiven Auffassung der Gelegenheitsstruktur in Verbindung zu bringen.

Die vorliegende Studie wird also auf unterschiedlichen Analyseebenen vorgehen: Mikroverhalten soll mit Befunden auf der Makroebene erklärt werden. Die Verknüpfung der verschiedenen Ebenen beginnt jedoch nicht erst dann, wenn wie hier zusätzlich zu den Umfragedaten eine Analyse der Gelegenheitsstruktur erfolgt. Denn bereits wenn Perzeptionen etwa der Parteien einbezogen werden, ist der Bezug zur Makroebene konzeptuell hergestellt. Parteien agieren auf der Makroebene; Perzeptionen der Parteien stellen also das subjektivierte Gegenbild der Makroebene dar, das, wie gezeigt, durch individuelle Faktoren verzerrt sein kann. Dadurch, daß die Verhaltensrelevanz dieses subjektiven Gegenbildes geprüft wird, wird bereits der prinzipiellen Bedeutsamkeit der Makroebene Ausdruck verliehen. Wenn hier dieses subjektive Gegenbild durch eine möglichst objektive Auffassung der Gelegenheitsstruktur ersetzt bzw. um sie ergänzt werden soll, so bedeutet dies lediglich methodisch, nicht aber konzeptuell den Übergang von der Mikro- auf die Makroebene. Konzeptuell bedeutet es den Austausch objektiver gegen subjektive Indikatoren.

Dieser Schritt, objektive Indikatoren mit der Analyse von Individualdaten in Verbindung zu bringen, ist von Wahlforschern, die den Einfluß der Wirtschaftslage auf das Wahlverhalten untersuchen, bereits vollzogen worden. Die Bewertung der wirtschaftlichen Lage durch die Befragten erwies sich als stark von der Parteipräferenz und anderen Bewertungen beeinflußt und deswegen nicht ohne Einschränkungen für die Analyse tauglich. Sie wurde deswegen durch objektive Indikatoren ergänzt (vgl. v.a. Kramer 1983, Markus 1988).

In der vorliegenden Arbeit wird dies allerdings nicht durchgängig möglich sein. Denn eine Beschreibung der Gelegenheitsstruktur ist in manchen Fällen nicht leicht beizubringen; in anderen Fällen wird sie zu keinem eindeutigen Ergebnis führen. Denn über die Gelegenheitsstruktur liegen in häufigen Fällen keine sicheren Daten vor. Insbesondere um die Quantifizierbarkeit, die bei den ökonomischen Analysen durchaus gegeben ist, ist es schlecht bestellt. Diese Schwierigkeit dürfte auch der Grund dafür sein, daß weder Alt noch Dalton/Hildebrandt die von ihnen festgestellten Perzeptionen in Beziehung zu den tatsächlichen politischen Verhältnissen setzen konnten. Die Fragen nach dem tatsächlichen Abstand zwischen den Parteien oder die nach deren Leistungsfähigkeit sind in der Praxis nur unter äußersten Schwierigkeiten zu beantworten. Auch die vorliegende Arbeit wird in einigen Fällen wegen der unzureichenden Datenlage an die Grenzen der Möglichkeiten politischer Erklärungen stoßen. In derartigen Fällen wird auf unvollständige Erklärungen, die durchaus auf Perzeptionen basieren können, zurückzugreifen sein, oder auf eine Erklärung ganz verzichtet werden müssen. Das bedeutet aber lediglich, daß politischen Erklärungen des Wählerwandels enge praktische Grenzen gesteckt sind. Es bedeutet nicht, daß sie gegenüber den praktisch in der Regel unter geringeren Schwierigkeiten zu untersuchenden sozialen Erklärungen auf theoretischer Ebene im Nachteil sein müssen.

3.2.3   Zum Verhältnis politischer und sozialer Erklärungen des Wählerwandels

In dieser Studie werden politische und soziale Erklärungsansätze der individuellen Stabilität des Wahlverhaltens einander gegenübergestellt. Dabei werden sozialer Wandel und politischer Wandel als Konstrukte betrachtet, die operationalisierbar sind und deren Messung in einer Anzahl von Variablen vorgenommen werden kann. Dadurch wird es möglich, ihre Effekte abzuschätzen. Diese Vorgehensweise soll nicht suggerieren, daß es sich bei den sozialen und politischen Prozessen um voneinander unabhängige Phänomene handelt. Daß die Gelegenheitsstruktur des Wählens und in der sozialen Lage begründete Präferenzen miteinander in wechselseitiger Beziehung stehen, ist offensichtlich, und der cleavage-Ansatz macht dies besonders deutlich. Dementsprechend kann davon ausgegangen werden, daß im Zuge des sozialen Wandels veränderte Präferenzen zu Veränderungen der Gelegenheitsstruktur führen können. Als relativ unstrittiges, aktuelles Beispiel hierfür kann das Aufkommen der Grünen gelten. Umgekehrt ist denkbar, daß Veränderungen der Gelegenheitsstruktur zu veränderten Präferenzen führen, etwa wenn Wähler geänderte programmatische Positionen "ihrer" Partei übernehmen. Daß derartige Wechselwirkungen denkbar sind, kann es erschweren, bestimmte Phänomene des Wählerwandels mit einiger Klarheit sozialen oder politischen Ansätzen zuzuordnen. In derartigen Fällen ist eine vollständige Analyse nur möglich, wenn Interaktionseffekte spezifiziert werden und/oder die unabhängigen Variablen in einer kausalen Abfolge dargestellt werden. Diese Problematik wechselseitiger Abhängigkeit der unabhängigen Variablen entspricht der der Multikollinearität in statistischen Analysen. Sie kann es im Extremfall unmöglich machen, angesichts einer Vielzahl von politischen und sozialen Veränderungen und gleichzeitig beobachtetem Wählerwandel Ursache und Wirkung in hinreichend plausibler Weise auszumachen.

Wie gewichtig derartige Probleme sind, ist im Einzelfall abzuschätzen, läßt sich aber wohl nie mit Sicherheit feststellen. Allgemein ist jedoch zu vermuten, daß die Trennung politischer und sozialer Erklärungen dann besonders schwierig ist, wenn politische Inhalte betroffen sind, denn die Evolution einer inhaltlichen Position von ihrer Entstehung (vielleicht als Folge des sozialen Wandels) bis zu ihrer Auswirkung auf das Wahlverhalten nachzuzeichnen, scheint eine äußerst schwierig zu leistende Aufgabe. Insbesondere wird die Analyse dadurch erschwert, daß politische Eliten ein Interesse daran haben, mit den Präferenzen bestimmter Bevölkerungssegmente kongruente Politikinhalte zu vertreten, und deswegen häufig aktiv bemüht sein dürften, diese Kongruenz im Wege der Meinungsbildung oder der Anpassung der eigenen Positionen herzustellen (vgl. zur generellen Problematik Klingemann 1995). Die politischen Erklärungen, die in dieser Studie erarbeitet werden, beziehen sich jedoch nur am Rande auf politische Inhalte. Entscheidend sind hier vielmehr die Kräfteverhältnisse der Objekte in der Gelegenheitsstruktur des Wählens. Diese Beschränkung ist ihrerseits nicht ohne Probleme (siehe Kap. 4), macht eine Verquickung mit Phänomenen des sozialen Wandels aber weniger wahrscheinlich. Sie ist dennoch nicht ausgeschlossen und soll im Auge behalten werden.

4. Aspekte politischen Wandels in den USA und in Deutschland

Im vorangegangenen Kapitel wurde die Gelegenheitsstruktur des Wählens als zentraler Ansatzpunkt politischer Erklärungen des Wählerwandels herausgestellt. Nun sollen Veränderungen dieser Gelegenheitsstruktur in den USA und in Westdeutschland dargestellt werden. Verhaltensmuster von Parteien und Politiker (als Objekten der Gelegenheitsstruktur) in beiden Ländern sind auf dauerhafte Veränderungen zu untersuchen. Der Schwerpunkt wird dabei auf der Anzahl der Objekte in der Gelegenheitsstruktur des Wählens und den Beziehungen zwischen diesen Objekten liegen. Nur am Rande kann auf die politischen Positionen der Objekte auf den Dimensionen der programmatischen und aktuellen Politikinhalte eingegangen werden. Eine derartige Beschränkung entspringt praktischer Notwendigkeit: Eine Analyse auch nur der wichtigsten Dimension der Gelegenheitsstruktur des Wählens ist im Rahmen dieser Untersuchung nicht praktikabel, eine Selektion also zwingend. Diese Selektion hat sich daran orientiert, daß Veränderungen der Zahl und des Kräfteverhältnisses der Objekte als plausible Erklärungsvariable erscheinen und den Dimensionen der inhaltlichen Verortung der Objekte vorgelagert sind. Denn die inhaltliche Position ist nur in dem Maße relevant, in dem den Objekten Bedeutung in der Umsetzung von Inhalten zukommt. Einige Probleme, die diese Selektion mit sich bringen kann, werden zum Schluß dieses Kapitels angesprochen.

Die Untersuchung der Gelegenheitsstruktur des Wählens im Zeitablauf versteht sich als Messung einer der unabhängigen Variablen des "Experiments". Diese muß auf qualitativer Basis stattfinden. Es ist unmöglich, die betrachteten Aspekte der Gelegenheitsstruktur mit einiger Validität zu quantifizieren.

These des Kapitels ist, daß es in den USA trotz einer organisationellen Stärkung der Parteien zu einer zunehmenden Unabhängigkeit der Politiker von den Parteien kam. Für diese Entwicklung gibt es in Deutschland keine Parallele. Dem amerikanischen Wähler bietet sich deswegen häufiger die Gelegenheit, Kandidaten unabhängig von den Parteien zu bewerten. Zudem ist in den USA eine personenzentrierte Fragmentierung zu beobachten.

4.1 Veränderungen der Gelegenheitsstruktur des Wählens in den USA: Die Personalisierung der Politik

Daß den Parteien in den USA eine andere Rolle zukommt als in politischen Systemen wie dem der Bundesrepublik, ist einer der traditionellen Befunde der vergleichenden Regierungslehre. Das Mehrheitswahlrecht, das präsidentielle Regierungssystem, ein traditioneller Anti-Parteien-Affekt werden unter anderem als Faktoren benannt, die aus den amerikanischen Parteien "Gebilde sui generis" (vgl. Fraenkel 1960:51) gemacht hätten (vgl. für eine komparative Gesamtdarstellung z.b. Epstein 1980, Beyme 1984, für eine Darstellung der US-Parteien aus einer vergleichenden Perspektive Epstein 1986). Hier ist nicht der Ort, auf diese Unterschiede insgesamt einzugehen. Für den Kontext dieser Untersuchung ist der wichtige Aspekt, daß Parteien und Politiker als Objekte der Gelegenheitsstruktur in beiden Ländern durch die unabhängigere Stellung der Politiker in einem unterschiedlichen Kräfteverhältnis zueinander stehen. Einige Auswirkungen dieser Unterschiede in der Gelegenheitsstruktur wurden von Gluchowski (1978) untersucht.

Im Unterschied zur Untersuchung Gluchowskis erfolgt der Vergleich der politischen Systeme hier aus einer dynamischen Perspektive. Ausgehend von den bestehenden Unterschieden in der Gelegenheitsstruktur wird hier die Ansicht vertreten, daß die Entwicklungen, die im Kräfteverhältnis zwischen Parteien und Politikern in beiden Ländern zu beobachten sind, verschiedenartig sind und dementsprechend mit unterschiedlichen Auswirkungen auf das Wahlverhalten zu rechnen ist.

Die These, die diesem Abschnitt zugrundeliegt, besagt, daß es in den USA trotz einer Stärkung der Parteiorganisationen zu einer zunehmenden Personalisierung der Politik kam, also zu einer wachsenden Unabhängigkeit der Politiker von den Parteien. Diese These steht vor dem Hintergrund widersprüchlicher Einschätzungen zu den amerikanischen Parteien in der Literatur. Diese wurde für einen gewissen Zeitraum von der Diagnose eines "party decline" dominiert, der sich insbesondere in der Personalisierung der Politik Ausdruck verschaffe. In jüngerer Zeit wird dem jedoch häufiger die Behauptung eines "party revival" entgegengesetzt. Dagegen beruht die hier vertretene These auf der Einschätzung, daß auch die offenkundigen Anzeichen einer Stärkung der Parteiorganisationen denjenigen strukturellen Faktoren, die eine zunehmende Unabhängigkeit der Politiker von den Parteien zur Folge haben, nicht entgegenwirken können. Diese These einer

Personalisierung trotz Stärkung der Parteien wird untersucht, indem zunächst die Aspekte betrachtet werden, hinsichtlich derer eine zunehmende Vitalität der Parteien behauptet wurde. Dieses sind:

- zunehmende finanzielle Ressourcen,
- Ausbau der Organisationen,
- Zentralisierung der Strukturen,
- Werbung und Mobilisierungsaktivitäten,

als Indikatoren wachsender organisationeller Stärke; und:

- Homogenität der Fraktionen,
- Anzeichen eines gewachsenen Abstandes zwischen den Parteien,

als Indikatoren einer klareren inhaltlichen Verortung der Parteien. Dann sollen diejenigen Faktoren beschrieben werden, die eine Personalisierung der Politik begünstigen.

4.1.1 Die Stärkung der Organisationen der amerikanischen Parteien

Finanzielle Ressourcen

Die finanzielle Ausstattung der amerikanischen Parteien ist seit den 70er Jahren beträchtlich angewachsen. Dies läßt sich seit 1976 auf nationaler Ebene, und seit 1978 auch auf einzelstaatlicher Ebene mit gesicherten Zahlen dokumentieren. Denn 1976 galt erstmals die Neuregelung der Partei- und Wahlkampffinanzierung durch die Federal Election Campaign Act (FECA), die eine Berichtspflicht der Parteien und Kandidaten über Einnahmen und Ausgaben beinhaltet. Das finanzielle Wachstum vollzog sich insbesondere auf nationaler Ebene, aber auch die einzelstaatlichen und lokalen Parteiorganisationen haben ihre Finanzkraft erhöhen können. Besonders erfolgreich waren dabei die Republikaner. Diese steigerten ihre Gesamteinnahmen von 84,5 Mio. Dollar im Jahre 1978 auf das Dreifache im Jahre 1988 (263,3 Mio. Dollar). Die Einnahmen der Demokraten stiegen um einen noch höheren Faktor auf das Vierfache, liegen aber auf deutlich niedrigerem Niveau (1978:26,4 Mio., 1988:127,9 Mio.). Bei beiden Parteien werden etwa ein Sechstel der Gesamteinnahmen von einzelstaatlichen und lokalen Parteiorganisationen getätigt (für die Beträge siehe Sorauf/Wilson 1990:188 und Herrnson 1988:32-34). Im Vorgriff auf die Analyse der Personalisierung ist hier bereits darauf hinzuweisen, daß Parteien und Kandidaten ihre Finanzen strikt getrennt führen und die Möglichkeiten der Parteien, Finanzmittel auf Kandidaten zu übertragen, begrenzt sind. Zum Hintergrund dieser gestiegenen Finanzkraft verweist die amerikanische Parteienforschung auf die Folgen des Watergate Skandals. Die Wahlniederlagen, die die Republikaner nach diesem Skandal erlitten, stimulierten einen Prozeß der organisationellen Stärkung der Partei, der als wesentliches Element intensivierte Bemühungen um Spenden enthielt (vgl. Herrnson 1990:46-47). Die Demokraten reagierten in der Folgezeit mit verstärkten Anstrengungen in der Akquisition, die gleichfalls Erfolge zeigten.

Ausbau der Organisationen

Die nationale Organisation der Parteien besteht im wesentlichen aus den Nationalkomitees (Democratic National Committee (DNC), Republican National Committee (RNC)), die seit ca. 1850 bestehen, und den Fraktionen in beiden Häusern des Kongresses. Letztere verfügen seit den späten 60er Jahren des 19. Jahrhunderts über eigene campaign committees, die für die Kandidaten einer Partei Mittel sammeln und deren Vergabe koordinieren (zur Organisationsstruktur siehe Epstein 1986:202-225). Im Verlaufe des 20. Jahrhunderts wurden diese Einrichtungen zunehmend institutionell verfestigt. Zeichnete sich dies bereits in der ersten Hälfte des Jahrhunderts ab - markiert etwa durch die Einsetzung des ersten bezahlten Nationalkomitee-Vorsitzenden der Republikaner 1936 - so ist sie seit den späten 60er Jahren besonders deutlich (vgl. zur Entwicklung Epstein 1986:209-214). Die personelle Ausstattung, als Indikator der Institutionalisierung, verbesserte sich parallel zu den gewachsenen finanziellen Möglichkeiten der nationalen Organe. Wie im Falle der Finanzen war auch diese Entwicklung bei den Republikanern deutlicher ausgeprägt: Sie setzte bei ihnen früher ein und fiel intensiver aus als bei den Demokraten. Von 1972 bis 1988 wuchs der Personalbestand der nationalen Organe der Republikaner von 40 auf 591, d.h. fast auf das Fünfzehnfache. Der Mitarbeiterstab der Nationalen Demokraten wuchs "nur" um die Hälfte dieses Faktors von 39 auf 290. Bis 1992 reduzierten die Demokraten ihren Stab auf 519 Mitarbeiter, während sich derjenige der Demokraten weiter auf 369 erhöhte (vgl. Herrnson 1994:77). Bei beiden Parteien ist die Zahl der Mitarbeiter im Nationalkomitee höher als in den campaign committees des Kongresses, die Unterschiede sind bei den Demokraten aber weniger stark (vgl. Herrnson 1988:39 und 1990:51). Der Trend zur Institutionalisierung wird auch darin deutlich, daß die Parteiorganisationen ihre Zentralen von Mietsunterkünften und im Kongreß bereitgestellten Büros auf eigene Quartiere verlagert haben (vgl. Herrnson 1988:38).

Auch die Parteiorganisationen auf staatlicher und lokaler Ebene haben sich organisationell verfestigt. Damit wird das durch den Niedergang der vielerorts einst dominierenden Parteimaschinen verursachte Vakuum durch zunehmend professionalisierte Organisationen neuen Typs ausgefüllt (zum Niedergang der Maschinen siehe unten). Der Aufbau der staatlichen Parteiorganisationen ist in einer empirischen Studie dokumentiert (vgl. Cotter u.a. 1984). Die gewachsene organisationelle Ausstattung manifestiert sich demnach auch auf dieser Ebene u.a. in festen Räumlichkeiten und gewachsenem Personalbestand (vgl. Cotter u.a. 1984:15-19). Ein auf einer großen Zahl von Indikatoren basierender Index der "Party Organizational Strength" (POS) verzeichnet für die zweite Hälfte der 70er Jahre eine verglichen mit den frühen 60er Jahren stärkere Organisation der einzelstaatlichen Parteien. Wieder ist diese Entwicklung im Falle der Republikaner besonders deutlich, während der Trend bei den Demokraten unregelmäßig und weniger stark ist (vgl. Cotter u.a. 1984:31-34, vgl. für aktualisierte Betrachtungen Bibby 1990:27-31). Im Falle der lokalen Parteien wurde mit einem entsprechenden Ansatz weitgehende Stabilität in den 60er und 70er Jahren sowie eine Stärkung in den frühen 80er Jahren festgestellt (vgl. Gibson u.a. 1985:141-145, Gibson u.a. 1989:v.a. 72-76).

Zentralisierung der Parteistrukturen

Obwohl die Ergebnisse zur finanziellen und organisatorischen Ausstattung der Parteiorganisationen ein Wachstum auf allen Ebenen beschreiben, ist in den amerikanischen Parteien eine Zentralisierung feststellbar, also ein Rückgang der Eigenständigkeit der subnationalen Einheiten gegenüber den nationalen. Dieses wird in den folgenden Entwicklungen deutlich:

- Traditionell ist der Aufbau der amerikanischen Parteien stark dezentralisiert. Zentren der Macht waren insbesondere die lokalen und regionalen

Parteimaschinen, die einer effektiven nationalen Organisation entgegenstanden (vgl. Epstein 1986:141). Die Macht der Parteimaschinen
stützte sich wesentlich auf das Monopol der Benennung von Kandidaten
und Delegierten und auf die Patronage öffentlicher Ämter. Beide Funktionen wurden den Maschinen jedoch aus den Händen genommen. Für
die Ämterpatronage war hierfür besonders wichtig die Einführung des
"merit systems" im civil service, womit bereits 1883 begonnen wurde
(Pendleton Act), das sich aber erst im Verlaufe des 20. Jahrhunderts
wirksam durchsetzte. Das merit system und die Einführung der primary
(dazu siehe unten) führten dazu, daß den lokalen Parteien die Machtbasis
entzogen wurde (vgl. dazu Epstein 1986:134-144). Obwohl dieses für die
Parteien insgesamt einen Verlust an Einfluß bedeutete, machte es auch
den Weg frei für ihre Zentralisierung.

- Diese Zentralisierung vollzog sich zum einen durch veränderte Parteista-
  tuten. Dies trifft besonders für die Demokraten zu. Denn diese zogen
  1969 Konsequenzen aus dem Bericht der McGovern-Fraser Kommission,
  der eine Öffnung der Partei anriet, und machten den Parteiorganisationen
  der Einzelstaaten Auflagen, die die Durchführung der Vorwahlen und
  anderer Nominierungsverfahren betrafen. Ziel war eine verbesserte Re-
  präsentativität der national convention. Nach Epstein führte das Überwa-
  chen dieser Regelungen geradezu zwangsläufig zu einer Stärkung der
  Zentrale gegenüber den Gliedern (Epstein 1986:208-211, vgl. Bibby
  1990:34). Zudem wurde 1972 die Zusammensetzung des Nationalkomitees der Demokraten geändert. In ihm sind nun nicht mehr die Parteien
  aller Staaten in gleicher Stärke vertreten, sondern nach einem Schlüssel,
  der die Bevölkerungsstärke eines Staates und die Stärke der Partei im
  Staat berücksichtigt (siehe Beck/Sorauf:94-96). Dadurch kann das DNC
  mit vergrößertem Legitimitätsanspruch als Repräsentant der Nationalpar-
  tei agieren. Die Republikaner haben diese Entwicklungen nicht mit-
  vollzogen, auch wenn sie von ihnen durch die verbindliche Ausdehnung
  der primary im gewissen Maße mitbetroffen sind (vgl. Epstein 1986:214-
  216).

- Die zweite Art und Weise, in der sich diese Zentralisierung vollzog, besteht in gewachsenen finanziellen Zuwendungen von der nationalen an
  die staatliche und die lokale Ebene. Der Grund hierfür liegt zum einen im
  Interesse der nationalen Organisation am "party building" auf allen Ebe-

nen, was u. a. Hilfestellungen beim Aufbau der Organisation, aber auch die Finanzierung lokaler Wählermobilisierungsaktionen einschließt (vgl. Bibby 1990:34-38). Zum anderen resultieren die Zahlungen an die subnationalen Organisationen daraus, daß die nationalen Komitees über mehr Gelder verfügen, als sie nach den Obergrenzen der FECA selbst im Wahlkampf verwenden dürfen. Dieses in der öffentlichen Diskussion nicht unumstrittene "soft money" besteht also aus Geldern, die von den nationalen Parteien häufig im Zusammenhang mit nationalen Wahlkämpfen gesammelt werden konnten, dann aber für andere, nicht den Bestimmungen der FECA unterliegende Zwecke genutzt werden (dazu Sorauf/Wilson 1993:11-13). Die subnationalen Organisationen profitieren davon zwar, verlieren aber an Autonomie (vgl. Bibby 1990:38). Diese Entwicklung wird durch ein weiteres Arrangement im gesetzlichen Graubereich noch verstärkt. Denn die nationalen Organisationen sind zunehmend dazu übergegangen, sich von subnationalen Organisationen deren Höchstgrenzen für Finanzleistungen an Kandidaten, die nach der FECA für Parteiorgane auf verschiedenen Ebenen separat gelten, überschreiben zu lassen. In den sogenannten "agency agreements" wird dadurch der finanzielle Aktionsrahmen nationaler Organisationen im Wahlkampf erweitert und der der staatlichen Organisationen eingeengt (vgl. Sorauf/Wilson 1990:197).

Insgesamt erscheinen die Parteien heute also nicht mehr als ein Nebeneinander dezentraler Einheiten. Das bedeutet natürlich nicht, daß sie sich zu zentralistischen Organisationen entwickelt hätten. Vielmehr sind sie zwischen diesen extremen Positionen zu verorten. Die Zentralisierung wurde hier als ein Aspekt der Stärkung der Parteien behandelt, weil sie sicherlich beim dominierenden Fokus auf die Präsidentschaft die Koordination erleichtert. Dabei darf aber nicht übersehen werden, daß eine wichtige Komponente der Zentralisierung in einem nicht kompensierten Verlust an Parteimacht durch den Niedergang der Maschinen besteht.

Neue Aufgaben der Parteien im Wahlkampf

Im Personenwahlrecht ist die Rolle der Parteien im Wahlkampf nicht vorgegeben, sondern ergibt sich aus deren Möglichkeiten und Ressourcen. Mit dem Niedergang der Maschinen ging den Parteien ein äußerst effektives Instrument verloren, unmittelbare, auf direkten persönlichen Kontakten basierende Wahlkämpfe zu führen (zur Konzeption des Maschinenwahlkampfes siehe Herrnson 1988:9-18). Den Parteien ist es jedoch in einem gewissen Maße gelungen, sich den neuen Gegebenheiten anzupassen und auch unter den Bedingungen des modernen Medienwahlkampfes präsent zu sein. Die Parteien sind dabei vor allem auf drei Arten aktiv:

- Sie unterstützen die Kandidaten finanziell. Der Gesamtumfang dieser Zuweisungen ist in den 80er Jahren erheblich angestiegen (Daten in Sorauf/Wilson 1993:4). Weil Präsidentschaftswahlkämpfe öffentlich finanziert sind, fließen allerdings keine Parteimittel an Präsidentschaftskandidaten (dazu s.u.).

- Die Parteien stehen den Kandidaten mit Dienstleistungen zur Seite. Diese umfassen Beistand in Rechts- und Verfahrensfragen, Beratung in der Werbung, die Zusammenstellung von Umfragedaten und in einigen Fällen auch deren Erhebungen und ähnliche Aktivitäten (vgl. im einzelnen Herrnson 1988:Kap. 3). Die bereits erwähnte empirische Analyse der state parties stellte gewachsene Aktivitäten auch dieser Parteieinheiten bei der Bereitstellung von Dienstleistungen fest (vgl. Cotter u.a. 1984:20-26, 31-33).

- Die Parteien betreiben "party-focused campaigning". Dies umfaßt von den Nationalkomitees stammende TV-Spots, die in den frühen 80er Jahren Bestandteil des Wahlkampfes wurden (vgl. Herrnson 1990:63), ebenso wie die gewachsene Aktivität der lokalen Parteien, die sich in Veranstaltungen und anderen grass roots Aktivitäten in zunehmendem Maße im Wahlkampf engagieren (vgl. Gibson u.a. 1985:143, Gibson u.a. 1989:72-76). Gerade auf der lokalen Ebene gehen dabei partei- und kandidatenzentrierte Aktivitäten ineinander über.

Die gestiegene Aktivität der Partei spiegelt ihre gewachsenen finanziellen und organisatorischen Ressourcen wider. Bei singulärer Betrachtung der Parteiorganisationen und -ressourcen liegt also der Schluß einer gestärkten Rolle der Parteien zwar wohl nicht im Vergleich zu der Ära der Maschinen, wohl aber gegenüber der Situation der 70er Jahre nahe. Auf die Bedeutung dieser Entwicklungen wird unten einzugehen sein.

4.1.2   Anzeichen einer inhaltlichen Stärkung der amerikanischen Parteien

Vitalisierung der Fraktionen

Im präsidentiellen System, das Exekutiv- und Legislativämter nicht miteinander verknüpft, ist die Rolle der Partei als einigendes Band zwischen Regierung und Parlament weniger selbstverständlich als im parlamentarischen System. Vor allem deswegen sind Parteien im präsidentiellen System weniger in der Lage, eine von Kabinett und Regierungsfraktion getragene Willensbildung zu betreiben. Dies drückt sich in der im Vergleich zur deutschen Fraktionsdisziplin geringen Einheitlichkeit des Abstimmungsverhaltens im amerikanischen Kongreß aus (siehe für einen internationalen Vergleich Harmel/Janda 1982:74-92). Es gibt jedoch Anzeichen dafür, daß die congressional parties seit den 70er Jahren an Vitalität gewonnen haben. Allerdings markierten die 70er Jahre in dieser Hinsicht einen Tiefpunkt in der Entwicklung in diesem Jahrhundert. Indikator einer derartigen Entwicklung ist die Bedeutung der Parteilichkeit im Abstimmungsverhalten im Kongreß. Diese wird auf unterschiedliche Arten erfaßt:

- In der Anzahl der "party votes", bei denen sich die Mehrheiten der Parteien im Abstimmungsergebnis gegenüberstehen, ist bei allen Schwankungen ein rückläufiger Trend bis in die frühen 70er Jahre augenfällig. Nach diesem Indikator waren Höhepunkte der Parteilichkeit in der Zeit um die Jahrhundertwende (bis zu 90 % der Abstimmungen in einer Sitzungsperiode des Hauses waren party votes) und zur Zeit des New Deals zu verzeichnen, während in den späten 60er und frühen 70er Jahren die niedrigsten Werte des Jahrhunderts gemessen wurden (ca. 30-40 % party votes). In den späten 70er und vor allem in den 80er Jahren stieg dieser Anteil jedoch wieder an. In den späten 80er Jahren lag er bei etwa 50 bis 60 Prozent und damit auf dem Niveau der 40er Jahre (vgl. Graphik in Beck/Sorauf 1992:390).

- Die Analyse der "party cohesion" stützt sich auf die Homogenität der Fraktionen bei diesen party votes. Sie wird als Prozentsatz der Abgeordneten, die bei party votes mit der Mehrheit ihrer Partei stimmen, operationalisiert. Auch dieser Indikator verzeichnet die Zeit nach der Jahrhundertwende als eine Periode hoher Parteilichkeit im Abstimmungsverhalten, wobei die durchschnittliche Kohäsion in einigen Sitzungsperioden bei beiden Parteien über 80 Prozent betrug. Darauf folgte ein Rückgang parteieinheitlichen Verhaltens. Bis in die 70er Jahre fluktuierte dieser Indikator meist zwischen 60 und 70 Prozent, ohne daß klare Phasen einer Stärkung oder Schwächung erkennbar wären. Dies gilt auch für die Zeit des New Deals. Die späten 60er und frühen 70er Jahre erscheinen als ein lokales Tief der Parteikohäsion (Daten für 1886-1966 in Brady u.a. 1979:384-385, für 1954-1973 in Eldersveld 1982:359). Seitdem stieg die Parteikohäsion jedoch kontinuierlich an. In den 80er Jahren betrug sie bei beiden Parteien stets über 70 Prozent, 1991 lag sie bei beiden Parteien um 80 Prozent (Daten in Horst 1993:257). Dabei verlief die Entwicklung bei den Demokraten ausgeprägter: Ihre Kohäsion war in den späten 60er Jahren besonders niedrig, sie erreichte aber in den 80er Jahren vor den Republikanern die 80 Prozentmarke.

- Clubb u.a. (1980) verwenden einen "index of party unlikeness", der Elemente der beiden vorgenannten Indikatoren vereinigt. Er besteht aus dem Betrag der Differenz zwischen den Anteilen in beiden Parteien, die eine Maßnahme befürworten. Aus diesem bis 1976 berichteten Index ergibt sich, neben stärkeren Schwankungen, ein eindeutiges Bild des Rückgangs der Parteilichkeit, das im Repräsentantenhaus deutlicher ausgeprägt ist als im Senat. In den späten 60er Jahren bis 1976 verzeichnete dieser Index die niedrigsten Werte des gesamten erfaßten Zeitraums seit 1856 (vgl. Clubb u.a. 1980:230-236). Da sowohl die Zahl der party votes als auch die Kohäsion in den 80er Jahren gestiegen ist, ist anzunehmen, daß auch dieser Index, wenn fortgeschrieben, zu dem Ergebnis seit den 70er Jahren gestiegener Parteilichkeit geführt hätte.

Die in den letzten Jahrzehnten zunehmende Parteilichkeit kann vor allem auf zwei unterschiedliche Entwicklungen zurückgeführt werden:

- Die Fraktionen sind homogener geworden. Wegen der Umstrukturierung der Wählerschaft der Demokraten im alten Süden nach Johnsons civil rights Gesetzgebung (dazu Bullock 1988) schrumpfte der Flügel der konservativen Demokraten aus dem Süden in beiden Häusern des Kongresses. Gleichzeitig verringerte sich der linke Flügel der Republikaner (vgl.

Davidson/Oleszek 1990:185). Was eine derartige Homogenisierung der Fraktionen für das Abstimmungsverhalten bedeuten kann, verdeutlichen folgende Zahlen: Die Differenz zwischen demokratischen Abgeordneten aus dem Süden und solchen aus dem Norden im Grad der Parteikohäsion schrumpfte von 38 Prozentpunkten (1965-1976) über 24 Prozentpunkte (1977-1974) auf 10 Prozentpunkte (1987-1988) (vgl. Sinclair 1990:242). Eine gestiegene ideologische Homogenität der Fraktion macht Parteieinheitlichkeit wahrscheinlicher.

- Zudem sind im Haus die Kompetenzen der Fraktionen gegenüber ihren Mitgliedern gewachsen. Bedeutend sind hier zum einen die Aufweichung des Senioritätsprinzips bei Vergabe der begehrten Vorsitze in den Ausschüssen und zum anderen die Stärkung der Unterausschüsse. Dies sind Folgen eines Aufbegehrens jüngerer Demokraten in den späten 60er und frühen 70er Jahren. Seitdem spielen die Fraktionen und die Fraktionsführungen bei der Vergabe von Ämtern eine größere Rolle, was bis zur Verweigerung von Wiedereinsetzungen führen kann (vgl. dazu Sinclair 1990:228-241). Dies bedeutet einen potentiellen Druck auf den einzelnen Abgeordneten, im Interesse der eigenen Karriere nicht zu häufig von der Partei abzuweichen. Eine Stärkung der Fraktionskohäsion aufgrund dieses Faktors kommt also dem Konzept der Fraktionsdisziplin nahe.

Welche dieser beiden Entwicklungen für das homogenere Abstimmungsverhalten ausschlaggebend war, ist nicht eindeutig zu beantworten. Sinclair sieht die gestiegene Homogenität der Fraktionen als Voraussetzung für eine Bereitschaft, ihre Führungen zu stärken (Sinclair 1990:241). Für Brady ist dagegen eine gestärkte Führung in der Lage, durch Koordination auch heterogene Fraktionen zu einheitlicherem Abstimmungsverhalten zu veranlassen (Brady 1990:266). Auch wenn diese Frage hier nicht beantwortet werden kann, so sei als Anhaltspunkt genannt, daß es im Senat zu einem Anstieg der Kohäsion gekommen ist, obwohl hier keine organisationellen Veränderungen zugunsten der Fraktionsführungen durchgeführt wurden (vgl. Sinclair 1990:242-246). Dieser Befund erlaubt jedoch deswegen keine definitive Schlußfolgerung, weil es im Senat zu einer Stärkung der Fraktionsführungen qua Charisma gekommen zu sein scheint (vgl. Davidson/Oleszek 1990:185). Gleich wie die Kausalität zu beurteilen ist, sicher ist, daß im Vergleich zu den 70er Jahren von kohäsiveren Parteien im Kongreß gesprochen werden kann. Wichtig ist aber auch, daß diese Entwicklung nicht mit verbesserter Kooperation mit anderen Parteiorganisationen erklärt worden ist. Nach allen Interpretationen handelt es sich dabei um fraktionsspezifische Vorgänge (so explizit Sinclair 1990:246-247). Für die Rolle, die den Parteien im politischen Prozeß zukommt, ist diese Einschränkung wichtig. Von einer starken Partei sollte nämlich vor allem dann gesprochen werden, wenn diese nicht nur innerhalb einer Institution, sondern auch zwischen Institutionen als einigendes Band wirken kann. Im Falle der USA bedeutete dies vor allem, daß die Fraktionen ihre Geschlossenheit einsetzen, um den Präsidenten der eigenen Partei zu unterstützen. Auch in jüngerer Zeit kommt es jedoch zu party votes, in der sich der Präsident auf die Mehrheit der Gegenpartei stützt. Zentrale derartige Beispiele sind die Steuererhöhung, die George Bush 1990 entgegen seinem Wahlversprechen im Rahmen der Budgetverhandlungen mit Mehrheit der Demokraten gegen die der Republikaner durchsetzte (vgl. im einzelnen Jacobsen 1993b) und die Verabschiedung des North American Free Trade Agreement im Herbst 1993, die, obwohl von Bill Clinton unterstützt, gegen die Mehrheit der Demokraten mit der der Republikaner erfolgte (vgl. International Herald Tribune 19.11.1993 und 22.11.1993). Diese Beispiele zeigen, daß das Abstimmungsverhalten der Fraktionen als Indikator der Parteistärke Grenzen hat.

Inhaltliche Polarisierung

Für die Rolle, die Parteien im politischen Prozeß spielen können, ist das Ausmaß wichtig, in dem sich ihre inhaltlichen Positionen unterscheiden. Denn je ähnlicher Parteien einander sind, um so austauschbarer sind sie, und um so wahrscheinlicher ist es, daß die Parteilichkeit als solche an Bedeutung verliert. Der Abstand zwischen Parteien ist eine schwer zu operationalisierende Größe. Hinweise auf einen seit den 70er Jahren gestiegenen Abstand der Parteien ergeben sich jedoch aus Befragungen der Delegierten bei Konventionen. So stellen Miller/Jennings eine im Zeitraum von 1979 bis 1980 gewachsene Spanne zwischen den Delegierten in den Nationalkonvents fest (Miller/Jennings 1986:133-150). Entsprechendes berichten Stone u.a. für 1980 bis 1988 aus den Staaten Iowa und Virginia (Stone u.a. 1980). Obwohl die Daten für 1992 noch nicht analysiert vorliegen, ist in der Einschätzung der damit betrauten Wissenschaftler angesichts der starken Rolle der radikal-christlichen Konservativen im Konvent der Republikaner nicht von einem gesunkenen Abstand zwischen den Delegierten auszugehen (vgl. Jackson 1993:21-22). Wenn man bereit ist, die Konvents als maßgebliche Repräsentanten der Parteien und nicht nur als Versammlung der Gefolgschaften von Präsidentschaftskandidaten anzusehen (dazu siehe unten), sprechen diese Befunde für eine Stärkung der Parteien im Sinne einer Polarisierung.[1] Die gewachsenen Unterschiede zwischen den Parteien sind den Wählern nicht verborgen geblieben: Der Anteil derer, die der Meinung sind, es gebe "important differences between the parties" stieg in den Daten der National Election Studies von 50 Prozent (1960) auf 60 Prozent (1988) (vgl. Teixeira 1992:41).

Stärkung der Parteien?

Die Betrachtung zeigt bis zu diesem Punkt eine Vitalisierung der Parteien in verschiedenen Bereichen. Zahlreiche Autoren, deren Forschungsergebnisse zitiert wurden, gelangen denn auch zu dem Schluß, daß die These vom Niedergang der Parteien entweder unberechtigt sei, oder, und das ist die häufigere Variante, die Parteien nach ihrem Niedergang nun in einer Phase der Revitalisierung seien. Dies ist z.B. der Fall bei Herrnson für die nationalen, Cotter u.a. für die staatlichen und in abgeschwächter Weise bei Gibson u.a. für die lokalen Organisationen, Finanzen und Aktivitäten (Herrnson 1990:64, Cotter u.a. 1984:33, Gibson u.a. 1985:155, 1989:86) und bei Horst und Davidson/Oleszek für die congressional parties (Horst 1993:255, Davidson/Oleszek 1990:185). Eine Ausnahme bildet die Einschätzung Stones u.a., die den gewachsenen Abstand zwischen den Parteikonvents eben nicht als Zeichen einer Stärkung der Parteien, sondern als Ausdruck ihrer Hilflosigkeit gegenüber den zu einer bestimmten Wahl mobilisierten Aktivisten deuten (Stone u.a. 1990:92).

Diesen Urteilen ist gemein, daß sie sich auf separat untersuchte Einheiten beziehen, sie können also nicht als Aussage über die Parteien als Ganzes verstanden werden. Zudem sind, und das ist für die vorliegende Arbeit der

---

1   Serra u.a. (1993) berichten von einer Polarisierung im Kongreß. Der zugrundeliegende Index (ADA-Scores) beruht jedoch auf dem Abstimmungsverhalten, über das oben gesprochen wurde. Wenn Serra u.a. das homogene Abstimmungsverhalten als Ausdruck einer inhaltlichen Polarisierung deuten, impliziert dies eine Antwort auf die oben offen gelassene Frage nach den Ursachen der gestiegenen Homogenität. Diese ist nicht hinreichend belegbar.

entscheidendere Aspekt, vor allem die Bewertungen der Organisationen vorwiegend an den Ressourcen der Parteien, nicht aber an ihren Wirkungsmöglichkeiten orientiert. In dieser Arbeit wird die These vertreten, daß eine an den Wirkungsmöglichkeiten orientierte Betrachtungsweise erstens dem eigentlichen Anspruch einer Partei gerechter wird und zweitens nicht zu dem Ergebnis einer Stärkung der Parteien, sondern zu dem ihrer Schwächung führt.

4.1.3 Die Personalisierung der amerikanischen Politik

"Parteien sollen heißen auf (formal) freier Werbung beruhende Vergesellschaftungen mit dem Zweck, ihren Leitern innerhalb eines Verbandes Macht und ihren aktiven Teilnehmern dadurch (ideelle oder materielle) Chancen (der Durchsetzung von sachlichen Zielen oder der Erlangung von persönlichen Vorteilen oder beides) zuzuwenden" (Weber 1976:167). Definierendes Kriterium einer Partei ist nach Weber also die Ausrichtung auf einen Zweck, der, wie Weber weiter ausführt, auf Patronage, Klassenvertretung oder Durchsetzung einer Weltanschauung gerichtet sein kann (ebda.). Die Ausrichtung auf ein Ziel ist ein regelmäßiges Element unterschiedlicher Definitionen des Begriffs der Partei (vgl. die Zusammenstellung bei Stöss 1983:24-26 und Stöss' "Allgemeinbegriff" ebda:41). Vor diesem Hintergrund liegt es nahe, die Stärke einer Partei nicht im Sinne ihres Umfanges, ihrer Ressourcen oder ihrer Aktivitäten zu verstehen, sondern im Sinne ihrer Möglichkeiten, ihre Zweckbestimmung umzusetzen. Schlicht ausgedrückt liegt dem die Annahme zugrunde, daß Parteien nicht nur präsent sein wollen, sondern auch etwas bewirken wollen.

Unter dem Blickwinkel der Wirkungsmöglichkeiten von Parteien ist das entscheidende Kriterium dieser Untersuchung das Verhältnis zwischen Parteien und Politikern. Das heißt aber nicht, daß der Inhalt des Parteiwillens notwendigerweise als auf die Ämterbesetzung reduziert vorgestellt werden muß, wie dies in Webers Charakterisierung der amerikanischen Parteien seiner Zeit als "Patronageparteien" (Weber 1976:168) geschieht. Vielmehr erkennt dies an, daß auch programmatische Inhalte des Parteiwillens nur in dem Maße durchsetzbar sind, in dem die Möglichkeiten bestehen, entsprechendes Verhalten der Amtsträger einer Partei zu gewährleisten. Wo der Wille einzelner Politiker nicht mit dem der Partei deckungsgleich ist, stellt sich die Frage, ob der Einfluß der Partei ausreicht, um den Politiker zu einem von seinem eigenen Willen abweichenden Verhalten zu bewegen.

Hier wird die Ansicht vertreten, daß das Ausmaß, in dem die Partei auf Politiker (Nominierungsanwärter, Kandidaten und Amtsträger) einwirken kann, zumindest teilweise davon abhängt, in welchem Maße diese Personen den Parteien entweder dankbar für in der Vergangenheit erwiesene Leistungen zu sein haben, abhängig von zukünftigen Leistungen sind oder sie die potentielle Drohung der Parteien mit persönlichen Nachteilen einbeziehen müssen. Diese potentiellen Maßnahmen der Parteien beziehen sich auf die persönlichen politischen Karrieren der Politiker. Ausgangspunkt dieser Überlegung ist dabei nicht die seit Mayhew (1974:13) immer wieder zugrundegelegte Annahme, daß Politiker ausschließlich am Erwerb und Erhalt von Ämtern interessiert sind, wohl aber die, daß die persönliche Karriere eines der Motive ihres Handelns ist. Dabei kann auch ein statisches Karriereinteresse, also der Wunsch, in einem erreichten Amt zu verbleiben, eingeschlossen werden.

Es ist also zu untersuchen, welche Möglichkeiten die Parteien haben, um auf die Karrieren der Politiker Einfluß zu nehmen. Die Frage ist, ob sich die Rolle, die die Parteien in der Anreizstruktur für zumindest teilweise karriereorientierte Politiker haben, geändert hat. Dabei wird auf die wesentlichen Etappen auf dem Weg in ein Amt eingegangen werden, nämlich die Nominierung und die Wahl bzw. die Wiederwahl.

Der Einfluß der Parteien auf die Nominierung von Kandidaten

Das 20. Jahrhundert läßt sich hinsichtlich der Rolle, die den Parteien in der Nominierung von Kandidaten zukommt, in drei Phasen unterteilen. Die offizielle Entscheidung über die Nominierung von Präsidentschaftskandidaten vollzog sich während des gesamten Zeitraumes auf dem Nationalkonvent. Die Phasen unterscheiden sich darin, nach welchem Verfahren die Delegierten zu diesem Konvent entsandt wurden. Zudem unterscheiden sich die Nominierungsverfahren für niedrigere Ämter.

In der Ära der party machines unterlagen die Benennung von Delegierten zu state conventions und national conventions, die Nominierung von Kandidaten für lokale Wahlämter und die Benennung von Staatsdienern nach allen Berichten - quantitative Informationen liegen darüber nicht vor - der Patronage durch die lokalen und regionalen Parteien. Diesen oblag

sowohl die Suche nach geeigneten Anwärtern (Rekrutierung) als auch die
Entscheidung zwischen diesen (Selektion) (vgl. Herrnson 1988:9-11). Hinsichtlich der Ämterbesetzungen sind die Parteien der Jahrhundertwende also
als äußerst machtvoll anzusehen.

Einige Reformen in der Zeit der Progressives um die Jahrhundertwende
verfolgten das Ziel, diese starke Rolle der Parteien zu durchbrechen. Besondere Bedeutung erlangt die von La Follette forcierte Durchsetzung der
Vorwahl (primary) als Nominierungsverfahren, die sich zu Beginn des
Jahrhunderts schnell im Land verbreitete (vgl. Ranney 1975:119-123). Dieses leitete die zweite Phase in der Parteirolle bei der Nominierung ein. Gegen den Anspruch der primary, öffentliche Mitwirkung zu verbessern,
konnten sich die Parteimaschinen zwar in einem gewissen Maße durch Manipulation erwehren, ganz ohne Auswirkungen blieb diese Reform jedoch
nicht (vgl. Herrnson 1988:11-12, Epstein 1986:139). Aus der Einführung
der primary resultierte ein bis zu den Reformen von 1968 bestehendes System der Kandidatennominierung, das recht unklaren Mechanismen unter-
lag. Die Ergebnisse der primaries waren nicht bindend, die endgültige Entscheidung über die Nominierung wurde weiterhin von Parteifunktionären
gefällt (vgl. im einzelnen Polsby 1983:9-16). Das Verfahren war "often
downright mysterious even to careful observers of the process" (vgl. Kamarck 1990:161). Dennoch waren die Vorwahlen nicht bedeutungslos. Aus
der Zusammenstellung von Polsby (1983:11) läßt sich entnehmen, daß in
13 der 15 Präsidentschaftswahlen von 1912 bis 1968 mindestens einer der
Kandidaten der "primary winner" der Partei war, in vier Fällen galt dies für
beide Kandidaten, nur bei zwei Wahlen (1920 und 1952) wichen beide Parteien vom Ergebnis der Vorwahlen ab. Den primaries kam also keine bin-
dende Wirkung, wohl aber eine wichtige Bedeutung zu. Demnach bedeutete
dieses "mixed system" (vgl. Epstein 1986:91) einen gegenüber der Ära der
party machines verringerten Einfluß der "Parteileiter und Parteistäbe".

Die dritte Phase in der Geschichte der Nominierung begann nach der
Präsidentschaftswahl 1968. Nach dem Bericht der McGovern-Fraser Kommission begann die Demokratische Partei mit Reformen, die eine quantitative Ausweitung und eine qualitative Aufwertung der primaries bewirkten
(zur Motivation der Reformen siehe Polsby 1983:16-39). Diese Reformen
wurden von den demokratischen Mehrheiten in zahlreichen Lan-
desparlamenten umgesetzt und betrafen dadurch auch die Republikaner. Die
Zahl der Staaten, die eine Vorwahl bei der Nominierung von Präsidentschaftskandidaten einsetzen, stieg von 16 (1968), 23 (1972), 30 (1976) auf

34 im Jahre 1988 (vgl. Kamarck 1990:163).[2] Entscheidender noch als die quantitative Ausdehnung ist die qualitative Veränderung der Nominierungsverfahren. Seit 1968 kommt ihnen verbindlicher Charakter zu. Das bedeutet, daß (1) die überwiegende Mehrheit der Delegierten in Vorwahlen bestimmt wird und (2) der Wähler in der Vorwahl weiß, welche Kandidatenpräferenz ein Delegierter hat (vgl. Kamarck 1990:163-168). Die Vorwahlen werden dadurch zu einem Plebiszit über die Präsidentschaftskandidaten. Das Nominierungssystem nach der Reform ist charakterisiert durch die "public expectation that the presidential nominee should be the choice of the popularly determined preferences of most delegates. That expectation is the essence of the post-1968 system - the means by which party leaders are deprived of the power to determine nominations" (Epstein 1986:98).

Die Parteiorganisationen verloren durch diese Entwicklungen im Verlaufe des Jahrhunderts, und endgültig nach den Reformen nach 1968, das Monopol der Rekrutierung ebenso wie das der Selektion des politischen Personals. Anstelle der Rekrutierung durch die Partei trat die Selbstrekrutierung der Kandidaten, die Selektion obliegt den Teilnehmern in primaries und caucusses. Dies bedeutet unzweifelhaft einen Rückgang der Wirkungsmöglichkeiten der Parteien.

Der Möglichkeit der Entscheidung über die Kandidaten beraubt, versuchen die Parteien, auf diese zumindest Einfluß zu nehmen. Ein Instrument dabei sind die "endorsements" (Bestätigung, Unterstützung), die seit Einführung der primary in unterschiedlicher Häufigkeit von Parteien ausgesprochen werden, um den Prozeß der Selektion zu beeinflussen (vgl. Herrnson 1988:11). Diese endorsements können auf unteren staatlichen Ebenen durchaus eine gewisse Bedeutung haben, insbesondere, wenn sie früh ausgesprochen werden und so weitere Kandidaten abschrecken, sie sind aber keineswegs eine Garantie (vgl. dazu Jewell/Olson 1982:111-120). Es gibt sogar Spekulationen, daß sich diese endorsements als Belastung für den Kandidaten erweisen können (vgl. Herrnson 1988:19). Zudem haben die

---

2   Wo keine primary stattfindet, wird die Benennung von Delegierten in einem mehrstufigen Prozeß von caucusses vorgenommen. Diese werden von einigen als "functional equivalent of a primary" angesehen (vgl. Kamarck 1990:167). Dies ist angesichts der wesentlich geringeren Beteiligung in den mehrstündigen caucussus (4 % gegenüber 24 % in den primaries 1988, vgl. Beck/Sorauf 1990:270) nur mit Einschränkungen richtig. Die caucusses haben sich durchaus noch einen Hauch des Geheimnisvollen früherer Zeiten erhalten. Immerhin stehen sie aber jedem für eine bestimmte Partei registrierten Wähler offen. Angesichts ihrer geringeren Zahl verändern die caucusses nicht das von den Vorwahlen bestimmte Gesamtbild von der Rolle der Parteien.

Parteien die Möglichkeit, in den Kampf um die Nominierung einzugreifen, indem sie bestimmte Kandidaten materiell unterstützen (zur Wahlkampffinanzierung s.u.).

Ausgerüstet mit den Instrumenten des endorsements und der materiellen Unterstützung spielen die Parteien bei der Nominierung der Kandidaten, die in ihrem Namen antreten sollen, also keine strukturell andere Rolle, als die zahllosen politisch aktiven Interessengruppen. Zudem weist dieselbe empirische Studie, die den Aufbau der einzelstaatlichen Parteiorganisationen dokumentiert, zusätzlich nach, daß die Aktivitäten der Parteien im Bereich der Kandidatenrekrutierung und Unterstützung seit 1960 zurückgegangen sind. Dies gilt insbesondere für höhere Ämter, während bei niedrigeren tendenziell eher eine Verstärkung der Aktivitäten zu verzeichnen ist (vgl. Cotter u.a. 1984:21-26). Die empirische Untersuchung der lokalen Parteien gelangt zu demselben Ergebnis: Bei verstärkter oder stabiler Organisation und Aktivität sind die Bemühungen um die Kandidatenrekrutierung rückläufig; die Zahl der Organisationen, die Kandidaten finanziell unterstützen, stagniert (Untersuchungszeitraum: 1980-1984, Gibson u.a. 1989:73-74). Aus der Nominierung der Präsidentschaftskandidaten halten sich die Parteien ganz heraus. Anwärter werden weder finanziell unterstützt, noch werden endorsements ausgesprochen. Die Parteien möchten so wohl die Blamage vermeiden, möglicherweise einen Verlierer gestützt zu haben.

Der Einfluß der Parteien auf das Verhalten der Politiker

Die Patronagezeiten der amerikanischen Parteien gehören also der Vergangenheit an. Noch ist aber zu klären, wie es um die Möglichkeit der Parteien bestellt ist, auf die nominierten und gewählten Politiker Einfluß zu nehmen. Die Zuteilung von Ämtern hängt von Wahlergebnissen ab. In dem Maße, in dem Parteien als entscheidender Faktor im Wahlkampf erscheinen, kann davon ausgegangen werden, daß sie Einflußmöglichkeiten auf die gewählten Kandidaten haben. Als Indikator dieser Parteirolle kann die Finanzierung der Wahlkämpfe dienen. Dabei ist zu beachten, daß Parteien und Kandidaten über separate Wahlkampforganisationen verfügen. Der Anteil an den Wahlkampfausgaben der Kandidaten, der von den Parteien stammt, kann als grober Indikator der Abhängigkeit der Kandidaten von der Partei gewertet werden. Dabei ergeben sich folgende Ergebnisse für Präsidentschafts- und Kongreßwahlkämpfe:

- Seit 1976, als die Regelungen zur staatlichen Finanzierung von Präsident-
schaftswahlkämpfen zum ersten Mal galten, haben alle Kandidaten diese
Finanzierungsform, die 1992 55 Mio. Dollar pro Kandidat betrug,
gewählt. Bedingung für die Bereitstellung öffentlicher Gelder ist, daß die
Kandidaten praktisch keine weiteren Mittel im Wahlkampf verwenden.
Eine Abhängigkeit von den Parteien kann also lediglich von deren eige-
nen Wahlkämpfen herrühren, wobei die unmittelbar auf den
Präsidentschaftswahlkampf bezogenen Aktivitäten zusätzlich engen Be-
schränkungen unterliegen (Höchstgrenze 1992:10 Mio. Dollar, vgl. dazu
Sorauf 1988:205-221, Sorauf 1993).

- Für Spenden der Parteiorganisation an Kandidaten für Mandate im Kongreß gelten Obergrenzen (5.000 Dollar pro Komitee pro Wahl bei Kandidaten für das Repräsentantenhaus, bei Senatskandidaten in Abhängigkeit
von der Größe des Staates). Die direkten Zahlungen der Parteien an die
Kandidaten bewegten sich bis 1990 in einer Größenordnung von ca. 1
Prozent der Gesamteinnahmen der Kandidaten (vgl. Sorauf 1992:30-31).
Auch einschließlich der Obergrenze für "coordinated expenditures", die
die Partei im Einvernehmen mit den Kandidaten tätigt (1992: ca. 28.000
Dollar), ergibt sich daraus eine untergeordnete Rolle der unterschiedlichen Parteiorganisationen in der Finanzierung einzelner Kongreßwahlkämpfe (vgl. Sorauf/Wilson 1993 für die Gesamtsummen). Die Parteien
konnten ihre gestiegene Finanzkraft auch deswegen nicht in einen höheren Anteil an der Wahlkampffinanzierung umsetzen, weil sich in den
vergangenen Dekaden die Zahl der in der Wahlkampffinanzierung aktiven Interessengruppen und die aus dieser Quelle fließenden Beträge
gewaltig erhöht haben (vgl. dazu Petracca 1992: v.a. 20). Zudem gibt es
keine Anzeichen dafür, daß die Parteimittel, die zum großen Teil von den
Congressional Campaign Committees stammen, zur Einflußnahme auf die
Kandidaten genutzt werden. Dies würde eine selektive Vergabe der
Mittel voraussetzen. Das einzige ersichtliche Kriterium, nach dem die
Vergabe der Mittel gewichtet wird, ist aber die voraussichtliche Knapp-
heit des Wahlergebnisses. Die Campaign Committees verfolgen also an-
scheinend das einer Patronagepartei gemäße Ziel, die Zahl der Mandate
zu maximieren, nicht aber die bewußte Steuerung der Fraktionszusam-
mensetzung nach anderen, etwa inhaltlichen Kriterien (vgl. So-
rauf/Wilson 1993:7-10).

Bei zur Wiederwahl anstehenden Abgeordneten des Kongresses ist die Rolle der Parteien zusätzlich verringert. Denn diese nutzen die Möglichkeiten der Parlamentszugehörigkeit, um sich die Gunst des Wahlkreises zu erhalten. Dies geschieht zum Beispiel, indem die Kommunikation mit dem Wahlkreis durch die Portokasse des Kongresses und durch den Unterhalt von Büros im Wahlkreis aufrechterhalten wird (constituency service). Zudem treten die Abgeordneten für aus dem Bundesetat finanzierte lokale Projekte ein (pork barrel). Der Umfang des constituency service ist in den letzten Jahren nachweislich deutlich angewachsen (dazu vor allem Fiorina 1989:34-47, 53-66, 85-97, vgl. Davidson/Oleszek 1990:266-267). Aus den Einzelstaaten werden ähnliche Phänomene berichtet, die mit der zunehmenden Institutionalisierung der einzelstaatlichen Legislativen zusammenhängen (vgl. Chubb 1988).

Das Ausmaß der Parteirolle wird zudem von der modernen Wahlkampfkommunikation durch das Fernsehen bestimmt. Dieses ermöglicht den Kandidaten einen unmittelbaren Zugang zur Bevölkerung durch die weitverbreiteten TV-Spots und übernimmt so Funktionen, die zuvor vor allem durch die grass roots Aktivitäten der Parteien wahrgenommen wurden. In dem Maße, in dem ein Kandidat in der Lage ist, Fernsehwerbung eigenständig zu finanzieren, bedeutet dies gesunkene Abhängigkeit von den Parteien. Seit den achtziger Jahren wirkt sich zudem die zunehmende Regionalisierung des amerikanischen Fernsehens begünstigend auf die eigenständigen Wahlkampfmöglichkeiten der Kandidaten für den Kongress aus (vgl. Hames 1994:v.a. 337). Es muß jedoch betont werden, daß die moderne Kommunikation allein noch keine Loslösung der Kandidaten von den Parteien hervorbringt (vgl. Epstein 1986:113). Dafür ist vielmehr Voraussetzung, daß das Schicksal des Kandidaten nicht zentral von dem der Partei abhängt, der Kandidat also nicht strukturell darauf angewiesen ist, nicht nur sein Image, sondern auch das seiner Partei zu verbessern. Dies ist im Personenwahlrecht der USA mit von den Parteien unabhängigen Nominierungsverfahren der Fall. Das Fernsehen kann die Personalisierung der Politik also nicht hervorrufen, wohl aber verstärken.

Insgesamt ist der Anteil der Parteien an der Wahlkampfführung der Kandidaten, und damit das Ausmaß, in dem die Parteien diese mitbestimmen können, also als nicht sehr hoch zu veranschlagen. Politiker gelangen in Ämter, ohne daß ihr Erfolg ausschließlich oder im wesentlichen den Parteien zuzuschreiben ist. Im Kontext dieser Studie ist wichtig, daß sich die Rolle der Parteien in dieser Hinsicht im Laufe der letzten Jahre verringert hat. Dies wird reflektiert im Anstieg der "candidate centered campaigns" durch von dem Kandidaten mit eigenen, von den Parteien unabhängigen Organisationen bestrittene Wahlkämpfe (vgl. dazu Foster/Muste 1992). Dabei steigt das Gewicht der Parteien mit abnehmender Bedeutung des angestrebten Amtes wegen der geringeren Ressourcen auf unteren Ebenen an. In dem Maße, in dem die Kandidaten von den Parteien unabhängig sind - was so weit gehen kann, daß sie gar keine Parteigelder annehmen dürfen, wie im Falle der Präsidentschaftskandidaten, oder wollen, wie im Falle einiger Kandidaten für den Kongreß (vgl. Herrnson 1990:59) - obliegt es ihrem Verständnis und ihrem Kalkül, inwieweit sie Nähe oder Distanz zur Partei zum Bestandteil ihrer Wahlkampfstrategie machen. So gibt es durchaus TV-Spots, die die Partei des Kandidaten gänzlich unerwähnt lassen. Zuletzt sahen sich im Wahlkampf für den Kongress 1994, der im Zeichen des unpopulären Präsidenten Clinton stand, zahlreiche Demokraten veranlaßt, sich in ihrem Wahlkampf ausdrücklich vom Präsidenten der eigenen Partei zu distanzieren (vgl. z.B. Conolly 1994).

Anmerkung: Zur Rolle der "Party Platforms"

Die Nationalkonvente, auf denen die Präsidentschaftskandidaten nominiert werden, verabschieden gleichzeitig die party platforms, die als Pendant eines Wahlprogramms gelten können. Budge und Hofferbert (1990) stellten in einer empirischen Analyse eine starke Beziehung zwischen den Schwerpunktsetzungen dieser platforms und denen der Budgets der darauf folgenden Administrationen fest. Sie interpretieren dies als Anzeichen einer starken Rolle der Parteien im politischen Prozeß (1990:129). Diese Einschätzung beruht auf der Annahme, daß die Konvents tatsächlich, wie es ihr formaler Anspruch ist, als Organe der Parteien anzusehen sind. Zwei Befunde sprechen gegen diese Interpretation:[3]

- Die Zusammensetzung der Konvents wird, wie beschrieben, von den Ergebnissen der primaries bestimmt. Delegierte werden aufgrund ihrer Kandidatenpräferenz entsandt. Weil es sich dabei häufig um Aktivisten

---

3 Dabei gehen die hier vorgetragenen Bedenken von der Richtigkeit der Berechnungen Budges und Hofferberts aus. Diese wurden allerdings jüngst ebenfalls angezweifelt (siehe King/Laver 1993).

für den jeweiligen Anwärter handelt, werden sie zu dessen "presidential party" gezählt (vgl. Kessel 1984). Die empirischen Analysen der Konvents stellten ein hohes Maß an Fluktuation in deren Zusammensetzung fest. Nur ein geringer Anteil der Delegierten wurde wiederholt entsandt (vgl. Stone u.a. 1990, Miller/Jennings 1986:29-34). Es ist also zweifelhaft, ob die Konvents als Vertretung der Partei angesehen werden können, oder nicht vielmehr als Versammlung von Gefolgschaften der Präsidentschaftsanwärter betrachtet werden müssen. Wie Stone u.a. formulieren: "The parties are available for the taking" (Stone u.a. 1990:92).

- Die platforms selbst werden zwar vom Konvent verabschiedet, sie stammen aber zu wesentlichen Teilen aus der Umgebung des Kandidaten. Deswegen muß die Korrelation zwischen platforms und umgesetzter Politik nicht im Sinne eines Einflusses des Parteiprogramms auf den Präsidenten gewertet werden, sondern kann mit Beck/Sorauf auch in entgegengesetzter Weise verstanden werden: "When the party holds the presidency the president's program ... becomes the party's" (Beck/Sorauf 1992:109).

Aufgrund dieser Tatsachen ist die Schlußfolgerung eines Einflusses der Parteien auf die inhaltliche Politik, die auf einer Analyse der platforms beruht, bedenklich. Für die hier vertretene Einschätzung, nach der die platforms eher Produkt der fluktuierenden Kandidatenverhältnisse als Ausdruck der Prioritäten der Partei sind, finden sich auch in Budge/Hofferberts eigener Analyse bestätigende Hinweise: Die Schwerpunktsetzung der platforms erweist sich in dieser Analyse als wesentlich effizienter in der Vorhersage von Budget-Prioritäten als die Parteizugehörigkeit des jeweiligen Präsidenten. Dies entspricht nicht dem Bild eines Einflusses einer Partei, die als Einheit mit einer gewissen Kontinuität verstanden wird.[4]

---

4   Dies korrespondiert damit, daß die amerikanische Politikwissenschaft auch in anderen Zusammenhängen trotz mehrfacher Versuche noch keinen eindeutigen Zusammenhang zwischen der parteilichen Zusammensetzung von Parlament und Exekutive und Politikinhalten nachweisen konnte. Diese Analysen stehen jedoch vor zahllosen methodischen Unwägbarkeiten (vgl. dazu u.a. Dye 1984, Erikson u.a. 1989).

Folgerung: Die veränderte Gelegenheitsstruktur des Wählens in den USA

Mit dem Aufkommen der candidate centered campaigns hat sich das Kräfteverhältnis in der amerikanischen Politik also zuungunsten der Parteien verschoben (siehe Tab. 4.1). Das bedeutet nicht, daß die Parteien nicht präsent sind, wohl aber, daß sie Funktionen verloren haben, und dadurch der verstärkten Konkurrenz der Kandidaten um die öffentliche Aufmerksamkeit ausgesetzt sind. Diese Entwicklung kann durch strukturelle Veränderungen erklärt werden:

- Die *Reformen der Progressives* führten zur Einführung der primary, die dem Kandidaten eine gewisse Unabhängigkeit von den Parteiorganisationen verschafften, und, z.T. damit zusammenhängend, den Niedergang der Parteimaschinen einleiteten.

- Die *Reformen nach 1968* reduzierten den Einfluß der Parteien bei der Nominierung auf ein Minimum.

- Die *Neuregelung der Wahlkampffinanzierung* (1971-74) limitierte die Rolle der Parteien bei der Finanzierung der Wahlkämpfe für den Kongreß und eliminierte sie in den Wahlkämpfen der Präsidentschaftskandidaten.

- Die Wirkung dieser strukturellen Ursachen der Personalisierung der Politik wurde verstärkt durch das *Fernsehen*.

Trotz der gewachsenen Ressourcen der Parteien hat sich dieser Trend nicht umgekehrt. Außerhalb ihrer Organisationen kommt Entscheidungen der Parteien nur geringe Bindungswirkung zu; sie sind darauf beschränkt, politischen Einfluß durch die Bereitstellung von Ressourcen zu erwerben. Damit unterscheiden sich die Parteien nicht strukturell von Interessengruppen. In Pompers Worten: "In contemporary America, it seems more accurate to describe the political party as little more than another private association or interest group. Like other associations, such as the American Medical Association, it attempts to influence elections, but both groups have only marginal effects" (Pomper 1988:299). Weil sie die Bedeutung, die die Parteilichkeit über die Wirkungsmöglichkeiten der Organisation hinaus haben kann, nicht berücksichtigt, greift diese Aussage als Einschätzung der Parteien insgesamt zu kurz. Als auf die Wirkungsmöglichkeiten der Organisationen beschränkte Aussage entspricht sie jedoch den hier dargestellten Sachverhalten.

Aus der Sicht des Wählers hat diese Entwicklung folgende Konsequenzen:

1. *Parteiunabhängige Kandidatenbewertungen:* Kandidaten können selbständig die breite Wählerschaft ansprechen. Dabei ist der Anreiz für einen Kandidaten, ihre Nähe zur Partei herauszustellen, während der vergangenen Jahrzehnte gesunken. In diesem Sinne bedeutet die Personalisierung der Gelegenheitsstruktur also die erweiterte Möglichkeit der Wähler, zu einem von der Parteilichkeit unabhängigen Urteil über den Kandidaten zu gelangen.

2. *Personenzentrierte Fragmentierung:* Dies gilt nicht nur für Präsidentschaftskandidaten, sondern auch für Kandidaten für den Kongreß, die im Falle des Senats zu einem Drittel, im Fall des Repräsentantenhauses vollständig zeitgleich mit dem Präsidenten gewählt werden. Zudem gilt es für Kandidaten für Legislativ- und Exekutivämter in den Einzelstaaten, wenn auch nicht in allen Fällen im gleichen Ausmaß. Es betrifft beide Etappen der Wahlkämpfe: die um die Nominierung und die um das Amt. Dabei können sich im Nominierungswahlkampf Kandidaten sehr unterschiedlicher Ausrichtungen um die Nominierung durch dieselbe Partei bewerben und im eigentlichen Wahlkampf eine ähnlich heterogene Kandidatenschaft im Namen einer Partei antreten. Aufgrund dieser Bedingungen sieht sich der Wähler einem Ansturm individueller Wahlkämpfe gegenüber, die, auch wenn sie einer Partei zuzurechnen sind, ein sehr breites Spektrum repräsentieren können. In diesem Sinne bedeutet die Personalisierung also eine personenzentrierte Fragmentierung der Gelegenheitsstruktur des Wählens, die durch die Möglichkeit der parteiunabhängigen Kandidatenbewertung auf verschiedenen Ebenen und während verschiedener Etappen bedingt ist.

Weil die Personalisierung der Gelegenheitsstruktur des Wählens auf mehrere Faktoren zurückgeht, deren Wirkung nicht synchron einsetzte, ist es schwierig, den Zeitpunkt ihres Beginns zu lokalisieren. Als "Marksteine" sind die Reformen zu Beginn des Jahrhunderts, der erste im Fernsehen

Tabelle 4.1

Entwicklungsstränge im amerikanischen Parteiensystem

Entwicklungsstrang:	Erscheinungsformen:	Hintergrund:	Auswirkung auf das Erscheinungsbild der Gelegenheitsstruktur des Wählens:
Stärkung der Parteiorganisationen	Bessere finanzielle Ausstattung Gewachsener Mitarbeiterstab Zentralisierung	Zielgerichtete Stärkung der Parteien nach politischen Schwierigkeiten (z.B. Watergate)	Party focused campaigning Wiederaufleben lokaler grass roots Aktivitäten
Klarere Zuordnung der Parteien zu Inhalten	Gewachsene Homogenität der Fraktionen im Abstimmungsverhalten im Congress Gewachsener inhaltlicher Abstand zwischen den conventions der Parteien	Austauschprozesse (insbes. im alten Süden) und/oder Stärkung der Fraktionsführungen im Congress	Wahrnehmung eines gewachsenen Abstandes in der Bevölkerung
Sinkender Einfluß der Parteien auf die Politiker	Nominierung der Kandidaten durch primaries und caucusses Unabhängige Wahlkampfführung der Kandidaten Begrenzte Rolle der Parteien in der Finanzierung von Wahlkämpfen Begrenzter Einfluß durch grass roots Aktivitäten	Einführung (ca. 1900) und Verbindlichkeit (ab 1972) der Vorwahlen nach politischen Schwierigkeiten Wachsende Bedeutung der interest groups in der Finanzierung der Wahlkämpfe Neue Kommunikationstechniken	*Parteiunabhängige Kandidatenbewertung und personenzentrierte Fragmentierung*

übertragene Nominierungswahlkampf 1952, die erste TV-Debatte zwischen den Präsidentschaftskandidaten 1960 und die Reformen zu Beginn der 70er Jahre zu nennen. Bei der Analyse der Auswirkungen, die diese Veränderungen der Gelegenheitsstruktur haben könnten, wird von einer kontinuierlichen Entwicklung ausgegangen, die seit der Mitte des Jahrhunderts ihre Wirkungen in zunehmendem Maße entfalten könnte.

4.2 Veränderungen der Gelegenheitsstruktur des Wählens in Deutschland

4.2.1 Personalisierung der Politik?

Im vorhergehenden Abschnitt wurde dargestellt, daß es in den USA durch die Personalisierung der Politik zu einer Verlagerung des Kräfteverhältnisses zwischen Objekten der Gelegenheitsstruktur des Wählens gekommen ist. Diese Entwicklung wurde durch Reformen der Institutionen hervorgerufen und durch die moderne Kommunikation verstärkt. In jüngerer Zeit wurde die Personalisierung der Politik auch Gegenstand der Diskussion im Kontext parlamentarischer Systeme, einschließlich des deutschen (vgl. bereits Butler/Stokes 1971:217-288, Bean/Mughan 1989, Lass 1993, Kaase 1993). Es ist zu fragen, ob von einer der amerikanischen vergleichbaren Entwicklung ausgegangen werden kann. Ist auch in Deutschland die Möglichkeit der Wähler gewachsen, eine parteiunabhängige Kandidatenbewertung vorzunehmen? Ist eine personenzentrierte Fragmentierung zu beobachten?

Die Personalisierungsdebatte in den parlamentarischen Demokratien spricht in erster Linie den Aspekt der parteiunabhängigen Kandidatenbewertung an. Dabei ist zuerst festzuhalten, daß von einer Personalisierung aufgrund institutioneller Veränderungen, wie die durch die Reformen in Amerika hervorgerufenen, nicht gesprochen werden kann. In der Wahlforschung wurde aber ins Gespräch gebracht, ob das Fernsehen zu einer Personalisierung des Abbilds der Politik geführt haben könnte. Dadurch, daß Spitzenpolitiker über den Bildschirm der breiten Bevölkerung gegenüberstehen, würden sie im zunehmenden Maße unabhängig von den Parteien beurteilt. Daraus wurde die Hypothese abgeleitet, die Wählerschaft ginge von der Personenwahl zur Parteiwahl über (vgl. Butler/Stokes 1971:217-218,

Bean/Mughan 1989:1175). Damit nicht deckungsgleich, wohl aber im Zusammenhang und mit ähnlicher Konsequenz für das Abbild der Politik, ist
die These, die Wahlkampfführung setze zunehmend auf die Politiker (so
Schütz 1992:101-103, Lass 1993:1-2).[5] Aus der Parteienforschung läßt sich
diese These zudem damit untermauern, daß einige Wissenschaftler zumindest bei der Union der jüngsten Vergangenheit Zentralisierungstendenzen
sehen (vgl. Winter 1993:75, vgl. auch die "Präsidentialisierung" des Prime
Ministers bei Butler/Stokes 1971:217-218).

Die Datenlage läßt keinen eindeutigen Schluß darüber zu, ob bis 1990
eine Personalisierung via TV stattgefunden hatte. Längsschnittanalysen der
Fernsehberichterstattung zu dieser Frage liegen nicht vor (vgl. Kaase 1993).
Kaase hebt jedoch hervor, daß selbst wenn sich die Aufmerksamkeit, die die
Medien den Kandidaten widmen, erhöht haben sollte, ihre Bedeutung als
Objekt der Berichterstattung in Querschnittanalysen 1990 hinter der von
Institutionen und Parteien zurücksteht, die Personalisierung der Medien also
zumindest nicht gravierenden Ausmaßes gewesen sein kann (Kaase 1993:7-
16). Auch die bisher vorliegenden Untersuchungen zum Wandel der
Perzeptionen und des Verhaltens der Wählerschaft lassen den Schluß einer
Personalisierung zumindest nicht ohne Zweifel und nicht ohne qualifizie-
rende Einschränkungen zu (vgl. Kaase 1993:16-26, Lass 1993:200,
Norpoth 1977:566-568). Auch Lass' spekulative Folgerung, die Personen-
orientierung werde zunehmen, stützt sich auf die vorab konstatierte
Annahme, daß Parteibindungen sich abschwächen (Lass 1993:12, 208-209).

In der vorliegenden Arbeit wird davon ausgegangen, daß die Personalisierung des Abbildes der deutschen Politik in den Medien bis zur
Bundestagswahl 1990, wenn sie stattgefunden hat, zumindest im Ausmaß
deutlich unter der Entwicklung in den USA blieb. Diese Folgerung stützt
sich nicht nur auf die Datenlage, die, wie beschrieben, in der Summe nicht
auf grundlegende Veränderungen hindeutet. Vielmehr sind ausschlaggebend
Überlegungen dazu, welche Rolle das Fernsehen in der Personalisierung
überhaupt spielen kann. Oben wurde in Anlehnung an Epstein (1986:113)
bereits gesagt, daß das Fernsehen eine Personenzentrierung der Politik zwar

---

5   Die Diskussion dieser Studie beschränkt sich auf den Zeitraum bis zur Bundestagswahl
     1990. Da sie nach systematischen Zusammenhängen sucht, ist es hier nicht von Belang,
     ob und in welchem Maße der Wahlkampf 1994 einen Schub in Richtung auf eine Perso-
     nalisierung brachte. An anderer Stelle wurde begonnen, sich unter anderem mit diesen
     Tendenzen und ihren möglichen Auswirkungen auf das Wahlverhalten auseinanderzuset-
     zen (vgl. Anderson/Zelle 1995, Zelle 1995).

verstärken, kaum aber hervorrufen kann. In den USA löste das Fernsehen den Politiker im Wahlkampf aus der Abhängigkeit von den lokalen Parteiorganisationen und besiegelte damit die in Reformen und im Personenwahlrecht angelegte Personenzentrierung. In Deutschland ist dagegen die Abhängigkeit der Politiker von den Parteien ungebrochen. Selbst wenn ein deutscher Spitzenpolitiker also im Wahlkampf hauptsächlich Selbstdarstellung betreibt, und selbst wenn die Partei im hohen Maße auf ihn setzt, so ist es ihm doch nicht möglich, dies ohne und erst recht nicht gegen seine Partei durchzuführen, denn deren Organe und Amtsträger sind für seine Aufstellung auf der Liste und seine Wahl in das Kabinett verantwortlich. Dies gilt um so mehr, wenn bedacht wird, daß das Listenwahlrecht im parlamentarischen Regierungssystem trotz der Persönlichkeitswahlkomponente der Erststimme ein von Parteien losgelöstes, personalisiertes Wahlverhalten unzweckmäßig macht; denn eine Stärkung des Objektes "Kanzlerkandidat" ist nur im Wege einer Stärkung des Objektes "Partei" möglich. Dem Spitzenpolitiker wird also daran gelegen sein, nicht nur ein günstiges Image seiner Person zu kommunizieren, sondern gleichzeitig unverändert Wert darauf zu legen, daß dieses Image die Komponente "Parteiverbundenheit" enthält, und daß zudem ein gutes Image der Partei gepflegt wird.

Dies führt zum zweiten Aspekt der Personalisierung in den USA, der personenzentrierten Fragmentierung der Gelegenheitsstruktur des Wählens. Für ein derartiges Phänomen liegen in der Bundesrepublik keine Anhaltspunkte vor. Zwar wird in der Literatur zu den Parteien durchaus deren Fragmentierung diskutiert.[6] Diese wird aber nicht als eine personenzentrierte oder als anderweitig an in Wahlen separat zu stärkende Objekte gebunden gesehen. Im Hinblick auf die Gelegenheitsstruktur des Wählens bedeutet eine zunehmende Fragmentierung, daß sich das Erschei-

---

6 Dabei besteht keine Klarheit, ob es sich bei dieser Fragmentierung um einen Trend handelt. Für Wildenmann ist sie strukturell im Föderalismus angelegt (Wildenmann 1989:103-110) und damit wohl zumindest teilweise statischer Natur. Andere Autoren beschreiben jedoch eine dynamische Komponente. So sieht Beyme (1984:290) einen Zusammenhang zwischen Konzentration des Parteiensystems und "Fraktionsbildung in Parteien", und Lösche (1993:36-37) eine Fragmentierung der SPD als Folge u.a. des sozialen Wandels. Heimanns Darstellung der "Grabenkämpfe" in der deutschen Sozialdemokratie läßt eine derartige Fragmentierung in längerfristiger Perspektive jedoch nicht als neuartiges Phänomen erscheinen (1993:159-160, 171). Haungs' Kategorie der Konturenarme, die er in seiner Abhandlung zur CDU verwendet, steht durchaus in Verwandtschaft zur Fragmentierung. Haungs sieht in dieser Hinsicht unterschiedliche Phasen, nicht aber einen kontinuierlichen Trend (1990:164-165).

nungsbild der Parteien verändern kann, nicht aber, daß es zu einer Verlagerung im Kräfteverhältnis zwischen den Objekten der Gelegenheitsstruktur kommt.

Auf Bundesebene müßte eine personenzentrierte Fragmentierung die Form gestärkter Unabhängigkeit der von den Wahlkreisen direkt bestimmten Kandidaten annehmen. Eine derartige Personalisierung der Wahlkreismandate im deutschen System ist zumindest nicht dokumentiert (trotz gestiegenen Splittings, dazu siehe unten). Strukturell würde sie dadurch erschwert, daß auch die aussichtsreicheren Direktkandidaten für die Wahlkreise von Parteiorganisationen aufgestellt werden. Zudem bestehen für eine Personalisierung der Direktmandate via TV gegenüber den USA schlechtere Voraussetzungen, weil das Fernsehen in Deutschland im geringeren Maße regional ausgerichtet ist (vgl. Hames 1994). Bei aller Personalisierung, die in der deutschen Politik als Konsequenz des Fernsehens zu beobachten sein mag, die deutschen Kandidaten können sich nicht das parteiignorierende oder -leugnende "wählt mich!", das den amerikanischen Kandidaten möglich ist, leisten, sondern sie sind auf den Parteibezug des "wählt uns!" angewiesen. Es ist also nicht davon auszugehen, daß eine der amerikanischen Entwicklung vergleichbare Verschiebung im Kräfteverhältnis der Objekte der Gelegenheitsstruktur auch in der Bundesrepublik Deutschland stattgefunden hat. Damit soll nicht die Möglichkeit, daß eine gewisse Personalisierung bereits in der Zeit bis 1990 stattgefunden haben mag, ausgeschlossen werden. Durch geringeres Ausmaß und anderen Charakter steht diese aber in der Bedeutung in jedem Fall hinter der in den USA beobachteten Personalisierung zurück.

4.2.2   Das Aufkommen der Grünen und das Lagersystem

Die Gelegenheitsstruktur des Wählens in Deutschland hat sich durch das Entstehen der "grünen Option" (Oberndörfer/Mielke 1990:16-17) um eine Partei erweitert. Als entscheidendes Kriterium, um als Partei zur Gelegenheitsstruktur des Wählens gezählt zu werden, soll hier die Aussicht auf einen mehr als nur marginalen Wahlerfolg gelten. Diese Voraussetzung erfüllen die Grünen wohl spätestens seit ihrem Einzug in die Landesparlamente von Bremen (1979) und Baden-Württemberg (1980). Seitdem heben sie sich von den zahllosen weiteren kleinen Parteien dadurch ab, daß an sie die Erwartung geknüpft werden kann, daß ihrem Wahlergebnis irgendwie geartetes politisches Gewicht zukommt, eine Stimme für sie also nicht gleichbedeutend mit einem ungültigen Wahlzettel ist. Damit bietet sich dem Wähler die Möglichkeit, neben den drei etablierten Parteien eine weitere zu wählen. Es ist eine plausible Erwartung, daß diese Erweiterung der Wahlmöglichkeiten zu einer Zunahme des "Auswählens" durch die Wähler, also zu einem Anstieg des Wechselwählens geführt hat. Der Zusammenhang zwischen der Zahl der Parteien in einem politischen System und der Volatilität im Aggregat wurde von Bartolini/Mair (1990:140) bereits herausgestellt.

Für die Analysen des Wechselwählens werden die Grünen demzufolge als politischer Faktor betrachtet und nicht prima facie als Ausdruck einer Volatilisierung gewertet. Von einer Volatilisierung soll dann gesprochen werden, wenn eine Destabilisierung beobachtet wird, die nicht auf das Aufkommen der Grünen zurückgeht. Zugrundeliegende Annahme ist, daß das Aufkommen der Grünen ohne gestiegene Wechselaktivität kaum denkbar wäre, diese gestiegene Wechselaktivität aber nicht ohne Bedenken als ein Anstieg der Wechselwählerschaft im Sinne von den Parteien losgelöster Wähler gewertet werden darf, wenn zusätzliche Ergebnisse dies nicht nahelegen. Wie gerechtfertigt diese Sichtweise ist, hängt davon ab, wie der Charakter der Grünen-Wahl eingeschätzt wird. Wenn die Wechselbereitschaft, die zumindest diejenigen Grünen-Wähler, die zuvor eine andere Partei gewählt haben, dokumentieren, als das entscheidende Kriterium gewertet wird, ist sie nicht gerechtfertigt. Werden dagegen die Grünen in erster Linie anhand anderer, "charakteristisch grüner" Merkmale definiert, ist ihr Parteiwechsel lediglich eine sekundäre Erscheinung. Eine derartige Interpretation bietet sich an, wenn die Bedeutung des "grün-alternativen Milieus" betont wird (vgl. Veen 1988b), wenn die Grüne Partei als Repräsentant einer neuen Interessenlage (vgl. Alber 1985, Bürklin 1987) bzw. eines neuen cleavages (wie Weßels (1991) Analysen nahelegen) gesehen wird oder wenn sie in der Interaktion von sozialer Lage und neuen Themen (vgl. Chandler/Siaroff 1986) oder des Wertewandels (vgl. Inglehart 1989) interpretiert wird. Diese unterschiedlichen Interpretationen der Grünen-Wahl divergieren hinsichtlich des relativen Gewichts sozialer und politischer Erklärungsfaktoren. Auch, was die Dauerhaftigkeit des Phänomens Grüne anbelangt, ergeben sich Differenzen. Sie konvergieren jedoch in der Ansicht, daß die Grünen-Wahl nicht nur ein Ausdruck individueller Instabilität ist. Diese Ansicht wird hier geteilt. Sie wird dadurch unterstützt, daß Müller-Rommels Analysen der Grünen-Wahlerfolge in

Europa zeigen, daß diese nicht wahrscheinlicher sind, wenn die Volatilität vor dem ersten Antreten der Partei hoch war (Müller-Rommel 1993:146). In der Annahme, daß in dieser Frage kein Konsens besteht, werden die Analysen und Interpretationen jedoch dergestalt durchgeführt, daß sie nicht von dieser Auffassung der Grünen-Wahl abhängen. Die Darstellung wird dem Leser, der die Grünen in erster Linie als Anzeichen individueller Instabilität sieht, offen bleiben.

Eine weitere Veränderung auf der Ebene des Parteiensystems besteht darin, daß die FDP 1982 die sozialliberale Koalition verließ, um mit der Union eine Regierung zu bilden. Es ist zu erwarten, daß die Wählerschaft diesen Wechsel auf der Ebene des Parteiensystems nachvollzogen hat und deswegen bei der Bundestagswahl 1983 häufiger die Partei gewechselt wurde als in anderen Jahren.

Seit dem Aufkommen der Grünen und dem Koalitionswechsel der FDP ist das westdeutsche Parteiensystem wiederholt als Lagersystem, bestehend aus einem rechten und einem linken Lager, dem jeweils eine große und eine kleine Partei zugehören, bezeichnet worden. Eine derartige Konstellation bedeutet eine bestimmte Ausformung der Gelegenheitsstruktur des Wählens, in der Koalitionsmöglichkeiten vor der Wahl mit einiger Sicherheit absehbar sind, es also durchaus möglich ist, bei gegebener Präferenz für das Objekt "Kanzlerkandidat" zwischen zwei Parteien auszuwählen. Unten soll geprüft werden, ob sich diese Struktur des Parteiensystems in der Perzeption der Wähler wiederfindet. Wenn ja, erlaubt das eine Interpretation des Wahlverhaltens in diesem Lichte.

4.3   Politische Inhalte und Volatilität

Die hier vorgenommene Messung der unabhängigen Variablen beschränkte sich im wesentlichen auf die Zahl der Objekte der Gelegenheitsstruktur des Wählens und auf deren Beziehungen untereinander. Daß die inhaltliche Verortung der Objekte der Gelegenheitsstruktur nicht in systematischer Weise einbezogen werden kann, ist ein Manko dieser Untersuchung. Dadurch ist das hier erarbeitete Modell unterspezifiziert, was im schlimmsten Fall zu Fehlschlüssen führen kann, die denen fehlspezifizierter statistischer Modelle gleichen. Es liegen jedoch Befunde vor, die die Annahme rechtfertigen, daß derartige Fehlschlüsse hier nicht sehr wahrscheinlich sind. Entsprechende Hinweise ergeben sich u.a. aus der Untersuchung von Bartolini/Mair (1990) zu den Hintergründen der Volatilität im europäischen Kontext. Bartolini/Mair beziehen die programmatischen Inhalte der Parteien, operationalisiert durch Aussagen zur Wirtschaftspolitik in den Parteiprogrammen, als Erklärungsvariable der Volatilität ein. Bei Kontrolle der Zahl der Parteien ergibt sich die erwartete negative Beziehung zwischen dem Abstand der Parteien (policy distance) und der Volatilität (vgl. Bartolini/Mair 1990:204-209). Dem liegt die Überlegung zugrunde, daß einem Wähler der Wechsel um so leichter fällt, je geringer die dabei zu überwindende ideologische Entfernung ist. Daß dieser Zusammenhang in den multivariaten Analysen verschwindet (vgl. Bartolini/Mair 1990:277-279), darf nicht als Beleg dafür gewertet werden, daß er nicht existiert, denn die Zuordnung von Kausalitäten in derartigen Modellen ist stets problematisch. Daß diese Beziehung in Deutschland überhaupt nicht feststellbar ist (vgl. Bartolini/Mair 1990:208), könnte auf methodische Probleme ebenso zurückzuführen sein wie auf eine tatsächliche Ausnahmestellung Deutschlands und sollte deswegen nicht zu der Folgerung führen, daß in Deutschland kein Zusammenhang zwischen Parteiprogrammatik und der Volatilität besteht. Für die vorliegende Studie ist entscheidend, daß sich der programmatische Abstand der Parteiblöcke in der Bundesrepublik Deutschland nach diesen Analysen zunächst verkleinert hat, seit Mitte der 60er Jahre jedoch konstant geblieben ist (vgl. Bartolini/Mair 1990:205). Dagegen hat sich in den USA nach den oben dargestellten Ergebnissen der Abstand zwischen den Parteien seit den 70er Jahren tendenziell vergrößert. Auf der Basis dieser Eindrücke wäre in den USA ein Rückgang der Volatilität zu erwarten, während sie in Deutschland bis in die 60er Jahre ansteigen müßte, um danach auf einem konstanten Niveau zu bleiben. Die aus dieser informellen Bestandsaufnahme der ideologischen Entfernungen der Parteien abzuleitenden Hypothesen heben sich also von den auf der Basis der hier untersuchten Veränderungen der Gelegenheitsstruktur gewonnenen Hypothesen ebenso ab wie von den aus dem sozialen Wandel resultierenden. Sollten sich entsprechende Befunde ergeben, so wäre dies ein Hinweis darauf, daß die Unterspezifikation des Modells die Interpretation der Ergebnisse im Lichte der Hypothesen, auf die sich hier konzentriert wird, unmöglich macht. Damit besteht immerhin eine gewisse Kontrollmöglichkeit für konfundierende Effekte der Parteiprogrammatik.

Daß diese Überlegungen hier vorgestellt werden, bedeutet nicht, daß die Ansicht vertreten wird, programmatische Inhalte könnten bei Analysen der Volatilität ohne Bedenken außer acht gelassen werden. Vielmehr drücken sie lediglich die Hoffnung aus, daß dieses Manko die Ergebnisse dieser Untersuchung nicht in erheblichem Ausmaß, aber gleichwohl unbemerkt, verfälscht.

5. Begriffe und Meßinstrumente für Wechselwahl und Parteibindung

5.1 Wechselwähler

5.1.1 Begriff

Dem intuitiven Verständnis eines Wechselwählers entspricht wohl der Wählertypus, für den die Wahlentscheidung keine feste Größe ist, sondern der sie zur Disposition stellt und zu revidieren bereit ist. Ein Wechselwähler kann also durchaus mehrere Wahlen hintereinander konstant wählen. Die Definitionsproblematik beginnt, wenn festgelegt werden soll, wie oft ein Wähler mindestens wechseln muß, um als Wechselwähler zu gelten. In der Tat ist auch ein völlig auf die Einstellung des Wählers gemünzter Begriff denkbar, der bereits das stete Überprüfen der Wahlentscheidung hinreichen läßt, auch wenn nicht tatsächlich gewechselt wird (vgl. die Darstellung bei Kaase 1967:73-75). Ähnlich unklar ist, ob nur "Hauptwahlen" (Präsidentschafts- bzw. Bundestagswahlen) oder auch Wahlen auf anderen Ebenen mit häufig unterschiedlichen Parteienkonstellationen einbezogen werden sollen. Der Begriff des Wechselwählers ist also schon aus der konzeptuellen Perspektive äußerst unscharf. Eine große Anzahl unterschiedlicher Definitionen ist denk- und vertretbar.

Unter diesen Umständen soll hier davon abgesehen werden, eine theoretische Definition des Wechselwählers zur Basis der Untersuchungen zu machen. Diese Vorgehensweise ist ratsam, weil Definitionen (wörtlich) eingrenzen, hier aber über die dargestellte intuitive Begrifflichkeit hinaus keine theoretisch zwingenden Maßstäbe für eine derartige Eingrenzung - die ja immer auch eine Ausgrenzung der nicht in der Definition enthaltenen Elemente bedeutet - auszumachen sind. Eine Eingrenzung auf der Basis nicht zwingender Kriterien ist aber potentiell irreführend, denn im Sprachgebrauch schwingen die nicht einbezogenen Elemente häufig mit. Hier sollen lediglich die Dimensionen, auf denen eine Definition zu verorten wäre, dargestellt werden. Dies sind:

- Zeithorizont: Der Begriff "Wechselwähler" kann an vergangenem, gegenwärtigem, oder zukünftigem Verhalten ausgerichtet sein. Häufig dürften im Begriff alle drei zeitlichen Rahmen gleichzeitig angesprochen sein. Insbesondere wenn von einem bestimmten Anteil der Wechselwähler in der Wählerschaft gesprochen wird, ist eine partielle Ausrichtung der Aussage auf ein in der Zukunft erwartetes Verhalten unverkennbar.

- Häufigkeit des Wechsels: Der Begriff "Wechselwähler" unterstellt eine gewisse Regelmäßigkeit der Ausübung. Objektive Maßstäbe für eine Konkretisierung des Begriffes "regelmäßig" sind besonders schwierig auszumachen.

- Einbezogene Wahltypen: Es ist offen, ob der Begriff lediglich auf Hauptwahlen oder zudem auf bestimmte oder alle Nebenwahlen angewandt werden soll. Überdies wäre zu klären, ob nur der Wechsel innerhalb einer Art von Wahlen, oder auch der zwischen verschiedenen Wahltypen als Wechselwahl zu gelten hätte.

- Objekt des Wechsels: Der Begriff "Wechselwähler" wird in der Regel auf Parteien gemünzt verstanden, kann sich aber auch auf Parteigruppen (etwa Regierungs- und Oppositionsparteien), vor allem im Mehrheitswahlrecht aber auch auf Personen beziehen. So bedeutete zwischen 1987 und 1990 der Wechsel zwischen FDP und Union einen Wechsel der Partei, nicht aber einen Wechsel zwischen Regierung und Opposition. Die Dimension "Objekt des Wechsels" hebt auf die Möglichkeit ab, sich im Wahlverhalten auf mittelbare Konsequenzen zu konzentrieren. In der unqualifizierten Verwendung des Begriffs "Wechselwähler" schwingt die Möglichkeit mit, daß zwischen Regierung und Opposition gewechselt wird.

Von der jeweiligen Ausgestaltung der Definition hängt ab, ob das Bild von der Wechselwahl als einem situationsbedingten Verhalten oder das eines

Typus des Wechselwählers entsteht. Insbesondere wenn eine Zukunftsorientierung in die Definition einbezogen wird, liegt es nahe, vom Wechselwähler als bestimmten Typus auszugehen.

5.1.2 Operationalisierungsmöglichkeiten

Gegenüber dieser Vielfalt der Definitionsmöglichkeiten ist die Zahl der empirisch im Zeitablauf erfaßbaren Auffassungen des Wechselwählens begrenzt. In der Praxis wird die Definition des Wechselwählers daher häufig
von den Möglichkeiten der empirischen Methodik bestimmt. Da tatsächliches Wahlverhalten nicht im individuellen Zeitvergleich meßbar ist, muß
auf in Umfragen berichtetes Wahlverhalten ausgewichen werden. Da zudem
Panel-Befragungen, die (mindestens) eine ganze Legislaturperiode umspan-
nen, in beiden Ländern nicht im Zeitablauf vorliegen, muß sich die Analyse
auf das vom Befragten über Jahre erinnerte Wahlverhalten in Querschnittbe-
fragungen stützen. Hilfsweise kann sich dem Ausmaß der Wechselaktivität
auch durch die Analyse von Wahlergebnissen - und damit Daten auf der
Aggregatebene - angenähert werden.

In Querschnittanalysen von Umfragedaten stehen zwei Instrumente zum
Erfassen des Wechselwählens zur Verfügung. Zum einen handelt es sich
dabei um die direkte Frage nach der Stabilität des Wahlverhaltens in der
Vergangenheit. Diese lautet in Deutschland: "Oft ist es schwierig, sich noch
an Dinge zu erinnern, die schon einige Zeit zurückliegen. Wenn Sie jetzt
einmal an die Wahlen denken, an denen Sie bisher teilgenommen haben,
haben Sie da: immer dieselbe Partei gewählt, im Laufe der Zeit mal eine andere Partei gewählt, habe erst einmal gewählt, habe noch nie gewählt, weiß
nicht, keine Angabe, verweigert"; und in den USA: "Have you always voted for the same party or have you voted for different parties for President?
(same party, different parties)." Unter anderem, weil die Bezugsgröße in
beiden Ländern nicht identisch ist (Deutschland: Wahlen, in den USA: presidential elections) kann diese Frage nicht in gleicher Weise interpretiert
werden. Auf die damit zusammenhängenden Schwierigkeiten wird unten
noch einzugehen sein.

In Deutschland wird Wechselwählen vornehmlich durch den Vergleich
der vom Befragten angegebenen Wahlentscheidungen in zwei aufeinanderfolgenden Wahlen operationalisiert. Hierfür wird entweder die in Vorwahlstudien erhobene Wahlabsicht oder die nach der Wahl berichtete Entschei-

dung herangezogen und mit der rückerinnerten Wahlentscheidung der Vorwahl verglichen (z.b. Kaase 1967). Meine Analysen werden sich ebenfalls in hohem Maße auf dieses Instrument stützen. Zwei wichtige Einwände gegen dieses Verfahren können geltend gemacht werden. Erstens ist vor allem zur vergangenen, aber auch zur kommenden Wahl ein hoher Anteil von Antwortfehlern zu verzeichnen (vgl. dazu Weir 1975, Flanigan/Zingale 1991:194-196). Dieser Einwand ist hier jedoch nicht gravierend, da weniger der absolute Anteil der Wechselwählerschaft als seine Variation in der Zeit und zwischen Bevölkerungssegmenten im Blickfeld steht. Dies impliziert die Annahme, daß sich die Qualität der Antworten zu den Wahlfragen nicht verändert hat und sich zwischen den Bevölkerungssegmenten nicht unterscheidet; d.h. der Meßfehler nicht mit der Zeit und nicht mit den betrachteten Sozialstrukturvariablen korreliert.

Der zweite Einwand gegen die Operationalisierung des Wechselwählens im Wege des Vergleichs von rückerinnerter Wahlentscheidung und Wahlabsicht bezieht sich auf die Beschränkung dieser Methode auf zwei Wahlen. Dieses Meßinstrument repräsentiert einen der Pole des Kontinuums möglicher Definitionen des Wechselwählens. Insbesondere werden dadurch Parteiwechsel, die sich über eine vorübergehende Nichtwahl als Zwischenstufe vollziehen, ausgeklammert. Der Parteiwechsel verliert für die Thesen des Wählerwandels jedoch nicht an Bedeutung, wenn er eine Phase der Wahlabstinenz umspannt. Dieses methodenbedingte Manko lastet auf den hier präsentierten Trendreihen des Wechselwählens. Es bleibt späteren Analysen vorbehalten, zu prüfen, in welchem Ausmaß die Nichtwahl Übergangsstadium des Parteiwechsels ist. Wohl wegen dieser Bedenken haben sich amerikanische Wahlforscher nur in seltenen Fällen auf dieses Instrument gestützt (siehe aber Dalton 1988:190). Das amerikanische Mißtrauen gegen die Recall Frage geht soweit, daß diese nicht in die Wahlstudie 1984 aufgenommen wurde, ein lückenloser Trend der Wechselaktivität also nicht abzubilden ist.

Die unterschiedliche Erhebungsart des zugrundeliegenden empirischen Materials bedingt es, daß die Parteiwechsel zwischen aufeinanderfolgenden Wahlen in beiden Ländern in abweichender Weise gemessen werden. In beiden Ländern erfolgt die Messung der zurückliegenden Wahlentscheidung in einer Vorwahlumfrage. Die aktuelle Wahlentscheidung wird in den USA jedoch auf der Basis der Nachwahluntersuchung (also der letzten Welle des Wahlpanels) erfaßt, in Deutschland aber als Wahlabsicht in Vorwahlumfragen verstanden. Diese Divergenz beeinträchtigt den Vergleich der absoluten

Höhe der Wechselaktivität zwischen den Ländern. Der Frage, ob ein Anstieg der Wechselaktivität festzustellen ist, läßt sich jedoch mit diesem Instrumentarium in beiden Ländern in gleicher Weise nachgehen.

Die in den Operationalisierungen durch die direkte Frage und den Vergleich von Wahlabsicht mit dem rückerinnerten Wahlverhalten repräsen-
tierten Definitionen des Wechselwählens sprechen vollzogene Entscheidungen, im wesentlichen also vergangenes Wahlverhalten an. Wenn also z.B.
auf der Basis der direkten Frage von einem bestimmten Anteil von Wechselwählern in der Bevölkerung gesprochen wird, bedeutet diese Aussage
(trotz der im Begriff Wechselwähler mitschwingenden Zukunftsorientierung), daß ein entsprechender Anteil der Befragten angab, in einer
nicht spezifizierten Wahl "mal eine andere Partei" gewählt zu haben.
Inwieweit man diese Operationalisierung als Indikator zukünftigen Verhaltens werten möchte, hängt von der theoretischen Interpretation ab, in der
man das gemessene Wahlverhalten sieht. Politische und soziale Erklärungen
können in dieser Frage - und damit der Prognose - weit auseinanderklaffen.

Zusätzlich zu den Individualdaten soll die Entwicklung der Volatilität in
den Wahlergebnissen im Aggregat verfolgt werden. Dies wird wenn möglich nur als Ergänzung zu den Individualdaten geschehen, in einigen Fällen
sind Aggregatergebnisse jedoch die einzige verfügbare Quelle. Die Volatilität im Aggregat als Indikator der Volatilität auf der Individualebene zu
verwenden, ist nicht unproblematisch. Es impliziert die Annahme, daß sich
ein gestiegener Wechselwähleranteil in den Schwankungen der Wahlergebnisse niederschlagen wird. Offensichtlich muß das nicht so sein, denn
theoretisch ist durchaus denkbar, daß ständig wachsende Wechselwählerströme sich gegenseitig neutralisieren, so daß die Wahlergebnisse weiterhin
stabil bleiben. Der Schluß von Aggregatstabilität auf Individualstabilität ist
dann ein ökologischer Fehlschluß, die Wahlergebnisse somit ein untaug-
licher Indikator. Demgegenüber kann aber die auf probabilistischer Argumentation fußende Vermutung geäußert werden, daß sich eine steigende
Wechselwählerschaft zwar nicht im Aggregat manifestieren muß, sich aber
zumindest im Durchschnitt mehrerer Wahlen mit einiger Wahrscheinlichkeit
bemerkbar machen wird. Diese Vermutung stützt sich auf zwei Überlegungen: (1) Mit steigendem Wechselwähleranteil erhöht sich die Spanne dessen, was an Schwankungen im Wahlergebnis theoretisch überhaupt möglich
ist. Eine lediglich aus Stammwählern bestehende Gesellschaft wird sehr stabile Wahlergebnisse aufweisen. Mit steigendem Wechselwähleranteil ist
zwar Aggregatstabilität weiterhin möglich, ist jetzt aber nur eine von zahl-

reichen Möglichkeiten. Gleichbleibende Aggregatstabilität im Durchschnitt mehrerer Wahlen wird damit zumindest unwahrscheinlicher. Diese Überlegung wird durch von Bartolini und Mair durchgeführte Simulationen gestützt. Bartolini und Mair berichten eine gleichbleibende Korrelation zwischen Individualvolatilität und Aggregatvolatilität in Simulationen einer großen Zahl von Wahlergebnissen von etwa .63 (Bartolini/Mair 1990:30-31). (2) Das Potential dieser Überlegungen wird verstärkt, wenn man bedenkt, daß der Zusammenhang zwischen individueller und Aggregatvolatilität durch die Wirkung systematischer Faktoren erhöht werden kann. So müssen Wechselwählerströme nicht zufällig sein, sondern können Bewertungen von politischen Objekten folgen, die, insbesondere wenn ein bestimmtes Meinungsklima vorherrscht, von einer großen Zahl der Wähler geteilt werden können. Dadurch werden parallele, nicht von entgegengesetzten Strömungen neutralisierte Wählerwanderungen möglich, die zu Veränderungen im Wahlergebnis führen, deren Ausmaß mit steigendem Wechselwähleranteil zunimmt.

Aufgrund dieser Überlegungen werden sich die Analysen unter anderem auf die Wahlergebnisse stützen. Dabei wird die Aggregatvolatilität bei einzelnen Wahlen lediglich in Ergänzung zu den Umfragedaten, beim Durchschnitt mehrerer Wahlen auch selbständig betrachtet. Dies geschieht unter Verwendung des Pedersen Index der Volatilität (Pedersen 1979, 1983, vgl. aber bereits Shively 1972). Dieser ergibt sich, indem die Veränderungen der Parteien zwischen zwei Wahlen im Absolutbetrag addiert und durch zwei dividiert werden. Der Index läßt sich sowohl auf der Basis der Parteianteile an den Wählern als auch an den Wahlberechtigten errechnen. Im letzteren Falle können zudem die Nichtwähler als eigene Kategorie in die Kalkulation eingehen (so Klingemann 1985:238). Alle diese Verfahren haben Vorzüge und Schwächen. Weil der Pedersen Index hier zur Analyse der Parteiwechsel verwendet wird, wird er auf Grundlage der Parteianteile an den Wählern errechnet. Dies hat den Nachteil, daß die Entwicklung der Wahlbeteiligung, die durch asymmetrische Mobilisierung Auswirkungen auf die Schwankungen in den Wahlergebnissen haben kann, nicht berücksichtigt wird. Dies ist bei der Betrachtung des Pedersen Index zu bedenken.

Eine vollständige Berechnung des Pedersen Index bezieht alle Parteien ein. Es ist aber durchaus möglich, verschiedene Parteien zusammenzufassen oder einige Parteien auszulassen. Diese verschiedenen Möglichkeiten könnten die Diskrepanzen in den veröffentlichten Berechnungen des Indizes erklären, die von Müller-Rommel herausgestellt und als logisch nicht nachzuvollziehen bezeichnet worden sind (vgl. Müller-Rommel 1993: 140). In dieser Studie wird der Pedersen Index nie auf der Basis aller zu einer Wahl angetretenen Parteien berechnet. In den USA werden generell die Drittparteien zu einer Kategorie zusammengefaßt. In Deutschland werden Parteien nach inhaltlicher Ausrichtung gruppiert, und zwar in Anlehnung an die von Klingemann (1985:263) vorgenommene Einteilung. Dies geschieht, weil die Fluktuationen zwischen den kleinen Parteien, die zudem häufig auf deren Spaltung, Auflösung und Neugründung zurückgehen, hier nicht als Ausdruck individueller Volatilität gewertet werden sollen. Insbesondere bedeutet dies, daß der Austausch zwischen NPD und DRP bzw. NPD und Republikanern nicht in die Berechnungen der Volatilität eingeht.

Zudem werden häufig einzelne oder mehrere Parteien bei der Berechnung des Pedersen Index ausgeklammert. So wird beispielsweise dem auf der Basis aller Parteikategorien berechneten Pedersen Index in Deutschland ein für die "Altparteien" Union, SPD und FDP berechneter Index gegenübergestellt werden. Dies geschieht in der Absicht, das Aufkommen der Grünen aus dem Trend zu isolieren. Daß dieses ein sehr plumpes und fehleranfälliges Verfahren ist, versteht sich von selbst, denn die Fluktuationen des Grünen-Anteils schlagen sich in denen der anderen Parteien nieder. Dennoch ist es das beste Verfahren, um einen Eindruck von der Volatilität in Ausschnitten des Parteiensystems zu gewinnen. Den Schwächen des Instrumentariums soll durch besondere Vorsicht bei der Interpretation der Ergebnisse Rechnung getragen werden.

Der Pedersen Index wird hier nicht als Systemcharakteristik, sondern als Indikator individuellen Verhaltens, nämlich des Parteiwechsels, benutzt. Er ist nach dem derzeitigen Kenntnisstand der beste derartige Indikator für die Analyse von Mehrparteiensystemen. Wenn sich die Zahl der Parteien auf zwei beschränkt, kann jedoch ein kürzlich von Shively (1992) entwickelter Index zusätzlich verwendet werden. Shivelys C schätzt als "index of net conversion" den Anteil der Gesamtvolatilität, der auf Parteiwechsel zurückgeht. Damit ermöglicht er es, den Effekt der Konversion zwischen den Parteien im Verhältnis zur asymmetrischen Mobilisation indirekt zu messen. Shivelys C wird nach folgender Formel berechnet (Shively 1992:312):

$$C = \frac{(G_2 - G_1) - (L_2 - L_1)}{2 (G_2 - G_1)}$$

wobei G die Partei mit der größeren Veränderung im Wahlergebnis zwischen zwei Wahlen und L die mit der kleineren Veränderung ist. Die Anteile an den Wahlberechtigten in den Wahlen 1 und 2 gehen in die Berechnung ein.

Die Heuristik dieses Indexes ist, daß gleichgerichtete Veränderungen der Anteile beider Parteien an den Wahlberechtigten (d.h. $G_2 - G_1$ und $L_2 - L_1$ haben das gleiche Vorzeichen) wahrscheinlich auf Mobilisation und entgegengesetzte wahrscheinlich auf Konversion zurückgehen. Die Formel trägt dieser Vermutung dadurch Rechnung, daß sie nicht wie der Pedersen Index auf Absolutbeträgen der Veränderungen in den Parteianteilen basiert, sondern berücksichtigt, ob es sich um Gewinne oder Verluste handelt. Weil die Veränderungen der Parteianteile im Zähler subtrahiert werden, resultieren gleichgerichtete Veränderungen in einem relativ niedrigen Wert. Dagegen führen die unterschiedlichen Vorzeichen bei entgegengesetzen Veränderungen der Parteien dazu, daß die Beträge der Veränderung addiert werden und der Index mithin einen relativ hohen Wert animmt. Der Index nimmt den Höchstwert 1 an, wenn sich die Anteile beider Parteien an den Wahlberechtigten um den gleichen Betrag, aber mit entgegengesetzter Direktionalität verändern. Dies zeigt an, daß die Verluste der einen Partei und die Gewinne der anderen vermutlich auf Parteiwechsel zurückzuführen sind. Im Falle gleichgerichteter Veränderungen in gleicher Höhe deutet ein Wert von 0 auf eine dominierende Bedeutung von Mobilisation bzw. Demobilisation hin.

Dabei ist es natürlich auch mit diesem Index nicht möglich, den Anteil der Wechsel zwischen Parteien, die sich gegenseitig kompensieren, zu erfassen. Denn im Extremfall können zwei Parteien ihre Wählerschaften komplett austauschen, ohne daß dies in den Wahlergebnissen sichtbar wird und damit für den Index berücksichtigt werden könnte. Der Index setzt also nicht an der Gesamtheit der Parteiwechsler an, sondern an dem Überschuß den eine Partei verzeichnen kann ("Netto-Parteiwechsel"). Dieses Konzept hier in die Analysen einzubeziehen beruht wiederum auf der Annahme, daß der Netto-Parteiwechsel und der Gesamtanteil der Parteiwechsler positiv korreliert sind. Ebenso wie bei dem Pedersen Index muß diese Annahme auch hier zugrundegelegt werden.

Shively's C setzt den Netto-Parteiwechsel in Beziehung zur Netto-Mobilisation, also dem Saldo des Wechsels zwischen Wählerschaft und Nichtwählerschaft. Hohe Werte signalisieren nicht, daß der Anteil der Parteiwechsel absolut hoch ist, sondern daß dieser Anteil im Verhältnis zum

Wechsel in die und aus der Nichtwählerschaft stark ins Gewicht fällt. Eventuelle Veränderungen der Wahlbeteiligung können also den Wert von Shively's C beeinflussen.

Gegenüber dem Pedersen Index ist der Nachteil von Shively's C, daß es sich lediglich für zwei Parteien berechnen läßt, während die Wähler anderer Parteien zu den Nichtwählern gezählt werden müssen. In den USA erfordert dies die Beschränkung auf Demokraten und Republikaner. In Deutschland kann der Index immer dann zur Anwendung kommen, wenn sich das Parteiensystem zumindest für die Dauer von zwei Wahlen in zwei Blöcke einteilen läßt. Da Shivelys C dem hier interessierenden Verhalten auf der Individualebene, dem Parteiwechsel, näherkommt, ist er unter diesen Umständen dem auf die Blöcke beschränkten Pedersen Index, den Bartolini und Mair verwenden, vorzuziehen (Bartolini/Mair 1990: 41). Dabei ist aber zu berücksichtigen, daß Shivelys C nicht den Anteil der Parteiwechsler an der Wählerschaft, sondern den Anteil des Parteiwechsels an der Gesamtvolatilität schätzt.

Um die Entwicklung der Volatilität in einer Maßzahl zusammenzufassen, wird die Korrelation der Volatilitätsindizes mit der Zeit (oder, wenn sich das anbietet, mit linearen Transformationen der Zeit) errechnet. Dabei ist zu bedenken, daß die Pearson Korrelation die Intensität einer Beziehung, nicht aber die einer Veränderung erfaßt. Mit anderen Worten, eine hohe Korrelation läßt nicht auf eine starke Zunahme oder Abnahme der Volatilität schließen, sondern darauf, daß diese Entwicklung in recht gleichmäßiger (d.h. linearer) Art und Weise über Zeit ablief. Die wichtigsten Elemente der korrelationalen Analyse sind das Vorzeichen und das Signifikanzniveau des Koeffizienten. Dabei soll angesichts der geringen Fallzahlen bei der Analyse von Wahlergebnissen kein sehr strenger Anspruch an das Signifikanzniveau gestellt werden. Natürlich bedeutet die Festsetzung eines Signifikanzniveaus immer einen Akt der Willkür. Bei der Korrelationsanalyse des Pedersen Index soll erst ab einem p-Wert von .1 die Nullhypothese verworfen werden. Um dem Leser abweichende Schlußfolgerungen zu ermöglichen, werden die p-Werte stets angegeben.

5.2 Splitting

Als zusätzlicher Indikator instabilen Wahlverhaltens wird häufig das Splitting herangezogen. Als Splitting wird bezeichnet, wenn bei gleichzeitig

durchgeführten Wahlen verschiedene Parteien (bzw. Personen verschiedener
Parteien) simultan unterstützt werden. Dies kann sich auf Wahlen für ein
und dieselbe Institution beziehen, wie im Falle des deutschen Bundestages,
ist aber auch bei Wahlen für verschiedene Ämter anwendbar, wie z.B. für
Kongreß und Präsident in den USA. Da beide Staaten föderal organisiert
sind, kann zudem das Splitting der Parteipräferenzen auf verschiedenen
staatlichen Ebenen untersucht werden.

Das Splitting wird im Zusammenhang mit dem dealignment untersucht,
weil es zum Ausdruck bringt, daß ein Wähler andere Entscheidungsregeln
als lediglich das Unterstützen einer bestimmten Partei anwendet. Aus diesem Grund findet es in die Analysen dieser Studie Eingang. Das Problem
dieses Instruments besteht darin, daß im Einzelfall schwer zu ermitteln ist,
was diese zusätzlichen oder anderen Entscheidungsregeln sind. Das Splitting kann in bestimmten Situationen von parteiungebundenem Wahlverhalten zeugen, darf jedoch nicht mit der Wechselwahl gleichgesetzt werden,
weil ihm das Element der Entscheidungsrevision fehlt.

5.3   Parteiidentifikation

Das Konzept der Parteiidentifikation beschreibt eine anhaltende, in der Regel als affektiv charakterisierte Bindung des Individuums an eine Partei. Als
solches spricht es eine psychische Prädisposition des Individuums für die
Wahl einer bestimmten Partei an. Für die Analyse der Volatilität ist dieses
Konzept relevant, weil eine anhaltende Bindung an eine Partei der Wechselwahl entgegenstehen kann. In der ursprünglichen Theorie wurde die
Parteiidentifikation im wesentlichen als Ausfluß der Sozialisation verstanden (vgl. Campbell u.a. 1960), später wurde der funktionale Aspekt der
Identifikation als Instrument der Informationsverarbeitung stärker betont
(vgl. Shively 1979) ebenso wie ihre Abhängigkeit von Evaluation der politischen Objekte (vgl. Fiorina 1981:89-102). Hier soll von einer eingehende-
ren Diskussion des Konzeptes und der Probleme seiner Übertragbarkeit auf
den deutschen Kontext durch das Instrument der Parteineigung abgesehen
werden. Die Analyse wird die in dieser Diskussion vorgebrachten Argumente jedoch im Auge behalten (vgl. im einzelnen u.a. Gluchowski 1978,
Baker u.a. 1981, Falter 1977, Kaase 1975).

Die Bedeutung des Konzepts der Parteiidentifikation für die Wahlforschung liegt in ihrer Prägekraft für das Wahlverhalten begründet. Die empi-

rischen Analysen der Parteiidentifikation haben stets ergeben, daß diese das Individuum häufig dazu veranlaßt, die entprechende Partei in Wahlen zu unterstützen (vgl. dazu Kap. 6). Diese Effektivität der Parteiidentifikation zeigt sich nicht nur in der generellen Ausrichtung des Wahlverhaltens auf eine Partei, sondern in der Folge zudem in der Stabilität des Wahlverhaltens. Bereits Campbell u.a. (1960:125) zeigen an amerikanischen Daten aus dem Jahr 1956, daß der Anteil derer, die in den Wahlen der Vergangenheit für Präsidenten unterschiedlicher Parteien gestimmt hatten, bei Befragten mit einer starken Parteiidentifikation erwartungsgemäß erheblich geringer ist als bei Befragten ohne Parteiidentifikation (18% vs. 84%). In der Herbstumfrage 1990 des Bereichs Forschung und Beratung der Konrad-Adenauer-Stiftung läßt sich entsprechendes für Deutschland feststellen. Von den Befragten ohne Parteineigung, die eine Partei zu Wahlabsicht und Rückerinnerung angaben, stellten sich 31 Prozent als Parteiwechsler zwischen 1987 und 1990 heraus. Dagegen betrug der Anteil der Parteiwechsler bei schwacher oder mäßiger Parteineigung nur 16 Prozent, bei starker Parteineigung lediglich 10 Prozent.[1] Die Effektivität der Parteiidentifikation tritt also in beiden Ländern dadurch zum Vorschein, daß das Wahlverhalten auf eine Partei ausgerichtet und stabilisiert wird.

Wegen dieser Stabilisierungswirkung für das Wahlverhalten wird die Entwicklung der Parteiidentifikation in die hier anstehenden Analysen der Volatilität einbezogen. Sie wird als ein mittelbarer Indikator der Wechselbereitschaft interpretiert. Ein auf eine Zunahme der Volatilität deutender Rückgang der Parteiidentifikation könnte in unterschiedlicher Gestalt erkennbar werden:

- Die Parteiidentifikation könnte seltener werden;
- vorhandene Parteiidentifikationen könnten sich abschwächen;
- die Parteiidentifikation könnte an Stabilität einbüßen;
- die Parteiidentifikation könnte an Effektivität in der Bestimmung des Wahlverhaltens verlieren.

In diesen vier Aspekten soll die Parteiidentifikation im Zeitablauf untersucht werden, auch wenn dies nicht durchgängig für beide Länder möglich sein wird.

---

1   Der Fragewortlaut für die Parteineigung wird im Rahmen der Diskussion empirischer Ergebnisse vorgestellt (s.u. 6.2.5), die Umfrage wird in 6.2.1 (Fn. 12) beschrieben.

6. Trends instabilen Wahlverhaltens in den USA und in der Bundesrepublik Deutschland

Die vorangegangenen Kapitel schilderten Entwicklungen der Gelegenheitsstruktur des Wählens und Aspekte des sozialen Wandels in den hier betrachteten Ländern. Damit sind die in dieser Arbeit gegenübergestellten unabhängigen Variablen erfaßt. Nun soll untersucht werden, inwieweit die Variation in der abhängigen Variablen auf diese Faktoren zurückgeführt werden kann. Dafür sind zunächst die Trends der Volatilität in beiden Ländern darzustellen. Steigt der Anteil der Wechselwähler in einem der beiden Länder, in beiden, oder in keinem?

6.1   Trends der Volatilität und der Parteiidentifikation in den USA

Auf der Basis der vorangegangen Kapitel gelangt für den Fall der USA sowohl ein sozialer als auch ein politischer Erklärungsansatz zur Hypothese gestiegener Volatilität im Wahlverhalten. Der beschriebene soziale Wandel enthält einige derjenigen Elemente, von denen angenommen wird, daß sie das Auflösen der Parteibindungen begünstigen. Aus der Perspektive politischer Erklärungen wurden die häufiger gewordenen Gelegenheiten einer parteiunabhängigen Kandidatenbewertung bei gleichzeitiger personenzentrierter Fragmentierung dargestellt. Als Konsequenz dieser Veränderungen der Gelegenheitsstruktur des Wählens wäre in den USA eine zunehmende Kandidatenorientierung des Wahlverhaltens zu erwarten. Für den hier relevanten Aspekt der stabilen Parteiwahl bedeutet dies, daß folgende Phänomene im Einklang mit der veränderten Gelegenheitsstruktur des Wählens sind: (1) eine Zunahme des Parteiwechsels zwischen den Wahlen (weil Kandidaten eine im Vergleich zu Parteien wechselhaftere Größe sind), (2) das häufigere Unterstützen von Kandidaten verschiedener Parteien in Wahlen für verschiedene Ämter (weil die Verschiedenheit der Kandidaten einer Partei im heterogenen Wahlkampf deutlich werden kann), (3) eine

Zunahme des von der Parteibindung abweichenden Wahlverhaltens (weil ein parteiunabhängiges Urteil über einen Kandidaten leichter möglich ist). Dies gilt auch für (4) einen Rückgang der Parteiidentifikation, auch wenn dies weniger zwingend ist, da die Kandidatenorientierung die Parteiidentifikation nicht ersetzen muß, sondern durchaus neben sie treten kann.

Alle diese Aspekte des Wählerwandels sind in der Literatur behandelt worden. Zudem stellten, wie in der Literaturübersicht gezeigt, einige Autoren den Zusammenhang zwischen personenzentrierten Wahlkämpfen und anderen Aspekten der Personalisierung der Politik und dem Wählerwandel her. Hier kann sich also im hohen Maße, wenn auch nicht ausschließlich, auf bereits publiziertes Datenmaterial gestützt werden. Wo dies nicht möglich ist, wird auf die Wahlergebnisse und auf die vom Center for Political Studies und dem Survey Research Center an der University of Michigan durchgeführten National Election Studies zurückgegriffen.[1]

6.1.1 *Volatilität in Präsidentschaftswahlen*

Ergebnisse auf Aggregatebene

In Tabelle 6.1 ist der Pedersen Index für Präsidentschaftswahlen seit 1944 aufgeführt. Auf den ersten Blick entsteht daraus der Eindruck eines unregelmäßigen Verlaufs, nicht der eines Trends. Stabile Wahlergebnisse sind auch in jüngerer Zeit möglich, wie das Jahr 1988 verdeutlicht (Indexwert: 5,5). Es zeigt sich aber ebenfalls, daß die gegenüber der Vorwahl am geringsten veränderten Präsidentschaftswahlen am Anfang des untersuchten Zeitraumes stattfanden (1944, 1948 und 1956), während die stärksten Schwankungen in den Wahlergebnissen in der Mitte und am Ende des Intervalls zu beobachten sind (1964-1976, 1992). Betrachtet man anstelle der Einzelwerte die Durchschnittswerte für Jahrzehnte, so erscheinen die 40er und 50er Jahre stabiler als jede der folgenden Perioden. Von einem kontinuierlichen Trend zu höherer Fluktuation kann zwar nicht gesprochen werden, weil die Wahlen von 1980 bis 1988 das drittstabilste Jahrzehnt markie-

---

1 Ich danke dem Zentralarchiv für empirische Sozialforschung an der Universität Köln für die Beschaffung und Bereitstellung der Datensätze. Die Verantwortung für die Analyse liegt bei mir.

ren, mit Sicherheit kann jedoch eine gegenüber den 40er und 50er Jahren erhöhte Volatilität in allen späteren Jahrzehnten festgestellt werden.

Tabelle 6.1

Volatilität in Präsidentschaftswahlergebnissen der USA

Pedersen Index				Pedersen Index nur für Demokraten und Republikaner			
Jahr		Jahrzehnt		Jahr		Jahrzehnt	
1944	1,4	40er	3,0	1944	1,2	40er	1,8
1948	4,7			1948	2,4		
1952	10,1	50er	6,3	1952	7,6	50er	5,0
1956	2,5			1956	2,4		
1960	7,9	60er	12,5	1960	7,8	60er	10,2
1964	11,4			1964	11,2		
1968	18,3			1968	11,7		
1972	17,3	70er	15,0	1972	11,3	70er	12,0
1976	12,8			1976	12,7		
1980	9,1	80er	7,6	1980	5,9	80er	5,1
1984	8,1			1984	4,3		
1988	5,5	80er	10,3	1988	5,3	80er	6,2
1992	18,5	incl.1992		1992	9,3	incl.1992	
Pearson's r Index/ Zeit	.50		.52		.38		.39
sign.r	.04		.04		.10		.09

Errechnet aus den Parteianteilen an den Wählern. Alle Parteien außer Republikanern und Demokraten wurden zu einer Kategorie zusammengefaßt.
Quelle für die Wahlergebnisse: Mackie/Rose 1991: Tab. 25.6b und Tab. 25.7b

Um diesen Befund im Sinne der hier getesteten Hypothesen interpretieren zu können, muß jedoch sichergestellt werden können, daß er nicht von Periodeneffekten bestimmt wird. Die stärksten Schwankungen sind in den Jahren zu verzeichnen, in denen eine Drittkandidatur entweder ein starkes Wahlergebnis hatte (1968 und 1992) oder ein vorhergehender derartiger Wahlerfolg sich nicht wiederholte (1972). Erfolge von Drittkandidaten sind sicherlich Ausdruck elektoraler Volatilität. Der Zeitpunkt ihres Auftretens ist jedoch stark von Entscheidungen Einzelner abhängig, auf die die Kandidaturen zurückgehen, wie das Beispiel des schwerreichen und ausgabenfreudigen Perots nicht besser verdeutlichen könnte. Gleichzeitig belegt das Beispiel Perots - wie im geringeren Maße das von Andersen 1980 - aber auch die gewachsenen Möglichkeiten von Kandidaten, ohne Parteien Erfolge zu erzielen (so auch Wattenberg 1994). Um jedoch der Gefahr zu entgehen, in der Schlußfolgerung einzig vom Auftreten der Drittkandidaten bestimmt zu sein, wurde der Pedersen Index nur für Republikaner und Demokraten errechnet. Das Ergebnis ist weniger ausgeprägt, verändert sich aber nicht: Die 40er und 50er waren äußerst stabile Wahljahre, die 60er und 70er dagegen unruhig. Die Dominanz der Republikaner in den 80er Jahren ging mit einem Rückgang der Volatilität bis knapp über das Niveau der 50er Jahre einher. 1992 bedeutete auch für Republikaner und Demokraten ein gegenüber der Vorwahl stärker verändertes Wahlergebnis. Von den starken Schwankungen 1964 bis 1976 abgesehen, brachte 1992 die stärkste Veränderung der Anteile von Demokraten und Republikanern mit sich.

Die Pearson Korrelationen des Pedersen Index mit der Zeit bestätigen diese Eindrücke weitgehend. Unabhängig davon, ob der Index für jedes Jahr oder der Durchschnittswert für Jahrzehnte als Berechnungsgrundlage gewählt werden, ergibt sich eine Pearson Korrelation von ca. .50 (p = .04). Wenn nur die Veränderungen der beiden großen Parteien untersucht werden, fällt die Korrelation mit knapp .4 niedriger und ihr Signifikanzniveau weniger eindeutig aus (.10 bzw. .09). Angesichts der geringen Fallzahl sollte der höhere p-Wert jedoch nicht automatisch dazu Anlaß geben, an der Nullhypothese stabiler Veränderungsniveaus für Republikaner und Demokraten festzuhalten, wenn sie auch nicht mit der gleichen Sicherheit abgelehnt werden kann wie im Falle der Veränderungen in Präsidentschaftswahlen insgesamt. Das den Daten wohl am besten angemessene Ergebnis zur Volatilität in Präsidentschaftswahlergebnissen stellt ihren starken Anstieg in den 60er und 70er Jahren, ihren weniger starken Rückgang in den 80er Jahren und ein erneutes Aufflammen in der Präsidentschaftswahl 1992 fest. Die Anteile der großen Parteien vollziehen diese Entwicklung mit verringerter Intensität nach.

Hinsichtlich ihrer Bedeutung für die Wechselwählerschaft erhält diese Entwicklung durch einen weiteren Trend zusätzliches Gewicht. Shively (1992) stellte fest, daß sich das Muster, nach dem sich die Parteianteile an den Wahlberechtigten verändern, seit 1960 gewandelt hat. Bis 1960 bewegten sich die Anteile beider Parteien an den Wahlberechtigten meist parallel. Beide gewannen oder verloren Anteile; der Wahlsieg entschied sich aufgrund des relativen Mobilisierungsvorteils einer der Parteien. Seit 1960 bewegten sich die Parteien bei den Präsidentschaftswahlen dagegen stets in entgegengesetzte Richtungen (vgl. Shively 1992:310-311). Shively deutet dieses Ergebnis dahingehend, daß seitdem der Wechsel zwischen den Parteien für die Veränderungen der Parteianteile gegenüber der Mobilisierung an Bedeutung gewonnen hat. Um diesen Befund zu quantifizieren, definiert Shively den Koeffizienten C, der den Anteil des direkten Wechsels zwischen den Parteien an der Gesamtveränderung des Wahlergebnisses schätzt. Tab. 6.2 listet die Werte dieses Koeffizienten für den Zeitraum seit dem Zweiten Weltkrieg auf. Dieser Index wächst bis 1976 recht kontinuierlich an (von .24 auf .86). Danach geht der Anteil der Konversion am Gesamtwechsel wieder zurück, bleibt aber über dem Niveau der Mitte des Jahrhunderts. Eine Gesamtschau der Aggregatbefunde ergibt also einen gegenüber den 40er und 50er Jahren gestiegenen Gesamtumfang der Volatilität bei Präsidentschaftswahlen, an dem überdies die direkten Wechsel zwischen den Parteien einen erhöhten Anteil einnehmen.

Tabelle 6.2

Shively's C 1944-1988

1944	.24	1972	.85
1948	.26	1976	.86
1952	.42	1980	.81
1956	.48	1984	.56
1960	.74	1988	.58
1964	.87		
1968	.61		

Quelle: Shively 1992:315, Tabelle 2

Ergebnisse auf der Individualebene

Der Befund gegenüber den 50er Jahren gestiegener Wechselaktivität in Präsidentschaftswahlen findet sich auch in Individualdaten, soweit aus diesen Zeitreihen zu bilden sind. So stieg der Anteil derer, die angaben, schon für Präsidenten verschiedener Parteien gestimmt zu haben, im Zeitraum von

1952 bis 1980 von 29 Prozent auf 57 Prozent auf das Doppelte an (siehe Graphik 6.1). Nach 1980 wurde dieser Trend nicht mehr weiter fortgeschrieben.

Eine impressionistische Inspektion der Entwicklung, die der Anteil der Parteiwechsler zwischen zwei aufeinanderfolgenden Wahlen seit 1952 nahm, bestätigt auch angesichts starker Schwankungen die auf einen Anstieg der Volatilität hindeutenden Befunde (siehe ebenfalls Graphik 6.1).[2] Das höchste Ausmaß der Wechselaktivität zeigt sich in den Präsidentschaftswahlen von 1968 und 1992 (40% bzw. 35%). Wie bereits beim Pedersen Index reflektieren sich hierin auch auf der Individualebene starke Drittkandidaturen in der Stabilität des Wahlverhaltens. Bereits dieses Ergebnis könnte als ein Ausdruck höherer Volatilität gewertet werden, hängt jedoch von der Interpretation der Drittkandidaturen ab. Auch wenn aber diese zwei Wahlen unberücksichtigt gelassen werden, bleibt der Eindruck steigender Wechselaktivität bestehen. Der Anteil der Parteiwechsler betrug 1952 genau 20%, während er in den drei daran anschließenden Wahlen unter dieser Marke lag. Dagegen wechselten in drei der vier erfaßten Wahlen zwischen 1972 und 1988 mehr als 20% der Befragten die Partei (1984 ist in dieser Datenreihe nicht enthalten, siehe dazu oben 5.2). Die Ausnahme bildet die Wahl von 1988 (16% Parteiwechsler), was das Ergebnis relativer Stabilität in den 80er Jahren untermauert. Der Anstieg der Wechselaktivität wird in einem Vergleich der Durchschnittswerte am deutlichsten, wobei die Jahre starker Drittkandidaten weiter unberücksichtigt bleiben: Die Wahlumfragen von 1952 bis 1964 verzeichnen durchschnittlich 18% Parteiwechsler, diejenigen im Zeitraum von 1972 bis 1988 durchschnittlich 23%.

Obwohl sie von den starken Schwankungen dieser Trendreihe beeinträchtigt ist, unterstützt eine Analyse der Korrelationen des Parteiwechsels mit der Zeitachse die These steigender Instabilität im amerikanischen Wahlverhalten. Die Pearson Korrelation des Anteils der Parteiwechsler erreicht zwar nicht die statistische Signifikanz (p=.14), weist aber eine nicht geringe Größenordnung auf (.38). Die mangelnde Signifikanz ist angesichts

---

2   Ich danke Russell J. Dalton für die Überlassung der Datenreihe von 1952 bis 1980. Diese Datenreihe wurde hier um die Werte von 1988 und 1992 ergänzt. 1984 wurde die Recall Frage nicht gestellt. Parteiwechsel werden hier auf der Basis der rückerinnerten Wahlentscheidung in der letzten Präsidentschaftswahl und der berichteten Wahlentscheidung unmittelbar nach der betroffenen Wahl in den amerikanischen Wahlpanels gemessen.

Grafik 6.1

Wechselwahl in den USA

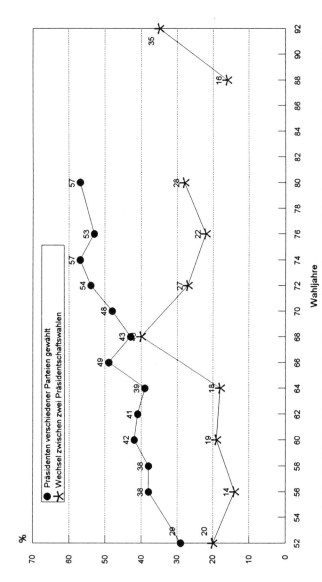

%

Legende:
- ● Präsidenten verschiedener Parteien gewählt
- ✱ Wechsel zwischen zwei Präsidentschaftswahlen

Wahljahre

Datenbasis: CPS/SRC National Election Studies. Quellen und Anmerkungen: Präsidenten verschiedener Parteien gewählt: Flanigan/Zingale 1985:30, Tab 2.2; Wechsel zur Vorwahl: Ich danke Russell J. Dalton für die Überlassung der Datenreihe von 1952-1980. Eigene Berechnung für 1988 und 1992.

der starken Schwankungen bei einer Fallzahl von 10 nicht verwunderlich, steht also dem aus der Gesamtschau der Daten gewonnenen Eindruck nur bedingt entgegen. Dies gilt insbesondere, da sich die Koeffizienten erhöhen, wenn die Extremwerte der Wechselaktivität unberücksichtigt bleiben. Werden die beiden Jahre der maximalen und der minimalen Wechselaktivität aus der Analyse entfernt (1956 mit 14% und 1968 mit 40%), ist eine Korrelation von .50 (p=.10) bei den verbleibenden acht Fällen zu verzeichnen. Auf der Basis der um die nachfolgenden Extremwerte (1988 und 1992) auf sechs Fälle reduzierten Datenreihe ergibt sich eine Korrelation von .73 (p=.05). Überdies ist die auf der Individualebene erfaßte Wechselaktivität eng an die Volatilität auf der Aggregatebene angebunden, wie die Korrelation mit dem Pedersen Index verdeutlicht (r=.86, p=.001). Angesichts dieses, auch aus methodischer Sicht wichtigen Befundes erscheint es erst recht gerechtfertigt, die auf der Aggregatebene gezogenen Schlußfolgerungen auch auf der Individualebene gelten zu lassen.

Die These, in den USA sei es zu einem Anstieg der Wechselaktivität gekommen, wird von dem empirischen Material also unterstützt. Bei dieser Entwicklung handelt es sich jedoch nicht um einen kontinuierlichen Trend. Insbesondere die deutlich erhöhte Wechselaktivität in Jahren starker Drittkandidaturen und die relative Stabilisierung in den 80er Jahren fielen wiederholt ins Auge.

6.1.2   Ticket-Splitting

Zusätzlich zum vermehrten Wechselwählen wäre als Konsequenz der geschilderten sozialen und/oder politischen Entwicklungen zu erwarten, daß die Wähler im zunehmenden Maße von der Möglichkeit Gebrauch machen, bei Wahlen für unterschiedliche Ämter Kandidaten verschiedener Parteien zu unterstützen. Für die politischen Erklärungen spielt dieses Ticket-Splitting eine wichtige Rolle, weil es Ausdruck eines an den einzelnen Kandidaten orientierten Verhaltens sein könnte.

Die Befunde zum Anstieg des Splitting sind eindeutig: Auf der Aggregatebene ist festzustellen, daß der Anteil derjenigen Distrikte, in denen unterschiedliche Parteien in den Kongreß- und Präsidentschaftswahlen stärkste Parteien wurden, gestiegen ist, und zwar von 21 Prozent (1948) auf 34 Prozent (1988, vgl. Fiorina 1990:119, Tab.6.1). Ebenfalls im Aggregat wurde festgestellt, daß der Einfluß der Präsidentschaftswahl auf das

Grafik 6.2

Ticket-Splitting in den USA

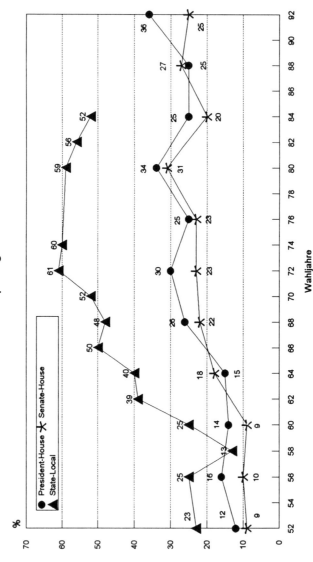

Datenbasis: CPS/SRC National Election Studies. Quellen und Anmerkungen: Splitting President-House und Senate-House: Konstruiert aus den jeweiligen erinnerten Wahlentscheidungen, Wattenberg 1994: Tab. 10.1; Splitting State-Local: Eigene Angabe des Befragten, Flanigan/Zingale 1985:30, Tab. 2.2 (1952-1980), eigene Berechnung (1984).

Ergebnis von Kongreßwahlen ("surge and decline", "coattails") zurückging (vgl. Campbell 1993:236-239). Chubb (1988:142-146) berichtet das Entsprechende für die einzelstaatlichen Legislativen.

Aus den Individualdaten läßt sich ablesen, daß der Anteil derer, die ihre Wahlentscheidung auf verschiedene Parteien aufteilen, bis in die frühen 70er Jahre anstieg und seitdem, von zusätzlichen Ausschlägen 1980 und 1992 abgesehen, recht konstant blieb (siehe Graphik 6.2). Dies gilt, soweit die Datenreihen sich verfolgen lassen, für unterschiedliche Formen des Splittings. So verdoppelte sich der Anteil der Befragten, die auf die Fragen nach der Wahlentscheidung in Präsidentschafts- und Repräsentantenhauswahlen unterschiedliche Parteien angaben, von 12 Prozent (1952) auf 25 Prozent (1988). Der weitere Anstieg auf 36 Prozent (1992) steht wohl mit der Kandidatur Perots im Zusammenhang. Entsprechend stieg das Splitting zwischen Senat und Haus von 9 Prozent (1952) auf 27 Prozent (1988) und 25 Prozent (1992). Besonders deutlich wuchs der Anteil der Befragten, der angab, in lokalen und einzelstaatlichen Wahlen kein "straight ticket" abgegeben zu haben von 23 Prozent (1952) auf 61 Prozent (1972), sank bis 1984, wo die Zeitreihe endet, aber wieder etwas auf 52 Prozent. In diesen Befunden spiegelt sich wider, daß in Regressionsanalysen auf der Individualebene der Einfluß der Wahlentscheidung in der Präsidentschaftswahl auf die in Kongreßwahlen gesunken ist (vgl. Fiorina 1990:125).

6.1.3   Die Entwicklung der Parteiidentifikation

Häufigkeit und Intensität von Parteiidentifikationen

Wie in der Literatur wiederholt dokumentiert, sank der Anteil der Amerikaner, die eine Parteiidentifikation angeben, zwischen 1964 und 1972 um 13 Prozentpunkte, um daraufhin weitgehend konstant zu bleiben (vgl.

Graphik 6.3).[3] Gleichzeitig verlor die Parteiidentifikation an Intensität: Starke Parteiidentifikationen sanken von 38 Prozent auf 25 Prozent. Seit 1980 wurden starke Parteiidentifikationen jedoch wieder etwas häufiger (1988: 31 %). Beide Indikatoren verzeichnen 1992 einen leichten Rückgang (auf 61 % bzw. 29 %). Diese Trends gingen im wesentlichen zu Lasten der Demokraten: Den 47 Prozent mit demokratischer Identifikation 1952 stehen nur 35 Prozent 1988 und 1992 gegenüber (vgl. Flanigan/Zingale 1991:36-37 und NES 1992).

Zur Effektivität der Parteiidentifikation

Die vorliegenden Daten lassen nicht darauf schließen, daß die Parteiidentifikation an Prägekraft für die Stimmabgabe in Präsidentschaftswahlen verloren hätte, personenorientiertes Wählen von Präsidentschaftskandidaten bei vorhandener Parteiidentifikation also häufiger würde. Vote defections sind besonders häufig in den Wahlen von 1968, 1972, 1980 und 1992. Auf einen Trend lassen diese Daten nicht zweifelsfrei schließen (vgl. Graphik 6.3). Dies muß allerdings vor dem Hintergrund der seltener gewordenen Parteiidentifikation verstanden werden.

Dagegen stieg das defecting vote in Kongreßwahlen seit den 50er Jahren bis 1980 kontinuierlich an, um seitdem weitgehend konstant zu bleiben. Der Anteil der Wähler, die in den Wahlen für das Repräsentantenhaus von

---

3 Die Bedeutung dieses Trends blieb allerdings nicht unumstritten. So stellt Miller (1991) heraus, daß die Häufigkeit der Parteiidentifikation unter *Wählern* konstant geblieben ist, von einem dealignment also nicht gesprochen werden könne. Angesichts der steigenden Nichtwähleranteile basiert diese Sichtweise auf der impliziten Annahme, daß die Parteiidentifikation kein die Wahlbeteiligung vorgelagerter Faktor ist. Dies ist nicht ganz unproblematisch, denn einige Autoren sehen im Rückgang der Parteiidentifikation eine Hauptursache der gesunkenen Wahlbeteiligung (vgl. Abramson/Aldrich 1982, Shaffer 1981). Eine andere Kritik stützt sich darauf, daß der gestiegene Anteil der Independents allein auf das Konto derer zu verbuchen ist, die auf die an die Identifikationsfrage anschließende Frage angeben, einer Partei zuzuneigen (Independent-Leaners). Die im engeren Sinne parteiunabhängige Gruppe, die "Independent-Independents" ist dagegen nicht größer geworden (vgl. Keith u.a. 1992). Hier wird jedoch die Ansicht vertreten, daß wer auf die erste Frage nach der Parteiidentifikation mit "Independent" antwortet, ein gegenüber einem Befragten mit Parteiidentifikation anderes Verhältnis zu den Parteien bekundet, auch wenn er sich später als Independent-Leaner herausstellt.

Grafik 6.3

Parteiidentifikation in den USA

in %

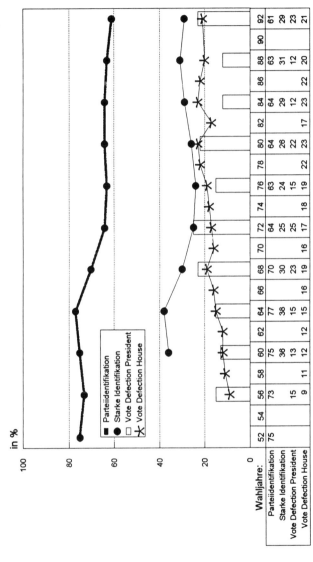

Wahljahre:	52	54	56	58	60	62	64	66	68	70	72	74	76	78	80	82	84	86	88	90	92
Parteiidentifikation	75		73		75		77		70		64		63		64		64		63		61
Starke Identifikation					36		38		30		25		24		26		29		31		29
Vote Defection President			15		13		15		23		25		15		22		12		12		23
Vote Defection House			9	11	12	12	15	16	19	16	17	18	19	22	23	17	23	22	20		21

Legende:
- Parteiidentifikation
- Starke Identifikation
- Vote Defection President
- Vote Defection House

Datenbasis: CPS/SRC National Election Studies. Quellen und Anmerkungen: Parteiidentifikation: Wattenberg 1994, Tab. 10.1; starke Parteiidentifikation: Teixera 1992: 41, Tab. 2.4 (1960-1988), eigene Berechnung (1992); Vote Defections: Anteil der Wähler mit von der Parteiidentifikation abweichender Wahlentscheidung, Fiorina 1990: 121, Tab. 6.2 (1954-1988), eigene Berechnung (1992).

der Parteiidentifikation abwichen, liegt in den 80er Jahren mit ca. 20 Prozent gegenüber den 50er Jahren auf dem doppelten Niveau (Graphik 6.3).[4]

Das häufigere Abweichen von der Parteiidentifikation ist wohl im Zusammenhang mit dem gestiegenen Splitting zu sehen. Im Gegensatz zur Situation bei der Häufigkeit der Parteiidentifikation sind es im Falle ihrer Effektivität vor allem die Republikaner, die von dem Trend betroffen sind (vgl. für die Zahlen Flanigan/Zingale 1991:47).

Zeitreihen zur individuellen Stabilität der Parteiidentifikation lassen sich wegen nicht in ausreichender Anzahl vorliegender Paneluntersuchungen nicht über den gesamten Betrachtungszeitraum bilden. Mittels dreier Panels aus den 50er, 60er und 70er Jahren stellten Converse und Markus jedoch fest, daß in diesem Zeitraum kein Stabilitätsverlust der Parteiidentifikation zu beobachten ist (Converse/Markus 1979).

6.1.4   Zusammenfassung

In der Summe weisen die beschriebenen Indikatoren auf eine Destabilisierung im Wahlverhalten der Amerikaner seit dem Zweiten Weltkrieg hin. Die Veränderungen des Wahlverhaltens tritt im Stimmensplitting besonders deutlich zutage, aber auch hinsichtlich der Wechselwahl ergibt sich trotz der recht hohen Stabilität in den 80er Jahren ein derartiger Befund. Zudem wurden Parteiidentifikationen seltener und weniger intensiv, sie verloren außerdem an Prägekraft für das Wahlverhalten in Kongreßwahlen. Diese Ergebnisse sind im Einklang sowohl mit den sozialen als auch mit den politischen Erklärungsansätzen.

6.2   Trends der Volatilität und der Parteiidentifikation in Westdeutschland

Im Gegensatz zur Situation in den USA führen im Falle Westdeutschlands der politische und der soziale Erklärungsansatz nicht zu gleichlautenden Hypothesen zum Wählerwandel. Nach dem sozialen Ansatz wäre mit einem Anstieg der Wechselaktivität und einem Rückgang der Parteiidentifikation

---

4   Die hier verwendete Prozentuierung auf die Wähler führt zu keiner anderen Schlußfolgerung als die auf die Befragten mit Parteiidentifikation (vgl. Flanigan/Zingale 1991:45-47).

in zumindest einigen Aspekten zu rechnen. Dagegen läßt der politische
Ansatz eine hohe Wechselaktivität in den Wahlen, die nach einem Koalitionswechsel der FDP stattfanden, und einen Anstieg der Wechselaktivität durch einen vermehrten Austausch mit den Grünen erwarten. Gleiches
gilt für das Stimmensplitting. Ein über den Austausch mit den Grünen hinausgehender Anstieg der Wechselaktivität oder des Splittings in Landtags-
oder Bundestagswahlen wäre nicht im Einklang mit einem politischen Erklärungsansatz auf der Basis der oben geschilderten Veränderungen der Gelegenheitsstruktur des Wählens in Westdeutschland. Gleichermaßen ist eine
gesunkene Bedeutung der Parteiidentifikation nach diesem Ansatz nicht zu
erwarten.

6.2.1   Volatilität in Bundestagswahlen

Ergebnisse im Aggregat

Pedersen stellte auf der Basis des nach ihm benannten Indexes einen
Rückgang der Volatilität in den ersten Bundestagswahlen nach 1949 fest
(Pedersen 1983:38-39). Angesichts der Konzentration des Parteiensystems
in dieser Phase durch das Schrumpfen zahlreicher kleinerer Parteien ist dieses Ergebnis nicht verwunderlich. Dennoch ist es für die Analyse der
Volatilität im Zeitablauf relevant. Weil die sozialen Wandelthesen der
Natur der Sache nach einen langfristigen Zeithorizont zugrunde legen, ist es
angebracht, erneut festzuhalten, daß die Entwicklung der Bundesrepublik
ihren Anfang in relativer elektoraler Instabilität nahm. Analysen der
Wahlgeschichte Deutschlands vor dem zweiten Weltkrieg weisen zudem auf
die auch im internationalen Vergleich hohe Volatilität vor Bestehen der
Bundesrepublik hin (vgl. Bartolini/Mair 1990:109).
    Betrachtet man die Entwicklung des Pedersen Index über den gesamten
Zeitraum seit Bestehen der Bundesrepublik, wobei für 1990 das Wahlergebnis auf dem Gebiet der alten Bundesrepublik (ohne Berlin) zugrunde gelegt
wurde, so zeigt sich außer dem genannten Rückgang der Volatilität bis in
die 60er Jahre kein Trend (Tab. 6.3). Mit Ausnahme der Bundestagswahl
1983 fluktuiert der Pedersen Index seit 1969 zwischen 3,9 und 5,7; ein Anstieg der Volatilität ist nicht zu verzeichnen. Lediglich in der Bundestags-

wahl 1983, in der der Anteil der Grünen um 4 Prozentpunkte stieg, ergibt sich ein um eben diesen Betrag erhöhter Pedersen Index (8,4). Die Volatilität der nach 1983 folgenden Wahlen hebt sich nicht von der der vorangegangenen ab. Angesichts dieser Outlier-Position der Bundestagswahl 1983 bietet es sich, im Gegensatz zum im amerikanischen Fall gewählten Verfahren, hier nicht an, den Pedersen Index im Durchschnitt der Jahrzehnte zu bilden. Damit soll ausdrücklich Daltons Interpretation der Wahlergebnisse widersprochen werden. Dalton vergleicht den mittleren Pedersen Index für die 70er Jahre mit dem der 80er Jahre und gelangt so zum Ergebnis einer

Tabelle 6.3

Volatilität in Bundestagswahlergebnissen

	Pedersen Index	Pedersen Index für Union, SPD und FDP	Pedersen Index für Union und und SPD
1953	14,1	8,5	7,3
1957	8,1	4,9	4,0
1961	9,5	7,2	4,7
1965	6,7	4,4	2,7
1969	5,5	4,3	2,5
1972	5,7	3,5	2,2
1976	3,9	3,7	3,5
1980	4,5	3,6	2,2
1983	8,4	6,3	4,5
1987	5,7	3,9	2,9
1990 [*]	4,8	1,4	0,7
Pearson's r Volatilität/ Zeit	-.69	-.68	-.67
sign.r	.01	.01	.01
Pearson's r Volatilität/ Zeit ab 1969 sign.r	.13 .39	-.27 .28	-.18 .35

[*] Wahlergebnis im Gebiet der alten Bundesrepublik ohne Berlin.
Errechnet aus Parteianteilen an den Wählern. Quelle für die Wahlergebnisse: 1949-1987 Fischer (1990), 1990 Statistisches Bundesamt. Als Berechnungsgrundlage dienten die Kategorien CDU/CSU, SPD, FDP (1949 mit Deutsche Volkspartei und Bremer Demokratische Volkspartei), Grüne, Rechtsradikale (Republikaner, NPD, DRP und einige kleinere) und Sonstige.

Destabilisierung (Dalton 1989:105, vgl. Dalton/Rohrschneider 1990:301). Angesichts der gleichbleibend niedrigen Volatilität der Wahlen vor und nach 1983 ist diese Darstellungsweise irreführend.

Aus dem nur für die "Altparteien" Union, SPD und FDP berechneten Index ergibt sich derselbe Trend, ebenso wie aus dem auf der Basis nur der beiden großen Parteien gebildeten. Dabei ist die geringe Veränderung des Wahlergebnisses von 1990 auffällig. Der Anteil von Union und SPD veränderte sich in dieser Wahl lediglich um durchschnittlich 0,65 Prozentpunkte, wenn die FDP mit eingerechnet wird, beträgt der Index 1,4. Mit anderen Worten: aus der Sicht der Wähleranteile der "Altparteien" auf dem Gebiet der alten Bundesrepublik brachte 1990 das stabilste Wahlergebnis seit Bestehen der Republik. Der für alle Parteien berechnete Pedersen Index von 4,8 wird von den Verlusten der Grünen und den Gewinnen der Republikaner bestimmt.

Nach den bisherigen Ausführungen ist es nicht überraschend, daß die Korrelationen der verschiedenen Indizes mit der Zeit für den gesamten Betrachtungszeitraum negativ sind (knapp -.70 in allen drei Fällen, p=.01). Wird die Phase der Konzentration außen vor gelassen und die Korrelation für den Zeitraum seit 1969 berechnet, ergibt sich kein auf einen Trend deutendes Ergebnis (Beträge der Korrelationen zwischen .13 und .27 mit wechselnden Vorzeichen, p > .28 in allen Fällen, siehe Tab. 6.3).[5] Auf der Basis der Analyse der Wahlergebnisse läßt sich bei Bundestagswahlen also kein Anstieg der Volatilität feststellen.[6]

---

5   Nachtrag: Die Ergebnisse der BTW 1994 bestätigen diesen Trend. Der Index für die alten Länder ohne Berlin betrug 5,5, der für die "Altparteien" 3,3 und der für Union und SPD 1,8. Die Beträge der Korrelationen sind praktisch nicht (-.67, -.69, -.69 in der Reihenfolge der Indices). Die Korrelationen für den Zeitraum seit 1969 sind weiterhin niedrig und unterhalb der Schwelle statistischer Signifikanz. Nur am Rande sei angemerkt, daß der Pedersen Index für die neuen Länder bedeutend höher lag (15,9; einschließlich Ostteil Berlins, PDS als gesonderte Kategorie).

6   Dabei ist es an dieser Stelle vielleicht geboten, noch einmal darauf hinzuweisen, daß die Bedeutung der sinkenden Wahlbeteiligung für Untersuchungen des Wählerwandels hier nicht verkannt wird, obwohl sich diese nicht in den verwandten Indizes niederschlägt. Vielmehr versteht sich die vorliegende Arbeit ausdrücklich als Teil eines Forschungsprogramms zum Wählerwandel, das auch die Nichtwählerschaft einschließen wird. Ich halte es jedoch für wichtig, die verschiedenen Aspekte des Wählerwandels konzeptuell und empirisch separat anzugehen, um sie nicht in zu eng gefaßten Begrifflichkeiten und Instrumentarien untergehen zu lassen. Hier wird konstatiert, daß das westdeutsche Wahlergebnis der Bundestagswahl 1990 hinsichtlich der Parteianteile relativ stabil war, trotz der sich in sinkender Wahlbeteiligung manifestierenden Instabilität.

Ergebnisse aus Individualdaten

Die Umfragen der Konrad-Adenauer-Stiftung enthalten in der Regel eine
Frage, die auf die Stabilität des Wahlverhaltens in der Vergangenheit ab-
stellt. Die Antworten auf diese direkte Frage ergeben einen klaren Rückgang stabilen Wahlverhaltens. Vor der Bundestagswahl 1983 gaben 31 Prozent der Befragten an, in der Vergangenheit nicht immer dieselbe Partei
gewählt, sondern "sich im Laufe der Zeit schon mal für eine andere Partei
entschieden" zu haben. Nach der Bundestagswahl 1983 sagten dies bereits 5
Prozentpunkte mehr, im Juni 1991 waren es 43 Prozent. Von diesem Trend
kann aber nicht auf einen über das Aufkommen der Grünen hinausgehenden
Anstieg der Wechselaktivität bei Bundestagswahlen geschlossen werden.
Denn zum einen erlaubt er keine nach Parteien untergliederte Untersuchung
und damit keine Kontrolle für den Koalitionswechsel der FDP und das Aufkommen der Grünen. Zum anderen ist die Art der Wahl in der Frage nicht
spezifiziert; es kann also nicht festgestellt werden, in welchem Maße der
Trend auf Veränderungen in Landtags- und Kommunalwahlen oder vielleicht sogar durch die seit Einführung der Europawahlen zahlreicheren Gelegenheiten, "sich im Laufe der Zeit schon mal für eine andere Partei" entschieden zu haben, zurückzuführen ist. Das Instrument kann also nicht zwischen institutionelle Veränderungen lediglich nachvollziehendem Wechselwählen und einem davon unabhängigen Anstieg der Wechselaktivität
diskriminieren. Deswegen soll dieses Instrument hier nicht in die Trendun-
tersuchungen eingehen (anders z.B.: Gluchowski 1987:18, Veen 1991:14).

   Damit stützt sich die Individualdatenanalyse zur Wechselaktivität bei
Bundestagswahlen auf den Vergleich von Wahlabsicht und rückerinnerter
Wahlentscheidung in der Vorwahl. Hierzu liegen in der Literatur bereits
Ergebnisse vor, die jedoch nicht frei von Widersprüchen sind. So gelangte
Conradt (1986:133) für den Zeitraum von 1961 bis 1983 zum Ergebnis
recht stetig ansteigender Wechselaktivität, während in Klingemanns Datenreihe (1985:241) von 1953 bis 1983 Stabilität das hervorstechendste Ergebnis ist. Jung (1990b:383) wiederum stellt für 1983 und 1987 höhere Wechselaktivität als für 1976 und 1980 fest (siehe Graphik 6.4). Auf der Basis
der bisher vorliegenden Ergebnisse kann die Frage, ob die Wechselaktivität

Grafik 6.4

Ergebnisse zur Wechselaktivität in der Literatur

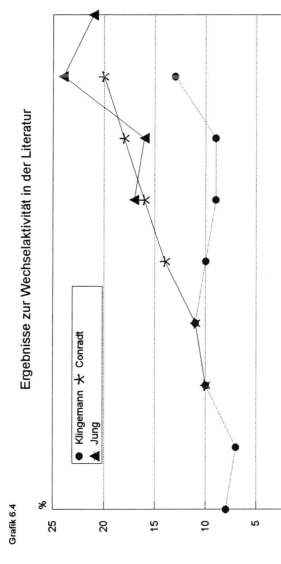

Anteile der Wahlberechtigten, die in Vorwahlumfragen unterschiedliche Parteien bei Rückerinnerung und Wahlabsicht angeben.
Quellen: Klingemann 1985:241, Tab. 9.4; Conradt 1986:133, Tab. 5.4; Jung 1990:183, Tab. 5

bei Bundestagswahlen zunimmt, also nicht beantwortet werden.[7] In einem Punkt jedoch stimmen alle drei Trendreihen überein: Sie verzeichnen einen Anstieg der Wechselaktivität bei der Bundestagswahl 1983. Dieses Ergebnis, das, wie geschildert, aufgrund politischer Veränderungen zu erwarten war, korrespondiert mit dem höheren Pedersen Index bei dieser Wahl.

In dieser Studie werden die Daten des Bereichs Forschung und Beratung (FuB) der Konrad-Adenauer-Stiftung benutzt, um der Entwicklung der Wechselaktivität nachzugehen. Anders als bei den genannten Autoren wird dabei nicht auf alle Befragten prozentuiert, sondern nur auf diejenigen, die zu beiden Wahlen eine Partei angeben.[8] Das Ergebnis ist in Graphik 6.5 dargestellt.

Auch in diesen Daten wird die Sonderstellung der Bundestagswahl 1983 deutlich. Mit 18 Prozent ist der Anteil der Parteiwechsler bei dieser Wahl höher als bei jeder anderen im Zeitraum von 1972 bis 1990. Auf einen Trend lassen die Daten jedoch nicht schließen. Die Anteile schwanken in der recht engen Marge zwischen 16 Prozent (1990) und 13 Prozent (1987 und 1980). Immerhin liegt der Wert von 1990 aber um 2 Prozentpunkte

---

7   Auch hierin unterscheidet sich meine Sichtweise von der Daltons (1989) und Dalton/Rohrschneiders (1990). Diese stellen Conradts Datenreihe in einer Graphik dar und verweisen lediglich in Klammern im Text auf das andersartige Ergebnis Klingemanns. In der nachfolgenden Literatur werden Dalton/Rohrschneider wiederum mit dem Nachweis steigender Wechselaktivität zitiert (so z.B. bei Gibowski/Kaase 1991:6).

8   Die Längsschnittanalysen der Wechselaktivität entstammen Umfragen, deren Feldzeit höchstens zwei bis drei Monate vor der Bundestagswahl lag.

Jahr	1972	1976	1980	1983	1987	1990
Monat	11	7	9	1	12/86 u. 1/87 (kumuliert)	9
Befragte (ungewichtet)	1203	1074	6206	2082	2049	3033
davon:Partei zu beiden Wahlen angegeben	867	801	4068	1572	1671	2018
Institut	INFRATEST	GETAS	CONTEST	CONTEST	MARPLAN	GETAS

Die 87er Umfragen wurden im Auftrag der Forschungsgruppe Wahlen durchgeführt. Die anderen Untersuchungen erfolgten im Auftrag des Bereichs Forschung und Beratung der Konrad-Adenauer-Stiftung (FuB).

Grafik 6.5

Wechsel der Wahlentscheidung in Bundestagswahlen von 1972-1990

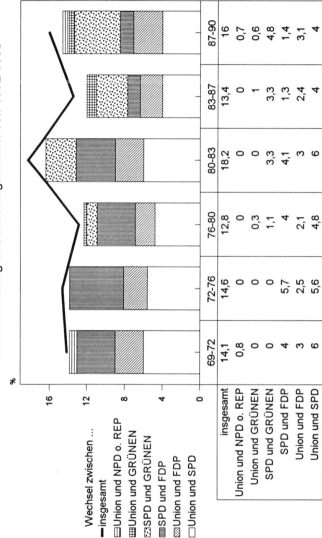

Wechsel zwischen ...	69-72	72-76	76-80	80-83	83-87	87-90
insgesamt	14,1	14,6	12,8	18,2	13,4	16
Union und NPD o. REP	0,8	0	0	0	0	0,7
Union und GRÜNEN	0	0	0,3	0	1	0,6
SPD und GRÜNEN	0	0	1,1	3,3	3,3	4,8
SPD und FDP	4	5,7	4	4,1	1,3	1,4
Union und FDP	3	2,5	2,1	3	2,4	3,1
Union und SPD	6	5,6	4,8	6	4	4

Anteil der Wähler, die zu Wahlabsicht und Rückerinnerung unterschiedliche Parteien nannten.
Quelle: Konrad-Adenauer-Stiftung, Bereich Forschung und Beratung. Archiv-Nr. 7213, 7614, 8012, 8302, 9007; Forschungsgruppe
Wahlen, Wahlstudie 1987 (Dezember 1986 und Januar 1987 kumuliert), ZA 1536

über dem Durchschnitt der 70er Jahre. Angesichts des niedrigeren Wertes
von 1987 ist jedoch die Evidenz wohl etwas zu schwach, um daraus auf
einen Anstieg der Wechselaktivität zu schließen.

Eine Differenzierung nach den verschiedenen Formen des Parteiwechsels unterstützt dieses Ergebnis. Denn selbst wenn man einen Anstieg der
Wechselaktivität konstatieren möchte, so stellt sich bei dieser Analyse heraus, daß der Wechsel zwischen SPD und Grünen die einzige Kategorie ist,
die im Betrachtungszeitraum nennenswert gewachsen ist (von 0 % in den
70ern auf 5 % 1990). Der Wechsel zwischen den "Altparteien" war dagegen in den letzten beiden Bundestagswahlen niedriger als in den Jahren
davor, denn der Austausch zwischen SPD und FDP reduzierte sich nach
1983 stark, ohne daß eine Zunahme der Wechselaktivität zwischen Union
und FDP zu beobachten wäre. Auch zwischen Union und SPD war die
Wechselaktivität leicht rückläufig; diese Veränderung ist aber nicht
gravierend (1983: 6 %; 1987 und 1990: 4 %, p < .01). Der Wechsel zwischen den "Altparteien" insgesamt sank deutlich von 13 Prozent (1972) auf
8,5 Prozent (1990).

Die bisher beschriebenen Ergebnisse folgen aus den in Graphik 6.5 dargestellten ungewichteten Daten ebenso wie aus der Zeitreihe mit politischer
Gewichtung (nicht dargestellt). Letztere zeigt jedoch zusätzlich einen weiteren Befund auf. Sie verzeichnet einen starken Wechsel zwischen der SPD
und der FDP bei der Bundestagswahl 1983. Dieser Sachverhalt geht in den
ungewichteten Daten verloren, weil die FDP in dem Datensatz stark unterrepräsentiert ist. Eine Betrachtung der Wiederwahlquoten erlaubt eine Interpretation dieses Wechsels: Die FDP verlor, wohl als Konsequenz des
Koalitionswechsels, zwei Drittel ihrer Wählerschaft von 1980 (siehe Tab.
6.4). Ein ähnlicher koalitionsabhängiger Austausch der FDP-Wählerschaft
wurde von Klingemann bereits für 1965 und 1969 diagnostiziert
(Klingemann 1985:242-243).

Nachdem die Volatilität bei Bundestagswahlen auf der Aggregatebene
und der Individualebene verfolgt wurde, bietet es sich an, diese in Beziehung zueinander zu setzen. Dabei stellt sich heraus, daß die Untersuchungen auf den unterschiedlichen Analyseebenen zu korrespondierenden Ergebnissen führen:

Tabelle 6.4

Wiederwahlquoten für die Bundestagsparteien

	1969-72 %	1972-76 %	1976-80 %	1980-83 %	1983-87 %	1987-90 %
CDU/CSU	92	93	90	89	90	89
SPD	87	82	87	86	87	86
FDP	53	69	76	30	65	67
Grüne	-	-		77	79	64

Quelle: Konrad-Adenauer-Stiftung, Bereich Forschung und Beratung, Archiv-Nr.: 7213, 7614, 8012, 8302, 9007; Forschungsgruppe Wahlen, Wahlstudie 1987, ZA 1536 (Dezember 1986 und Januar 1987); Prozentuierungsbasis: Wähler in beide Wahlen.

- Weder auf der Individual- noch auf der Aggregatebene ist eine gegenüber den 70er Jahren erhöhte Volatilität festzustellen.

- Auf beiden Analyseebenen fällt die Bundestagswahl 1983 durch hohe Volatilität auf.

- Wenn man von der Bundestagswahl 1983 absieht, erscheint die auf die "Altparteien" beschränkte Volatilität tendenziell rückläufig.

Diese Parallelität der Ergebnisse spiegelt sich in der Korrelation der Volatilitätsindizes auf Aggregatebene mit den Wechselwähleranteilen in den Umfragedaten wider. Wegen der sehr geringen Fallzahl (6 Wahlen) müssen diese jedoch mit Zurückhaltung interpretiert werden. Der Pedersen Index korreliert mit dem Gesamtanteil der Parteiwechsler mit .69 (p=.06), der Index für die "Altparteien" mit dem entsprechenden Anteil der Wechsler mit .50 (p=.16) und die entsprechenden Indikatoren für Union und SPD mit .61 (p=.10). Trotz aller Vorbehalte wegen der geringen Fallzahl sind dies beeindruckende Ergebnisse. Sie können zwar nicht die Einwände gegen die beiden Indikatoren allgemein ausräumen. Daß aber auf verschiedenen Analyseebenen erhobene Indikatoren in derartiger Weise zu übereinstimmenden Ergebnissen führen, erhöht das Vertrauen in die vorgetragenen Befunde beträchtlich.

6.2.2   Parteiwechsel unter Berücksichtigung von Koalitionen und Lagern

Koalitionen und Lager

Nach jeder Bundestagswahl seit 1949 wurde eine Koalitionsregierung aus mindestens zwei Parteien gebildet. Seit den 70er Jahren war vor der Wahl bereits geklärt, welche Koalitionspräferenzen die einzelnen Parteien hatten. Für den Zeitraum von 1983 zumindest bis 1990 ist das westdeutsche Parteiensystem als Lagersystem bezeichnet worden, in dem die Koalitionsmöglichkeiten innerhalb des rechten und des linken Lagers bestehen. Wenn sich ein derartiges Verständnis des Parteiensystems in der Perzeption der Wählerschaft widerspiegelt, so erlaubt dies eine Interpretation des Wahlverhaltens in diesem Sinne. Denn dieses Verständnis des Parteiensystems legt die Differenzierung zweier Typen des Wechselwählens nahe. Diesen Wechseltypen kommt unterschiedliche politische Bedeutung zu: Die "Kanzlerfrage" stellt sich nur bei einem Wechsel zwischen den Lagern, Wechsel innerhalb der Lager berühren nicht das Kräfteverhältnis zwischen Regierung und Opposition - vorausgesetzt, die kleinen Parteien überwinden die Fünfprozenthürde. Natürlich ist auch der lagerinterne Wechsel politisch gewichtig. Für jede Partei wird ein Verlust von Wählern an den Lagerpartner gegenüber Verlusten an das gegnerische Lager aber als das kleinere Übel erscheinen.

Dafür, daß diese Struktur des Parteiensystems in der Interpretation des Wahlverhaltens zugrunde gelegt werden kann, sprechen folgende Befunde aus der Herbstumfrage 1990 des FuB, die in Tab. 6.5 zusammengefaßt sind:

- Die Anhängerschaften aller Parteien stufen 1990 die CDU und die FDP im Durchschnitt rechts von der Mitte, die SPD und die Grünen links von der Mitte ein. Die durchschnittliche Selbsteinschätzung der Anhängerschaften entspricht dieser Einstufung der Parteien. (Als Anhänger einer Partei werden hier diejenigen Befragten verstanden, die diese bei der Frage nach der Wahlabsicht mit der Zweitstimme nannten.)

- 81 Prozent der Befragten ordnen die vier Parteien gemäß der Lagertheorie auf der Rechts-Links-Skala an: SPD und Grüne werden links von CDU/CSU und FDP eingestuft.

Tabelle 6.5

Rechts-Links Einstufung und Parteisympathien im Lagersystem, Herbst 1990, Westdeutschland

Reihenfolge der Parteien auf Rechts-Links-Skala,
Durchschnittswerte nach Wahlabsicht
(rechts = 1, links = 11)

Union-Wahlabsicht	SPD-Wahlabsicht	FDP-Wahlabsicht	Grüne-Wahlabsicht
CDU (7,8)	CDU (8,4)	CDU (8,1)	CDU (8,8)
FDP (6,7)	FDP (7,0)	FDP (6,9)	FDP (7,1)
SPD (3,8)	SPD (4,4)	SPD (3,7)	SPD (4,2)
Grüne (3,1)	Grüne (3,5)	Grüne (2,8)	Grüne (3,3)

Durchschnittliche Selbsteinstufung auf Rechts-Links-Skala,
nach Wahlabsicht

Union	SPD	FDP	Grüne
7,4	4,9	6,6	4,2

Rangfolge der Parteien auf Sympathieskala,
Durchschnittswerte nach Wahlabsicht
(-5 unsympathisch, +5 sympathisch)

Union	SPD	FDP	Grüne
1. CDU (+3,6)	1. SPD (+3,4)	1. FDP (+2,8)	1. Grüne (+3,2)
2. FDP (+1,2)	2. Grüne (+0,9)	2. CDU (+2,2)	2. SPD (+2,0)
3. SPD (-0,5)	3. FPD (+0,2)	3. SPD (+0,4)	3. FDP (-0,7)
4. Grüne (-1,5)	4. CDU (-0,8)	4. Grüne (-0,7)	4. CDU (-1,8)

Quelle: Konrad-Adenauer-Stiftung, Bereich Forschung und Beratung, Archiv-Nr.: 9007
(N = 3033)

- Den Anhängerschaften aller vier Lagerparteien ist die jeweilige Partnerpartei im Lager nach der eigenen Partei im Durchschnitt die sympathischste. Dabei sind die Anhänger von Union und Grünen beiden Parteien des gegenüberstehenden Lagers unsympathisch, während sich
  FDP- und SPD-Anhänger im Durchschnitt gegenseitig leicht positive
  Werte geben.

- 54 Prozent der lagerinternen Wechsler gaben eine grundsätzliche Parteineigung an, im Gegensatz zu 38 Prozent der Wechsler zwischen den Lagern.

Die Berücksichtigung von Koalition und Lagern eröffnet eine neue Blick-
weise sowohl auf die Aggregatdaten als auch auf die Individualdaten. Dafür
werden die Parteien in den jeweiligen Lagern bzw. Koalitionen zu einer
Kategorie zusammengefaßt. Für die Zeit von 1969 bis 1980 werden die
Parteien der sozialliberalen Koalition, für 1983 bis 1990 die jeweiligen Lager gemeinsam betrachtet. Für die Volatilität zwischen 1980 und 1983 ist
eine derartige Kategorisierung nicht möglich, weil sich die Zusammensetzung der Koalitionen zwischen zwei Wahlen veränderte. Aus entsprechenden Gründen sollen die Wahlen vor 1972, die von einer gewissen Instabilität der Koalitionsmöglichkeiten gekennzeichnet waren, nicht berücksichtigt
werden.

Aggregatergebnisse

Durch die Zusammenfassung von Parteien zu Lagern wird es möglich, einige von Shivelys Analysen der Volatilität im amerikanischen Zweiparteiensystem für die Bundesrepublik zu replizieren. Diese zielen darauf ab, die
relative Bedeutung von Parteiwechsel und asymmetrischer Mobilisierung
für die Gesamtvolatilität zwischen zwei Wahlen zu schätzen. Auf Westdeutschland bezogen bedeutet dies, daß die Bedeutung des Wechsels zwischen Regierung und Opposition geschätzt werden soll. Der Wechsel im
Lager wird durch die zusammengefaßte Betrachtung nicht berücksichtigt.[9]

---

9   Es sei noch einmal daran erinnert, daß in Shivelys Analysen zudem die Wähler kleinerer
    Parteien mit den Nichtwählern zusammengefaßt werden.

Wegen der geringen Zahl der Wahlen, bei denen eine relativ stabile Koalitionsstruktur vorlag, ist dies jedoch nur ansatzweise machbar. Zudem wurde vor einer dieser Wahlen (1972) das Mindestalter für die Wahlberechtigung gesenkt, wodurch sich die Zahl der Wahlberechtigten sprunghaft erhöhte. Sie stieg von 1969 auf 1972 um 7,2 Prozent, während diese Rate bei späteren Wahlen zwischen 1,5 Prozent und 2,8 Prozent betrug. Naturgemäß kommt dadurch der Mobilisierung bei der Bundestagswahl 1972 erhöhte Bedeutung zu. Weil zudem mit der Senkung des Wahlalters die Kategorien der repräsentativen Wahlstatistik geändert wurden, läßt sich das Wahlverhalten der neuen Wählergruppe nicht mit hinreichender Sicherheit in Erfahrung bringen. Deswegen ist es nicht möglich, diese zusätzliche Mobilisierung in der Berechnung des Index zu kontrollieren und so für 1972 zu einer mit den späteren Jahren vergleichbaren Berechnungsgrundlage zu gelangen. Die Berechnungen zu dieser Wahl auf der Aggregatebene stehen deswegen unter einem zusätzlichen Vorbehalt.

Bereits wenn man betrachtet, wie sich die Anteile der jeweiligen Lager an den Wahlberechtigten von Wahl zu Wahl veränderten, wird deutlich, daß die Ergebnisse für Deutschland eine andere Schlußfolgerung nahelegen, als es in den USA der Fall ist. Denn Shivelys Hypothese, die Bedeutung des Parteiwechsels sei gegenüber der Mobilisierung gestiegen, stützte sich darauf, daß seit 1960 stets eine Partei Anteile verlor, während die andere gewann, die Vorzeichen der Veränderungen also entgegengesetzt waren, während sich in der Zeit davor beide Parteien zumeist in die gleiche Richtung veränderten (dazu siehe oben). Eine derartige Veränderung ist in Westdeutschland in den fünf zugrundeliegenden Wahlen nicht zu beobachten. Während sich 1972 beide Lager parallel verbesserten - was im Zusammenhang mit der gewachsenen Zahl der Wahlberechtigten stehen könnte - bewegten sie sich 1976 und 1980 in entgegengesetzter Richtung. Bei den beiden letzten Bundestagswahlen war die Bewegung wieder gleichgerichtet. Bei sinkender Wahlbeteiligung verringerten sich die Anteile beider Lager an den Wahlberechtigten jeweils.

Shivelys "index of net conversion", der den Anteil der Netto-Parteiwechsel (net-conversion) an der Gesamtvolatilität schätzt, spiegelt diese Betrachtungen wider. Er betrug 1972 .42, um 1976 auf .94 zu steigen. Nach dieser Schätzung ging die Veränderung zwischen 1972 und 1976 in der Stärke von Regierung und Opposition also fast ausschließlich auf Parteiwechsel zurück. In den drei folgenden Wahlen sank der Index kontinuierlich und in beträchtlichem Ausmaß ab. Für die Veränderungen des Wahlergebnisses von 1987 bis 1990 ist nach dieser Schätzung nur noch zu einem Drittel (.34) der Wechsel zwischen den Lagern verantwortlich zu machen (nach .67 (1980) und .41 (1987)). Anders als in den USA, wo eine Verlagerung von Wählermobilisierung zu Wählerkonversion stattfand, dürfte nach diesem Ergebnis in den Bundestagswahlen in Westdeutschland für die Bestimmung des Kräfteverhältnisses zwischen Regierung und Opposition weniger die Konversion als die (De-)Mobilisierung im zunehmenden Maße im Vordergrund stehen. Mit anderen Worten: Nach diesen Ergebnissen gewann der Wechsel in die oder aus der Nichtwählerschaft gegenüber dem Parteiwechsel für die Veränderungen in den Stimmenzahlen der Parteien zunehmend an Bedeutung.[10]

Ergebnisse auf der Individualebene

In den Individualdaten ist der Wechsel zwischen Regierung und Opposition zwischen 1972 und 1990 leicht rückläufig (von 8,9 % auf 6,3 %, vgl. Graphik 6.6). Diese Entwicklung erfolgte in den Daten in einem kontinuierlichen Trend kleiner Schritte. Das geringe Ausmaß dieser Schritte überfordert jedoch die mit Umfragedaten mögliche Präzision, so daß von einer auf einzelne Wahlen bezogenen Aussage abgesehen werden sollte. Über den gesamten Zeitraum betrachtet ist dieser Rückgang des Wechsels zwischen Opposition und Regierung jedoch trotz des geringen Ausmaßes statistisch signifikant (1972 versus 1990 $p < .01$, 1972 versus 1987 $p < .02$, 1976 versus 1990 $p < .05$). Auch wenn dieser Rückgang des Lagerwechsels nicht überbewertet werden sollte, so kann doch mit Bestimmtheit gesagt werden, daß von einem Anstieg der Wechselaktivität zwischen Regierung und Opposition nicht die Rede sein kann.

Die niedrigere Wechselaktivität zwischen den Lagern korrespondiert mit vermehrtem Wechsel innerhalb der Lager. 1990 ist diejenige Bundestagswahl, in der das stärkste Ausmaß des lagerinternen Wechsels zu verzeichnen ist. Die Entwicklung verlief aber weniger kontinuierlich als im Falle des

---

10 Nachtrag: Im Ergebnis in den alten Ländern (ohne Berlin) bei der BTW 1994 wuchs Shivelys C auf .81 an. Obwohl dies zunächst auf eine wachsende Bedeutung des Parteiwechsels hinzudeuten scheint, darf nicht übersehen werden, daß sich die Wahlbeteiligung zwischen 1990 und 1994 nur geringfügig veränderte. Bei selteneren Wechseln mit der Nichtwählerschaft gewinnt auch ein konstantes Ausmaß an Parteiwechseln relativ an Bedeutung, ohne tatsächlich angewachsen zu sein. Der absolute Anteil der Parteiwechsler ist nur über Individualdaten festzustellen.

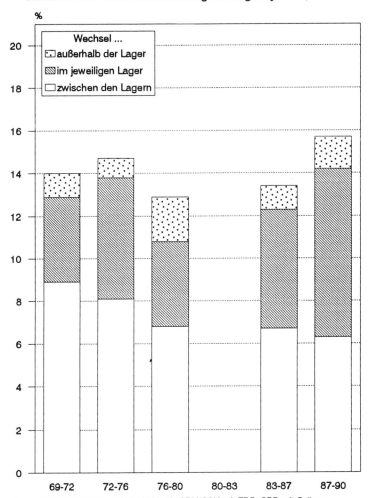

Grafik 6.6

Wechsel der Wahlentscheidung im Lagersystem, 1972-1990

%

Wechsel ...
⬚ außerhalb der Lager
▨ im jeweiligen Lager
☐ zwischen den Lagern

69-72   72-76   76-80   80-83   83-87   87-90

Lager: 1969-80: SPD mit FDP; 1983-90: CDU/CSU mit FDP, SPD mit Grünen.

Anteil der Wähler, die zu Wahlabsicht und Rückerinnerung unterschiedliche Parteien nannten.
Quelle: Konrad-Adenauer-Stiftung, Bereich Forschung und Beratung, Archiv-Nr. 7213, 7614, 8012, 8302, 9007; Forschungsgruppe Wahlen, Wahlstudie 1987 (Dezember 1986 und Januar 1987 kumuliert), ZA 1536

Wechsel zwischen den Lagern. Die erhöhte Wechselaktivität innerhalb der Lager geht, wie bereits beschrieben, auf das Aufkommen der Grünen und den Austausch zwischen SPD und Grünen zurück. Beide Trends zusammengefaßt ergeben das oben gezeichnete Portrait weitgehender Stabilität im Gesamtanteil der Parteiwechsler.

Auch in der Analyse des Wechsels zwischen den Lagern fällt die Übereinstimmung der Ergebnisse auf der Individual- und auf der Aggregatebene ins Auge. Die Individualdaten verzeichnen zwischen 1972 und 1990, die Aggregatdaten zwischen 1976 und 1990 eine zurückgehende Bedeutung des Wechsels zwischen den Lagern. Diese Harmonie der Befunde auf unterschiedlichen Analyseebenen erhöht das Vertrauen in die Schlußfolgerung. Mit einiger Bestimmtheit kann gesagt werden, daß die Bedeutung des Wechsels zwischen Regierung und Opposition seit den siebziger Jahren zumindestens bis 1990 zurückgegangen ist.

6.2.3   Volatilität in Landtagswahlen

In Untersuchungen zum Wählerwandel ist die These aufgestellt worden, daß Landtagswahlen seit einiger Zeit stärkere Schwankungen aufweisen (vgl. z.B. Dalton/Rohrschneider 1990:301). Auch dieser These soll hier nachgegangen werden. Anders als im Falle der Bundestagswahlen kann man sich hierbei aber nicht auf Individualdaten stützten. Zwar liegt eine große Anzahl von Umfragen zu Landtagswahlen vor, aus denen sich ein - wenn auch lückenhafter - Langfristtrend bilden ließe. Bei Umfragen auf Landesebene haben sich jedoch in den letzten Jahren Telefonumfragen durchgesetzt, bei denen Befragte anders auf die Wahlfragen reagieren (vgl. Jung 1990a). Ich habe versucht, ein Verfahren zu entwickeln, durch das diese Effekte der Erhebungsmethode isoliert und kontrolliert werden könnten. Dies ist mir jedoch nicht gelungen. Es setzt eine hinreichend große Anzahl von Umfragen voraus, die zur selben Zeit, aber auf unterschiedliche Art und Weise erhoben wurden. Dann könnte der Effekt der Methode auf die hier relevanten Variablen innerhalb von Spannungsbreiten geschätzt werden und diese Schätzwerte in die Zeitreihen einbezogen werden. Diese Voraussetzungen waren bei Erstellung dieser Arbeit nicht in befriedigender Weise erfüllt. Deswegen basieren die Analysen der Volatilität in Landtagswahlen einzig auf den Wahlergebnissen.

Volatilität in Landtagswahlergebnissen in den Wahlperioden des Bundestages

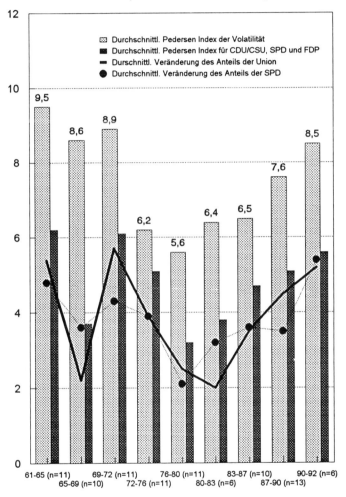

Legende:
- ⊠ Durchschnittl. Pedersen Index der Volatilität
- ■ Durchschnittl. Pedersen Index für CDU/CSU, SPD und FDP
- ▬ Durschnittl. Veränderung des Anteils der Union
- ● Durchschnittl. Veränderung des Anteils der SPD

Landtagswahlergebnisse sind abhängig von den Legislaturperioden des Bundestages: In der Mitte der Legislaturperiode steigt die Neigung zu Denkzettelwahlen (vgl. Dinkel 1989). Deswegen wird hier der Pedersen Index der Volatilität im Schnitt aller Landtagswahlergebnisse in den Legislaturperioden des Bundestages präsentiert.[11] Daraus ergibt sich ein recht klares Bild (vgl. Graphik 6.7). Die intensivsten Schwankungen in Landtagswahlergebnissen finden sich zu Beginn des hier betrachteten Zeitraums: zwischen 1961 und 1972 (Pedersen Index zwischen 9,5 und 8,6). Darin manifestiert sich, daß sich zu Beginn der 60er Jahre die Konzentration des Parteiensystems vollendete und die Regionalparteien und die DP ihre Wählerbasen verloren. Die hohe Volatilität in den späten 60er und frühen 70er Jahren spiegelt zusätzlich das Aufkommen und den Niedergang der NPD wider. Die vier Bundestagsperioden von 1972 bis 1987 waren dagegen durch ruhigere Landtagswahlergebnisse gekennzeichnet: Hier liegt der durchschnittliche Index zwischen 5,6 und 6,5. Die hinsichtlich der Landtagswahlergebnisse stabilste Wahlperiode (von 1976 bis 80) ist auch diejenige, in der das Ausmaß des Wechsels bei der Bundestagswahl am geringsten war (s.o.). In den Legislaturperioden nach 1980, besonders seit 1987, steigt der Pedersen Index wieder deutlich an. Für die Wahlen von 1987 bis 1990 liegt er bei durchschnittlich 7,6, für die sechs ersten Landtagswahlen in der Bundestagsperiode ab 1990 erreichte der Index den Wert 8,5 und damit in etwa das Niveau der 60er Jahre.

Diese kurvilineare Beziehung der Volatilität mit der Zeit zeigt sich in sechs der elf alten Länder in aller Deutlichkeit. Meßbar wird dies durch die Korrelation des Pedersen Index mit dem Quadrat der Zeit, die zuvor in eine standardisierte Skala (z-score) umgewandelt wurde. Durch diese Standardisierung nimmt die Zeitachse negative und positive Werte um einen Mittelpunkt von 0 an. Durch die Quadrierung lassen sich parabelförmige Trends darstellen (Tab. 6.6). In diesen sechs Ländern korreliert die Volatilität mit über .50 mit dem Quadrat der Zeit, in fünf dieser Länder ist diese Beziehung statistisch signifikant mit $p < .05$. Bemerkenswerterweise sind dies

---

11 Weil sich die Parteiensysteme der Länder vor allem wegen teilweise starker Regionalparteien bis in die 70er Jahre stark unterschieden, bietet es sich hier nicht in gleicher Weise wie bei Bundestagswahlen an, die Parteien in Kategorien zusammenzufassen. Um die Bewegung zwischen den sonstigen Parteien nicht überzubewerten, wurden alle Sonstigen-Parteien außer NPD und Republikaner/DVU als eine Partei betrachtet. Insbesondere betrifft dies die Regionalparteien und die DP zu Beginn der 60er Jahre. In Hamburg fanden 1982 zwei Bürgerschaftswahlen statt. Der Mittelwert der beiden Wahlergebnisse wurde für die weitere Analyse verwandt.

Länder mit geringer Bevölkerungszahl. In den bevölkerungsreicheren Ländern Baden-Württemberg und Nordrhein-Westfalen ist kein starker linearer oder kurvilinearer Trend feststellbar. In Bayern besteht eine signifikante negative Korrelation mit der Zeit (-.65), hier hat sich die Volatilität im Betrachtungszeitraum verringert. Die Beschränkung der beschriebenen kurvilinearen Entwicklung auf bevölkerungsarme Länder sollte aber nicht überbewertet werden. Es ist wenig wahrscheinlich, daß sich die Wählerschaft in den kleineren Ländern in dieser Beziehung wesentlich anders entwickelt hat als in den größeren. Vielmehr ist in den kleineren Ländern weniger wahrscheinlich, daß bestimmte Wählerbewegungen durch andere neutralisiert werden als in den "Vielvölkerstaaten" Baden-Württemberg, Bayern und Nordrhein-Westfalen. In der Summe bleibt das Ergebnis bestehen, daß sich die Volatilität in Landtagswahlen gegenüber den 70er Jahren erhöht hat.

Anders als im Falle der Bundestagswahlen läßt sich diese Entwicklung hier nicht durch das Aufkommen der neuen Parteien erklären: Auch der für die "Altparteien" CDU/CSU, SPD und FDP errechnete Pedersen Index verläuft in der beschriebenen kurvilinearen Form, die Anteile von Union und SPD schwankten in der Wahlperiode 1987-90 und in der laufenden Wahlperiode stärker als in den späten 70ern und den 80er Jahren (Graphik 6.7). Bei Landtagswahlen beschreibt die Volatilität in jüngster Zeit ein über das Aufkommen der Grünen hinausgehendes Phänomen.

Die Volatilität in Landtagswahlen in jüngerer Zeit geht aber nicht über das Maß hinaus, das im gesamten Zeitraum der 60er Jahre zu beobachten war; ein Anstieg ist nur gegenüber den 70er Jahren feststellbar. Nun lassen es parabelförmige Zeitabläufe offen, ob der Anstieg seit der Mitte des Intervalls oder die Übereinstimmung an dessen Endpunkten betont werden soll. Die Definition dessen, was als "normal" gelten soll, obliegt subjektiver Einschätzung: Waren die 70er Jahre außerordentlich stabil, oder sind die späten 80er ebenso wie die 60er sehr unruhig? Diese Frage wird im Rahmen der Bewertung der Ergebnisse aufgegriffen (Kap. 6.3).

Weil die Ergebnisse zur Aggregatvolatilität in Landtagswahlen nicht mit denen zu den Bundestagswahlen übereinstimmen, ist es besonders bedauerlich, daß zu diesem Komplex keine Individualdaten vorliegen. Denn gerade unter diesen Umständen wäre es wichtig zu wissen, welche Rolle den Parteiwechslern in dieser Entwicklung zukommt. Die anschließenden Untersuchungen zum Splitting werden immerhin indirekte Hinweise zu dieser Frage zutage bringen.

Tabelle 6.6

Die Veränderung der Volatilität in Landtagswahlergebnissen 1960-1992

Korrelation des Pedersen Index der Volatilität mit der Zeit
(in Klammern Signifikanzniveaus)

	T	T^2	N
Baden-Württemberg	-.18 (.33)	.03 (.47)	9
Bayern	-.65 (.04)	.14 (.37)	8
Berlin	.33 (.20)	.84* (.003)	9
Bremen	-.41 (.16)	.80* (.008)	8
Hamburg	.24 (.27)	-.67* (.03)	9
Hessen	-.43 (.12)	-.30 (.22)	9
Niedersachsen	-.79* (.01)	.53 (.09)	8
Nordrhein-Westfalen	-.20 (.33)	-.16 (.37)	7
Rheinland-Pfalz	.12 (.39)	.61* (.05)	8
Saarland	-.76* (.02)	.85* (.007)	7
Schleswig-Holstein	.27 (.24)	.59* (.05)	9
Gesamt	-.21* (.02)	.28* (.003)	91

* = signifikant mit p < .05
T bezeichnet die Zeit in Jahren. T^2 ist das Quadrat der zuvor auf einer standardisierten Skala abgebildeten Zeitachse.

6.2.4 Die Entwicklung des Stimmensplittings

Splitting in Bundestagswahlen

In der Literatur wurde bereits dargestellt, daß die Wählerschaft in Bundestagswahlen Erst- und Zweitstimmen häufiger auf unterschiedliche Parteien verteilt (vgl. Dalton/Rohrschneider 1990:303, Klingemann/Wattenberg 1990:331-332). Der Anteil der Erststimmen, die auf dieselbe Partei entfielen wie die Zweitstimmen, betrug im Zeitraum von 1957 bis 1976 zwischen 91 und 94 Prozent, sank seit 1980 aber ab. Bei der Bundestagswahl 1987 lag dieser Wert bei 86 Prozent (siehe Tabelle 6.7).[12]

Diese Entwicklung ist auf die Zweitstimmenwähler der kleineren Parteien konzentriert. Zwar schrumpfte der Erststimmenanteil an den eigenen Zweitstimmen auch für CDU und SPD bis 1990 auf die niedrigsten Werte seit 1957, diese unterscheiden sich aber nur um wenige Prozentpunkte von den tiefsten Werten der 50er und 60er Jahre (1,2 Punkte für die Union und 2,2 Punkte für die SPD). Dagegen stieg das Splitting mit FDP-Zweitstimmen nach 1961 (87 % eigene Erststimmen) deutlich an. Nach 1969 erhielt die FDP von ihren Zweitstimmenwählern nur ein einziges Mal (1976) 60 Prozent der Erststimmen, in allen anderen Wahlen lag dieser Anteil unter 50 Prozent. Der von 1976 bis 1987 um 7,5 Prozentpunkte gestiegene Anteil der Gesamtwählerschaft, der die Erststimme einer anderen (oder in selteneren Fällen keiner) Partei gibt, geht zu einem Drittel (2,5 Prozentpunkte) auf das Konto von Zweitstimmenwählern der FDP. Noch stärker ins Gewicht fallen die Grünen: 3,5 Prozent der Wähler der Bundestagswahl 1987 splitteten mit einer Zweitstimme für die Grünen. Gegenüber 1976, als die Grünen nicht antraten, bedeutet dies eine Nettoerhöhung um diesen Betrag. Mit zusammen 6 Prozentpunkten ist der Anstieg des Splittings zwischen 1976 und 1987 also im wesentlichen an die Zweitstimme für die kleineren Lagerparteien gebunden.

---

12 Der entsprechende Wert für 1990 betrug 83,6 Prozent für die gesamtdeutsche Wählerschaft. Da das Splitting in Ostdeutschland jedoch deutlich häufiger war als in Westdeutschland, sollte diese Zahl nicht im Zeitvergleich betrachtet werden. Der Gesamtanteil wurde vom Statistischen Bundesamt aber nicht getrennt nach Landesteilen ausgewiesen und war auch auf Anfrage nicht erhältlich. Die Ausweisung nach Parteien ist dagegen mit Ausnahme der kleineren Parteien möglich.

Tabelle 6.7

Erststimmen, die mit der Zweitstimme übereinstimmen, in Prozent der Zweitstimmen 1957-1990

	1957 %	1961 %	1965 %	1969 %	1972 %	1976 %	1980 %	1983 %	1987 %	1990[a] %
insgesamt	91,6	93,7	91,4	90,5	90,5	93,2	89,2	88,6	85,7	(83,6)[c]
Zweitstimme für:										
CDU[b]	93,4	95,5	93,8	93,5	96,9	97,2	97,1	95,9	95,4	92,2
SPD	95,0	95,5	94,7	93,4	94,1	95,0	92,4	95,2	92,7	91,2
FDP	85,0	86,5	70,3	62,0	38,2	60,7	48,5	29,1	38,7	45,8
Grüne							64,9	52,1	58,2	60,7
Sonstige mit mind. 2 % der Zweitstimmen:										
GB/BHE	83,1									
DP	73,7									
GDP		84,4								
NPD			77,9	76,3						
REP										66,4[d]

a Gebiet der alten Bundesrepublik ohne Berlin.
b 1957 mit, sonst ohne CSU. Die Ergebnisse für die CSU sind entsprechend.
c Diese Zahl bezieht sich auf die gesamte Bundesrepublik. Die Zahl für die alte Bundesrepublik (oder hilfsweise für das Wahlgebiet West) wurde vom Statistischen Bundesamt nicht ausgewiesen und läßt sich aus den Angaben auch nicht konstruieren. Aus den Einzelauswesungen wird aber deutlich, daß das Splitting in den neuen Bundesländern häufiger war als in den alten. Deswegen ist diese Zahl als Vergleichsmaßstab zu niedrig.
d Wahlgebiet West (mit Berlin).

Quelle: Statistisches Bundesamt, Repräsentative Wahlstatistik zur jeweiligen Bundestagswahl, für insgesamt: Textliche Auswertung der Wahlergebnisse Bundestagswahl 1990 (Fachserie I, Heft 5):53

Dies wurde möglich, weil sich die Zweitstimmenwählerschaften kleinerer Parteien nach den 60er und 70er Jahren von denen der früheren Jahrzehnte unterscheiden. Die Splittingbereitschaft der Wähler der Grünen, der jüngeren FDP und, wie sich andeutet, der Republikaner liegt deutlich über dem, was bei den untergegangenen Kleinparteien, einschließlich der NPD, zu beobachten war (vgl. Tab. 6.7).

Dabei kommt der Löwenanteil dieser von der Zweitstimme abweichenden Erststimmen dem jeweiligen Lagerpartner zugute. Dies geschieht jedoch in unterschiedlichem Ausmaß. Um die Lagerbindung des Stimmensplittings zu messen, wurde bei Zweitstimmenabgabe für FDP oder Grüne der Quotient aus den Erststimmen, die auf die Union entfielen, und den SPD-Erststimmen gebildet. Das Bilden eines Quotienten bietet sich an, weil eine Untersuchung der Lagerbindung, die auf den Prozentpunktdifferenzen der Parteien an den Erstimmen basiert, angesichts des unterschiedlichen Umfangs des Splittings in verschiedenen Wahlen irreführen könnte. Die Darstellung erfolgt in der Form von Verhältnissen der Erststimmen der Union zu denen der SPD. Weil in allen Fällen die jeweilige Partnerpartei den größeren Anteil an Erststimmen erhielt, kann die Stärke des Verhältnisses als Indikator der Lagerbindung verstanden werden.

Die Daten legen die Vermutung nahe, daß die Treue zum Lagerpartner mit zunehmendem Alter der Koalition bzw. des Blockes nachläßt. Das Verhältnis von den auf den Lagerpartner entfallenden Erststimmen zu denen für die große Partei des gegnerischen Lagers ist im Falle der FDP in den Jahren 1972 und 1983 - also in den ersten Wahlen nach Eintritt in eine neue Koalition - am günstigsten für den jeweiligen Partner (1:6,7 bzw. 5,8:1). Nach diesen Bundestagswahlen schrumpfte der Anteil des jeweiligen Partners deutlich. 1990 markiert mit einem Verhältnis von 2,0:1 den tiefsten Punkt in dieser Beziehung. Dieser liegt aber durchaus in der Größenordnung des Wertes von 1980 (1:2,7). Entsprechend schrumpfte das Verhältnis von Unions-Erststimmen zu denen der SPD bei den Grünen von 1:9,3 (1983) auf 1:6,1 (1990). Diese Befunde sprechen dafür, daß sich in den jeweiligen Koalitionen bzw. Lagern nach einer in der Anfangszeit starken Erststimmensolidarität im weiteren Verlauf Ermüdungserscheinungen bemerkbar machen.

Tabelle 6.8

Splitting der kleinen Parteien in Koalitionen und Lagern

Verhältnis der Erststimmen für die Union zu denen für die SPD,
bei Zweitstimmenpräferenz für kleine Lagerpartei

	1972 %	1976 %	1980 %	1983 %	1987 %	1990 %
Zweitstimme:						
FDP	1:6,7	1:3,7	1:2,7	5,8:1	3,3:1	2,0:1
Grüne	-	-	-	1:9,3	1:6,1	1:6,1

Quelle: Errechnet aus den Splittingtabellen der Repräsentativen Wahlstatistik (siehe Tab.
           6.7).

Wo die Ursachen des gestiegenen Splittings zu suchen sind, ist unklar. Die Wahlforschung wertet es häufig als Indikator eines dealignment (so Dalton/Rohrschneider 1990:303 und Klingemann/Wattenberg 1990:331-332). Dagegen wird von der Parteienforschung im Blick auf die FDP deren Rolle als Koalitionspartei, deren Überlebensprinzip in der Mehrheitsbeschaffung besteht, hervorgehoben (vgl. Schiller 1993:132-138, Schiller 1990, Vorländer 1990:237-238, 274-275). Diese Rolle kommt der FDP insbesondere seit 1961 zu, als sie zur alleinigen Kleinpartei mit Parlamentsvertretung wurde, und hat sich in ihrer koalitionspolitischen Offenheit spätestens 1969 manifestiert. Ob die Wählerschaft diese Entwicklung der FDP nachvollzieht oder ob sie auch davon unabhängig zu erhöhtem Splitting übergegangen wäre, läßt sich nicht beantworten.

Entsprechendes gilt für die Grünen. Weil sich deren Wählerschaft in hohem Maße aus der neuen Mittelschicht rekrutiert, könnte das Grünen-Splitting ebenfalls Ausdruck von im sozialen Wandel destabilisierten Parteibindungen sein. Weil das Aufkommen der Grünen aber zudem in eine Phase recht klar definierter Koalitionsmöglichkeiten fällt, könnte das Splitting durch die Parteienkonstellation erklärbar sein, vielleicht sogar als am Beispiel der FDP erlerntes Verfahren.

Es ist also nicht auszuschließen, daß das gestiegene Splitting auf infolge des sozialen Wandels veränderte Verhaltensmuster seitens der Wähler zurückgeht. Auch hier ist aber hervorzuheben, daß das Splitting die Lagergrenze nur selten überschreitet. Selbst wenn es also zuträfe, daß sich die Parteibindungen auflösen und sich dies im gestiegenen Splitting Ausdruck verschafft, so bedeutet das nicht ein Auflösen der "Lagerbindung". Anders als im Zweiparteiensystem der USA, wo zwischen sich antagonistisch gegenüberstehenden Parteien gesplittet wird, werden Erst- und Zweitstimmen in Deutschland in erster Linie auf designierte politische Partner verteilt.

"Föderales Splitting"

Anders als in den USA, wo es einen festen Wahltag im November gibt, finden in der Bundesrepublik Bundestagswahlen und Landtagswahlen nur in seltenen Fällen zeitgleich statt. Ein Splitting zwischen Bundes- und Landesparteipräferenzen läßt sich aber in Befragungen konstruieren, indem der Befragte gleichzeitig mit hypothetischen Wahlsituationen auf unterschiedlichen staatlichen Ebenen konfrontiert wird. In einigen Umfragen des FuB seit 1980 wurde dies getan. Damit kann untersucht werden, ob dieses "föderale Splitting" in diesem Zeitraum häufiger geworden ist. Dies ist angesichts der erhöhten Volatilität in Landtagswahlen bei gleichzeitiger Stabilität auf Bundesebene eine plausible Erwartung.

Dies ist in der Tat der Fall. Der Anteil derer, die zu einer hypothetischen Bundestagswahl und Landtagswahl "jetzt" unterschiedliche Präferenzen angeben, stieg von 7 Prozent (1980) auf 12 Prozent (1991, vgl. Tab. 6.9). Der größte Anteil dieser Entwicklung läßt sich durch das Aufkommen der Grünen erklären: Die Verteilung der Präferenzen auf SPD und Grüne stieg von 0,9 Prozent (1980) auf 3,7 Prozent (1991) (p < .001). Gleichzeitig stieg jedoch die Verteilung der Präferenzen auf Union und FDP um 2 Prozentpunkte (p < .001), ohne daß das Splitting zwischen SPD und FDP abnahm. So werden 2,8 Prozentpunkte des Anstiegs um 5,2 Prozentpunkte durch das Aufkommen der Grünen erklärbar, die restlichen 2,4 Prozentpunkte bedeuten eine darüber hinausgehende Entwicklung wenn auch geringen Ausmaßes. Dieses föderale Splitting kann als mit der gestiegenen Volatilität in Landtagswahlen korrespondierender Befund auf Individualebene gewertet werden. Weil die Messung erst 1980 einsetzt, ist es allerdings nicht möglich zu untersuchen, in welchem Maße Parteipräferenzen bereits in früheren Phasen der Instabilität in Landtagswahlen in dieser Art und Weise gesplittet wurden. Vor allem angesichts der zum Teil bis in die späten 60er Jahre starken Regionalparteien ist es aber durchaus plausibel, zu vermuten, daß das föderale Splitting bereits in dieser Zeit eine gewisse Rolle spielte.

Tabelle 6.9

Abweichung der Landes- von Bundesparteienpräferenz

	1980	1981	1982	1985	1991 (West)
	%	%	%	%	%
Bei Bundes- und Landtagswahlen würden wählen					
dieselbe Partei	93,0	93,2	89,8	88,9	87,8
verschiedene Parteien	7,0	6,8	10,2	11,1	12,2
Präferenzen verteilt auf:					
CDU/CSU und SPD	2,8	2,4	4,0	3,5	2,2
CDU/CSU und FDP	0,8	0,7	1,1	2,3	2,9
CDU/CSU und Grüne	0,5	0,4	0,9	0,6	0,4
SPD und FDP	1,4	1,3	1,9	1,1	1,7
SPD und Grüne	0,9	0,6	1,3	3,0	3,7
CDU/CSU oder SPD und Sonstige	-	1,1	0,5	-	0,9
N (zwei Parteien angegeben)	3236	1924	2576	2854	1972

Quelle: Konrad-Adenauer-Stiftung, Bereich Forschung und Beratung, Archiv-Nr.:
               8052, 8103, 8202, 8510, 9105

6.2.5   Die Entwicklung der Parteiidentifikation in der Bundesrepublik Deutschland

Ebenso wie in den USA wird auch in der Bundesrepublik zusätzlich zum Wahlverhalten auf die Parteiidentifikation zurückgegriffen, wenn die Volatilität untersucht wird. Für die USA wurde gezeigt, daß Parteiidentifikationen seltener und schwächer wurden und an Effektivität in der Prägung des Wahlverhaltens einbüßten. Unter diesen Aspekten soll jetzt die Parteiidentifikation in der Bundesrepublik untersucht werden. Zusätzlich erlaubt es die Datenlage - anders als in den USA - die Stabilität der Parteiidentifikation im Zeitablauf zu betrachten. Dabei ist zu beachten, daß die Parteiidentifikation ein in den USA entwickeltes Konzept ist, dessen Übertragbarkeit auf den deutschen Kontext nicht ganz zweifelsfrei geklärt ist. Insbesondere hinsichtlich ihrer Messung liegen unterschiedliche Ansätze vor, aber auch hinsichtlich ihrer Funktionsweise unter unterschiedlichen Rahmenbedingungen. Die Analysen hier stützen sich auf die Frage nach einer Partei, der der Befragte zuneigt, die mittlerweile am häufigsten als Indikator der Parteiidentifikation verwendet wird. Zusätzlich wird, wenn dies möglich ist, auf die grundsätzliche Parteineigung zurückgegriffen, die durch die an die Neigerfrage angeschlossene Frage, ob diese Neigung grundsätzlich oder augenblicklich sei, erfaßt wird.[13] Gluchowski hat festgestellt, daß beide Fragen eine echte Parteiidentifikationskomponente messen, gleichzeitig aber einen nicht unerheblichen Anteil nur kurzfristiger bzw. nicht affektiver Parteipräferenzen ansprechen, der im Fall der grundsätzlichen Parteineigung jedoch geringer ist (Gluchowski 1983:471-472). Wenn hier Trendreihen der Parteineigung und des härteren Indikators der grundsätzlichen Parteineigung dargestellt werden, impliziert dies - ebenso wie im Falle des Wechselwahlverhaltens - die Annahme, daß sich die Qualität des Meßinstruments im Betrachtungszeitraum nicht verändert hat. Insbesondere heißt dies, daß angenommen werden muß, daß der Anteil der lediglich kurzfristigen Komponente der gemessenen Parteineigung nicht zuungunsten echter Parteiidentifikationen angestiegen ist. Lediglich die

---

13 Die Fragen lauten:

Wenn Sie es einmal insgesamt betrachten: Würden Sie dann sagen, Sie neigen alles in allem einer bestimmten Partei eher zu als den anderen Parteien, oder ist das bei Ihnen nicht der Fall? Wenn ja, welcher?
Würden Sie sagen, Sie neigen dieser Partei grundsätzlich zu oder bevorzugen Sie diese Partei im Augenblick, weil sie Ihnen in der jetzigen Situation besser geeignet erscheint?

Untersuchungen zur Stabilität der Parteineigung sind von diesem Vorbehalt nur in eingeschränkter Weise betroffen, denn wenn sich aus den Panelanalysen ergeben sollte, daß die Parteineigung an Stabilität eingebüßt hat, bedeutet dies in jedem Fall eine Destabilisierung von Parteipräferenzen. Für die Frage, ob sich die Volatilität erhöht, ergäbe sich daraus also in jedem Fall eine bejahende Antwort.

Zur Häufigkeit von Parteiidentifikationen

Die klarste Form eines dealignment bestünde darin, daß die Zahl derer, die sich mit keiner Partei identifizieren, zunimmt. Auf der Basis von Daten der Forschungsgruppe Wahlen wurde eine derartige Entwicklung konstatiert (vgl. Gabriel 1988, Dalton 1989, Oberndörfer/Mielke 1990, Jung 1990b). Der Trend ist jedoch nicht eindeutig. Zwar wurden Parteineigungen in den Vorwahlumfragen der Forschungsgruppe Wahlen zwischen 1976 und 1983 seltener (von 79 auf 70 %), sie sanken aber nicht unter das Niveau von 1972 (71 %). In der Tat steht der steile Anstieg der Parteineigung von 1972 bis 1976 (um 8 Prozentpunkte) der Idee eines kontinuierlichen Abschmelzens einer traditionellen Bindung entgegen. Seit 1983 sank die Parteineigung nicht weiter ab, zur Bundestagswahl 1990 ist sogar ein leichter Anstieg zu verzeichnen (auf 72 %). Angesichts der Anteile von etwa 70 Prozent in allen Vorwahlumfragen, außer denen von 1976 und 1980, erscheinen eher die hohen Werte dieser beiden Jahre erklärungsbedürftig, als daß die Daten einen langfristigen Niedergang der Parteineigung nahelegen.[14]

---

14 Diese Zahlen basieren auf dem üblichen Verfahren, die Restkategorien (w.n., k.A., verweigert) nicht aus der Prozentuierungsbasis zu entfernen und damit de facto als nicht vorhandene Neigung zu deuten. Werden die Restkategorien aus der Basis entfernt, erscheint der Anstieg von 1972 bis 1976 etwas weniger stark (5 Prozentpunkte), zudem ergibt sich kein Rückgang zwischen 1976 und 1980, sondern sogar ein minimaler Anstieg. Die Differenz zwischen 1976 und 1983 bzw. 1987 erhöht sich in dieser Betrachtungsweise um einen Prozentpunkt. Wegen des geringen Anteils derer, die 1990 ausdrücklich keine Parteineigung angaben, ergibt sich zwischen 1987 und 1990 ein deutlicher Anstieg der Parteineigung (um 5 Prozentpunkte), womit diese Datreihe der Idee eines kontinuierlichen Niederganges der Parteineigung noch deutlicher widerspricht als die im Text zitierte (die Zahlen in der Reihenfolge der Wahlen: 78 %, 84 %, 85 %, 75 %, 75 %, 80 %).

Tabelle 6.10

Die Parteineigung einige Monate vor Bundestagswahlen in den Daten der Forschungsgruppe Wahlen

	BTW 1972 %	BTW 1976 %	BTW 1980 %	BTW 1983 %	BTW 1987 %	BTW 1990 %
Parteineigung insgesamt	70,8	78,8	76,6	69,9	69,5	72,2
ziemlich/ sehr stark	49,8	43,8	48,6	36,3	35,4	34,7
keine	20,3	15,1	13,9	22,3	23,0	17,8
W.N., K.A., Verweigert	9,0	6,1	9,5	7,3	7,5	10,0
N	2052	2076	1518	1622	1954	2056

Quelle: aktualisiert nach Gabriel (1988) mit Vorwahlstudien (erste Panelwellen 1972, 1976, 1983, 1990, Septemberumfrage 1980, Oktoberumfrage 1987)

Die Daten des FuB erlauben es, die Parteineigung auch zwischen Wahlen zu verfolgen (vgl. Graphik 6.8). Hierbei fallen jedoch die zum Teil erheblichen Schwankungen auch in kurzen Abständen eher ins Auge als ein kontinuierlicher Trend. Offensichtlich besteht ein Zusammenhang zwischen der Häufigkeit der Parteineigung und Politisierung vor Wahlen, der bei der Bundestagswahl 1983 besonders ausgeprägt ist. Konzentriert man sich auf die Vorwahlstudien, ergibt sich ein recht kontinuierlicher Anstieg der Parteineigung von 1972 bis 1983 (von 65 % 1972 über 69 % 1976 und 77 % 1980 auf 81 % 1983), dem ein Rückgang in den Bundestagswahlen von 1987 (73 %) und 1990 (68 %) folgt. Auch in dieser Datenreihe ist die Parteineigung 1990 aber etwas häufiger als 1972. Die Datenreihe ist damit zwar nicht deckungsgleich mit der des FGW (insbesondere verzeichnet sie einen zusätzlichen Anstieg der Parteineigung 1983), sie stimmt mit dieser aber dahingehend überein, daß sie die These, Parteineigungen würden seltener, nicht stützen kann.

Angesichts des von kurzfristigen Schwankungen bestimmten Kurvenverlaufs, der die Diagnose eines Trends erschwert, stellt sich die Frage, ob ein härterer Indikator der Parteineigung zu einem anderen Ergebnis führen

Grafik 6.8

Entwicklung der Parteineigung
Westdeutschland, 1971–1990

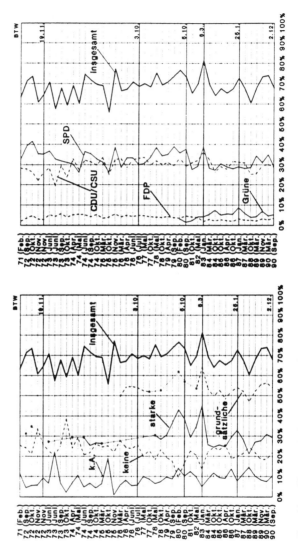

Quelle: Konrad-Adenauer-Stiftung, Forschung und Beratung

würde. Die hier als härterer Indikator verwendete grundsätzliche Parteineigung erfüllt diese Erwartung nicht. Im Gegenteil, ihr Kurvenverlauf gibt zu Zweifeln an der Qualität dieses Indikators Anlaß, denn soweit sich der Trend darstellen läßt, vollzieht die grundsätzliche Parteineigung die Schwankungen der allgemeinen Parteineigung weitgehend nach.

Damit bietet es sich an, die Frage, ob die grundsätzliche Parteineigung im Aggregat als härterer Indikator der Parteiidentifikation verstanden werden kann, zu untersuchen. Die Aggregatkorrelation von .93 (26 Fälle) bestätigt den aus der Inspektion des Kurvenverlaufs gewonnenen Eindruck, daß beide Indikatoren im wesentlichen gleichzeitig und in gleicher Weise variieren. Sollte die grundsätzliche Parteineigung ein härterer Indikator sein, müßten diese Schwankungen bei ihr geringeren Ausmaßes sein. Denn das zu messende Konzept hat ja den theoretischen Anspruch, auf kurzfristige Einflüsse nur im beschränkten Maße zu reagieren. Weil beide Indikatoren gleichzeitig variieren, läßt sich dies durch einen Vergleich des Ausmaßes der Variation, also der Standardabweichung, einfach prüfen. Diese ist mit 3,8 für die grundsätzliche Parteineigung etwas geringer als bei der Parteineigung insgesamt mit 4,4. Dies berücksichtigt aber noch nicht, daß die grundsätzliche Parteineigung niedrigere Werte hat, Schwankungen um einen bestimmten Absolutbetrag bei ihr also von stärkeren relativen Schwankungen zeugen als bei der allgemeinen Parteineigung. Drückt man diese Standardabweichung als Prozentsatz des Mittelwertes aus, ergibt sich eine "normalisierte" Standardabweichung von 6,4 für die Parteineigung und von 7,0 für die grundsätzliche Parteineigung. Die grundsätzliche Parteineigung schwankt, relativ zu ihrem Mittelwert, also mindestens ebenso stark wie die Parteineigung. Unter diesen Bedingungen kann sie im Aggregat nicht als ein Indikator gesehen werden, der anhaltende Bindungen zuverlässiger erfaßt und in geringerem Maße für kurzfristige Schwankungen anfällig ist als die allgemeine Parteineigung.

Daß sich die grundsätzliche Parteineigung im Aggregat nicht als härterer Indikator der Parteiidentifikation erweist, führt zu einem Mikro-Makro-Puzzle besonderer Art. Denn Gluchowski hat auf der Individualdatenebene festgestellt, daß die grundsätzliche Parteineigung in geringerem Maße von kurzfristigen Parteipräferenzen betroffen ist (Gluchowski 1983:471-472). (Diese Schlußfolgerung beruht jedoch auf Inferenzen aus Querschnittanalysen, nicht auf Ergebnissen von Panels). Kaase (1986) hat dargestellt, wie Stabilität im Aggregat durchaus auf sinnvolle Art und Weise mit Instabilität auf der Individualebene in Einklang gebracht werden kann (vgl. für eine teilweise verwandte Argumentation Page/Shapiro 1992:15-34). Im vorliegenden Fall handelt es sich jedoch um relative Instabilität im Aggregat, der relative Stabilität auf der Individualebene gegenübersteht. Das Mikro-Makro-Puzzle funktioniert jedoch nicht in beide Richtungen: Instabilität im Aggregat ist nicht mit Stabilität auf der Individualebene vereinbar. Nach diesem Ergebnis ist also in Frage zu stellen, ob die grundsätzliche Parteineigung tatsächlich als härterer Indikator der Parteiidentifikation angesehen werden kann. In jedem Fall ist es jedoch *ein* Indikator der Parteiidentifikation und wird als solcher auch verwendet werden, auch wenn es sich nicht als der Fels in der Brandung instabiler Parteipräferenzen erwies.

Für die hier entscheidende Fragestellung ist als Ergebnis festzuhalten, daß Parteineigungen weder in den Daten der FGW noch in denen des FuB seltener wurden. Dies gilt auch für die grundsätzliche Parteineigung in den Daten des FuB.

Zur Intensität der Parteineigung

Zusätzlich zur Häufigkeit der Parteineigung wird oft ihre Intensität untersucht, denn ein dealignment könnte auch dergestalt stattfinden, daß Parteibindungen zwar nicht verschwinden, wohl aber weniger stark werden. Weil gezeigt worden ist, daß starke Parteineigungen effektiver in der Prägung des Wahlverhaltens sind (vgl. Falter/Rattinger 1986:297, Heath u.a. 1991:13) und stabiler ausfallen als die nur mäßige oder schwache Parteineigung (vgl. Landua 1989:11), könnte ein Intensitätsverlust der Parteineigung unmittelbar verhaltensrelevant werden.

Eine derartige Entwicklung wurde anhand der Daten der FGW diagnostiziert (vgl. Gabriel 1988, Dalton 1989). Sie fand mit erstaunlicher Deutlichkeit zwischen 1980 und 1983 statt: In diesem Zeitraum ging die starke Parteineigung um 12 Prozentpunkte zurück. Danach blieb sie konstant (siehe Tab. 6.10). Anders als die Datenreihen zur Häufigkeit der Parteineigung weist dieser Befund tatsächlich auf ein dealignment hin, auch wenn sich dieses nicht kontinuierlich, sondern als Stufe vollzog.

Die Trendreihe zur Intensität der Parteineigung in den Daten des FuB ist recht lückenhaft, sie läßt sich erst seit 1978 durchgängig verfolgen.[15] Demnach zeigt sich ein Rückgang starker Parteineigungen in den 80er Jahren, der im wesentlichen als Stufe zwischen den Bundestagswahlen von 1983 und 1987 - also eine Legislaturperiode später als in den Daten der FGW - zutage tritt. Dieser auf die 80er Jahre beschränkte Befund läßt sich in Beziehung zu den sporadischen und nicht an Bundestagswahlen orientierten Messungen der 70er Jahre setzen, indem die Differenz zwischen der Häufigkeit von Parteineigungen insgesamt und der starken Parteineigung betrachtet wird. Denn ausgehend von dem Ergebnis, daß die Parteineigung insgesamt keinen rückläufigen Trend zeigt, müßte sich ein Rückgang starker Parteineigungen dadurch zeigen lassen, daß die Spanne zwischen Parteineigung und starker Parteineigung wächst. Dies ist nicht der Fall. In den 70er Jahren (11 Meßpunkte) betrug diese Differenz zwischen 39 und 47 Prozentpunkten. Im Zeitraum von 1979 bis 1983 schrumpfte sie auf 34 bis 37 Prozentpunkte - starke Parteineigungen waren hier relativ häufig - um nach 1984 wieder auf das in den 70er Jahren beobachtete Niveau anzusteigen. Die starke Parteineigung hat sich also nicht von der Parteineigung abgekoppelt, ein langfristiger Trend rückläufiger Intensität der Parteineigung läßt sich aus diesen Daten nicht ablesen.

Hinsichtlich der Intensität der Parteineigung führen die Daten des FuB also nicht zu dem gleichen Ergebnis wie die der FGW. Angesichts dieser Unstimmigkeit kann die Frage, ob die Parteineigung schwächer geworden ist, hier nicht beantwortet werden. Um so wichtiger sind die Untersuchungen zur Effektivität und zur Stabilität der Parteineigung, denn hier könnte sich ein Intensitätsverlust niederschlagen.

Zur Stabilität der Parteineigung

Das Konzept der Parteiidentifikation beschreibt eine dauerhafte Bindung zwischen Individuum und Partei. Ein entscheidendes Kriterium der Parteiidentifikation ist also ihre Stabilität. An keinem anderen Punkt wird die Schwäche der zur Verfügung stehenden Indikatoren so offenkundig, wie dies bei der Stabilität der Fall ist. Denn entgegen dem theoretischen An-

---

15 Die Frage lautet: Wie stark oder wie schwach neigen Sie, - alles zusammengenommen - dieser Partei zu: Würden Sie sagen: eher stark, mäßig oder eher schwach?

spruch zeigt die Parteineigung - ebenso wie andere Indikatoren - ein be-
achtliches Ausmaß an Schwankungen zwischen Panelwellen (vgl. z.B.
Gluchowski 1978:241-300). In welchem Verhältnis in diese Schwankungen
die Instabilitäten der tatsächlichen Parteiidentifikationen und die aufgrund
der Schwächen des Meßinstrumentes miterfaßten kurzfristigen Präferenzen
eingehen, ist unklar. Eine Zunahme der Instabilität deutete aber in jedem
Fall auf ein dealignment hin, unabhängig davon, wie groß der Bestand stabiler Parteiidentifikationen tatsächlich ist. Um dies zu untersuchen, werden
Panels des FuB aus dem Zeitraum von 1971 bis 1982 den von Landua
(1989:12) präsentierten Stabilitäten der Parteineigung im sozioöko-
nomischen Panel (SOEP) von 1984 bis 1988 gegenübergestellt.[16] Der
Abstand zwischen den Panelwellen betrug dabei jeweils ca. ein Jahr. Bei
den FuB-Panels handelt es sich um Vorwahlpanels zu den Wahlen von
1972, 1976 und 1983. Weil die Verteilung der Parteineigung auf einen
Zusammenhang mit Wahlterminen hindeutete, stellen die Wellen von 1986
und 1987 wohl den geeignetsten Vergleichszeitpunkt zu den FuB-Panels im
SOEP dar. Für diesen Vergleich wurden die Werte - wie bei Landua - für
die Parteien getrennt betrachtet.

Diese Daten lassen keinen Stabilitätsverlust der Parteineigung erkennen.
Für die großen Parteien markiert die Stabilität von 1986 bis 1987 immerhin
den zweithöchsten Wert der hier betrachteten Wahlen, im Falle der Union
mit 83 Prozent, im Falle der SPD mit 78 Prozent. Die niedrigste Stabilitäts-
rate liegt für die Union am ersten Meßzeitpunkt (70%), für die SPD im
Zeitraum von 1980 bis 1982 (72%). Die Stabilität der FDP-Neiger ist 1986
bis 1987 am höchsten, gleiches gilt für die Grünen, soweit man einen
Vergleich mit dem mit 43 Fällen nur schwach fundierten Wert von 1980
ziehen will. Ein Trend läßt sich aus diesen Daten auch dann nicht ablesen,
wenn die weiteren SOEP-Wellen ergänzend betrachtet werden. Für einen
Stabilitätsverlust der Parteineigung besteht kein Anhaltspunkt.

---

16 Um die Daten an das von Landua genutzte Format anzugleichen, wurden die Restkatego-
    rien (w.n., k.A., verweigert) hier aus der Analyse entfernt und nicht in die Prozentuie-
    rungsbasis einbezogen.

Tabelle 6.11

Stabilität von Parteineigungen in Paneluntersuchungen im Zeitvergleich 1972-1988 (Reihenprozente)

		In zweiter Panelwelle Abwanderung zu/Verbleib bei:						
		CDU/CSU %	SPD %	FDP %	Grüne %	Andere %	keine %	N
Neigung in erster Panelwelle für:								
CDU/CSU								
	11/71 -10/72	**69,5**	11,2	1,4	-	0,6	17,3	636
FuB {11/75 -9/76		**81,2**	4,7	1,3	-	0,4	12,5	558
	9/80 -2/82	**83,6**	4,4	1,4	0,8	-	9,5	1173
	84 - 85	**75,7**	2,5	2,3	0,4	0,3	18,9	
	85 - 86	**78,9**	1,5	0,9	0,3	0,1	18,3	
SOEP {	86 - 87	**82,8**	2,1	1,7	0,3	0,3	12,7	
	87 - 88	**73,1**	2,7	1,5	0,2	0,6	21,8	
SPD								
	11/71 -10/72	5,4	**77,1**	3,2	-	1,2	14,2	817
FuB {11/75 -9/76		5,4	**83,4**	1,3	-	-	9,9	667
	9/80 -2/82	7,7	**72,4**	4,8	2,9	-	12,2	1465
	84 - 85	2,2	**75,2**	0,6	1,4	0,2	20,5	
	85 - 86	2,0	**77,7**	0,5	1,6	0,2	18,0	
SOEP {	86 - 87	3,2	**78,1**	1,4	2,2	0,3	14,8	
	87 - 88	1,8	**85,0**	0,3	0,7	-	12,1	
FDP								
	11/71 -10/72	(14)	(14)	**(49)**	-	(2)	(20)	49
FuB {11/75 -9/76		11	26	**45**	-	-	18	89
	9/80 -2/82	15,2	15,8	**49,1**	1,8	-	18,1	171
	84 - 85	9,9	4,7	**58,4**	2,1	-	24,9	
	85 - 86	10,8	7,0	**47,2**	-	-	35,0	
SOEP {	86 - 87	8,6	2,9	**72,0**	-	0,2	16,3	
	87 - 88	5,3	6,4	**54,7**	0,6	1,0	32,0	
Grüne								
FuB	9/80 -2/82	(7)	(14)	(5)	**(56)**	(2)	(16)	43
	84 - 85	1,8	13,7	0,0	**70,2**	0,0	14,2	
	85 - 86	3,2	10,2	0,3	**67,4**	0,0	19,0	
SOEP {	86 - 87	1,7	12,0	0,4	**70,5**	1,2	14,1	
	87 - 88	5,3	21,1	0,0	**59,3**	0,6	13,6	

Zahlen in Klammern: geringe Prozentuierungsbasis
Quelle: 71-72: Konrad-Adenauer-Stiftung, Bereich Forschung und Beratung, Archiv-Nr.:
           7203 und 7212 (2. und 3. Welle), N (3. Welle) = 4885
           75-76: Archiv-Nr.: 7514 und 7616 (1. und 2. Welle), N (2. Welle) = 1690
           80-82: Archiv-Nr.: 8012 und 8204 (1. und 2. Welle), N (2. Welle) = 3933
           84-88: Landua (1989:S. 12) mit Daten des Sozio-Ökonomischen-Panel (SOEP),
           N (1984) = ca. 12.000, N (1988) = ca. 10.000

Zur Effektivität der Parteineigung

Ein dealignment könnte sich auch darin manifestieren, daß gleichermaßen häufige und gleichermaßen stabile Parteibindungen ihre Funktionsweise verändern. Gluchowski (1978:291-306) hat dargestellt, daß die Funktionsweise der Parteiidentifikation in der Bundesrepublik im wesentlichen in der Attitüdenstrukturierung, weniger aber in der Prägung des Wahlverhaltens zutage tritt. Deswegen böte es sich hier an, die Fähigkeit der Parteineigung, die Meinungsbildung zu beeinflussen, im Zeitablauf zu untersuchen. Da vergleichbare Panels jedoch nicht vorliegen, kann diese Analyse hier nicht vorgenommen werden. Deswegen muß sich auf die bereits im Falle der USA untersuchte Funktion der Parteiidentifikation, das Wahlverhalten zu prägen, konzentriert werden. Wenn auch in Deutschland die Bereitschaft, von einer vorhandenen Parteiidentifikation abzugehen und eine andere Partei zu wählen, wüchse, die aktuelle Parteipräferenz also in zunehmendem Maße in der Lage wäre, sich von der dauerhaften Bindung zu lösen, wäre dies in der Tat ein starkes Indiz für ein dealignment.

Nach den Daten des FuB ist der Unionsanteil in der Wahlabsicht unter denen, die ihr grundsätzlich zuneigen, seit 1976 tatsächlich leicht zurückgegangen (von 98 % 1976 auf 93 % 1990, siehe Tab. 6.12). Seit 1983 kommt dieses defecting vote aber so gut wie ausschließlich der FDP zugute, so daß die Ausschöpfung der grundsätzlichen Unionsneiger durch das bürgerliche Lager auf dem Niveau liegt, das die Union 1976 alleine hielt (1990: 98 %). Das relativ schlechteste Abschneiden der Union bei ihren Neigern (94 % bei der Bundestagswahl 1980) geht wohl auf die polarisierende Kandidatenkonstellation zurück (vgl. Falter/Rattinger 1983). Die Ausschöpfung der grundsätzlichen SPD-Neiger zeigt keinen Trend, sowohl isoliert betrachtet (zwischen 92 und 94 %) als auch im Zusammenhang mit dem jeweiligen Lagerpartner (zwischen 95 und 97 %). Lediglich der Anteil der FDP unter ihren grundsätzlichen Neigern ist zurückgegangen. Ihr Eigenanteil sank von 94 auf 72 Prozent, der Anteil der jeweiligen Koalition von 100 auf 88 Prozent. Angesichts dieser auf eine einzige Partei beschränkten Entwicklung kann insgesamt, unter Berücksichtigung der veränderten Parteienkonstellation, ein Effektivitätsverlust der Parteineigung nicht festgestellt werden.

Tabelle 6.12

Parteiidentifikation und Wahlentscheidung

Stimmenanteil der jeweiligen Partei (Wahlabsichtsfrage)

	1976 %	1980 %	1983 %	1987 %	1990 %
grundsätzliche Neigung zu					
CDU/CSU	98	94	93	90	93
SPD	92	93	93	94	92
FDP	94	88	83	81	72
Grüne	-	79	76	92	81

Stimmenanteil der Koalition bzw. des jeweiligen Lagers

	1976 %	1980 %	1983 %	1987 %	1990 %
grundsätzliche Neigung zu					
CDU/CSU 76-80: allein 83-90: mit FDP	98	94	96	97	98
SPD 76-80: mit FDP 83-90: mit Grünen	97	97	95	95	96
FDP 76-80: mit SPD 83-90: mit CDU/CSU	100	94	96	93	88
Grüne 83-90: mit SPD	-	-	87	97	97

Quelle: Konrad-Adenauer-Stiftung, Bereich Forschung und Beratung, Archiv-Nr.: 7614, 8012, 8302, 8701, 9007; Prozentuierungsbasis: Wähler

6.3   Beurteilung der Befunde im Lichte der Hypothesen

Die Trends elektoraler Stabilität in den USA und in Westdeutschland wurden dargestellt, um soziale und politische Wandelthesen einem empirischen Test, der der Logik eines Experiments nachempfunden ist, zu unterziehen. Dabei stellte sich heraus, daß die Daten zweifelsfrei dealignmentartige Prozesse in den USA dokumentieren. Diese verliefen zwar häufig nicht kontinuierlich, was sich insbesondere in der vergleichsweise hohen Stabilität in den 80er Jahren zeigte, die Richtung ist jedoch eindeutig, und das nicht nur, weil die Präsidentschaftswahl 1992 durch besondere Instabilität gekennzeichnet war. Dieses Ergebnis ist sowohl mit dem politischen als auch mit dem sozialen Erklärungsansatz im Einklang.

Allerdings muß hier offen gelassen werden, was die Gründe für die geringere Volatilität in den 80er Jahren im Vergleich zu den 70er Jahren, aber auch zu den Wahlen 1992 sind. Eine spekulative Erklärungsmöglichkeit besteht darin, daß die Kandidatenkonstellation in Präsidentschaftswahlen in dieser Zeit durch eine gleichbleibend starke Polarisierung zwischen republikanischen und demokratischen Kandidaten, die dem jeweils konservativen bzw. linken Flügel der Partei entstammten, geprägt war, und deswegen auch bei kandidatenorientiertem Wahlverhalten keinen Parteiwechsel stimulierte (für die Republikaner 1980 und 1984 Reagan, 1988 Bush; für die Demokraten 1980 Carter, vor allem aber 1984 Mondale und 1988 Dukakis). Die Kandidatur des "New Democrat" Clinton und die Steuererhöhungen, mit denen Bush 1990 sein konservatives Image relativiert haben dürfte, reduzierten diese Polarisierung 1992 und ließen ein verändertes Wahlverhalten erwarten. Ein anderer Erklärungsversuch knüpft an den Aspekten der Stärkung der Parteien an, die oben geschildert wurden (Kap. 4). Angesichts des erneuten Anstiegs der Volatilität 1992 kann diese Erklärung jedoch nicht gänzlich überzeugen. Die abschließende Erklärung der relativen Stabilität in den 80er Jahren bleibt späteren Analysen vorbehalten. Es ist jedoch sehr wahrscheinlich, daß diese eine politische Erklärung sein wird, denn die längerfristige Ausrichtung des sozialen Ansatzes wird diesem vorübergehenden Phänomen nicht gerecht.

Die Befunde für Westdeutschland sind andersartig. Ein Indikator, der auf einen kontinuierlichen Anstieg elektoraler Instabilität hinweist, ist das Stimmensplitting bei Bundestagswahlen. Daß dieses seit 1976 häufiger wurde, kann durchaus in Übereinstimmung mit dem Zeitrahmen der sozialen Wandelthesen gesehen werden. Weil es aber nur kleine Parteien betrifft, die an die neue Mittelschicht appellieren, ist nicht eindeutig, ob dies die besondere koalitionstaktische Lage dieser Parteien oder besondere Verhaltensmuster der neuen Mittelschicht widerspiegelt. Das Splitting sollte bei der Diagnose eines dealignment also nur herangezogen werden, wenn andere Indikatoren ein ähnliches Ergebnis nahelegen.

Eine Destabilisierung ist auch bei Landtagswahlergebnissen festzustellen. Obwohl jedoch deren Schwankungen seit der Mitte der 70er Jahre deutlich zunahmen, überschritten diese nicht das in den späten 60er und frühen 70er Jahren gemessene Niveau. Für eine dem Zeitrahmen der sozialen Wandelthesen entsprechende Entwicklung fehlt die Stabilität in der Vergangenheit, die Ausgangspunkt eines dealignments sein könnte. Unabhängig davon, ob der Prozeß eines dealignment auf der Basis individueller Verhaltensänderungen oder im Wege generationellen Austauschs verstanden wird, eine kurvilineare Entwicklung wie die beschriebene kann durch den sozialen Wandel allein nicht erklärt werden. Zusätzliche Variablen müßten eingeführt werden, um die Volatilität in den 60er Jahren (oder die Stabilität in den 70er Jahren) zu erklären. Gleiches gilt für das föderale Splitting, von dem vermutet wird, daß es sich parallel zur Volatilität in Landtagswahlen entwickelte. Aber auch nach dem politischen Erklärungsansatz waren die Entwicklungen in den Landtagswahlen nicht zu erwarten. Diese Befunde sind also auch angesichts offenkundigen deskriptiven Interesses nicht geeignet, zwischen sozialem und politischem Erklärungsansatz zu diskriminieren. Damit verweisen sie darauf, daß keiner der beiden Erklärungsansätze den Daten in vollständig befriedigender Weise gerecht wird.

Die restlichen Indikatoren - und das ist die Mehrzahl - weisen nicht auf eine Destabilisierung hin. Bei Bundestagswahlen wurde nach dem sozialen Erklärungsansatz mit steigender Volatilität gerechnet, nach dem politischen war kein über den Wechsel mit den Grünen hinausgehender Anstieg zu erwarten. Eine gestiegene Wechselaktivität ließ sich in den Daten nicht feststellen. Die steigende Wechselaktivität zwischen SPD und Grünen wurde sogar durch einen Rückgang des Wechsels zwischen den "Altparteien" kompensiert. Der die Kanzlerfrage entscheidende Wechsel zwischen Regierung und Opposition ist im Betrachtungszeitraum seltener geworden. Aus dieser Entwicklung sticht die Volatilität bei der Bundestagswahl 1983 heraus, die sich auf das Aufkommen der Grünen und den Koalitionswechsel der FDP zurückführen läßt. Auch die Entwicklung der Parteiidentifikation in ihrer Operationalisierung durch die Neigerfrage führt zu keinem auf ein dealignment deutenden Befund. Zu ihrer Intensität ergeben sich divergierende Ergebnisse in unterschiedlichen Datenquellen, ihre Häufigkeit, Stabilität und Effektivität sind aber nicht rückläufig. Die Schlußfolgerung eines dealignment könnte sich also einzig auf das in dieser Richtung zu interpretierende Splitting bei Bundestagswahlen stützen. Dieser Indikator ist aber, wie dargestellt, nicht in der Lage, eine derartige Schlußfolgerung allein zu tragen. Von einem dealignment in Westdeutschland bis 1990 kann also nicht gesprochen werden. Dieser Befund läuft dem sozialen Erklärungsansatz zuwider.

Tabelle 6.13

Ergebnisse zur Volatilität in den USA und in Westdeutschland
(In Klammern erfaßter Zeitraum)

	USA	D
Wahlverhalten:		
steigende Schwankungen in Hauptwahlen?	ja (1944-1992)	nein (1953-1990)
steigende Wechselaktivität in Hauptwahlen?	ja (1952-1992)	nein (1972-1990)
steigende Schwankungen in Nebenwahlen?	nicht erfaßt	unklar (kurvilinear) (1961-1992)
steigendes Splitting?	ja (1952-1992)	ja, aber auf FDP und Grüne beschränkt (1957-1990)
Parteiidentifikation:		
seltenere Parteiidentifikation?	ja (1952-1992)	nein (1972-1990)
schwächere Parteiidentifikation?	ja (1952-1992)	unklar (1972-1990)
instabilere Parteiidentifikation?	nein (1956-1976)	nein (1972-1988)
weniger effektive Parteiidentifikation?	ja (1952-1992)	nur lagerintern (1976-1990)

Der Rahmen theoretischer Erklärungsansätze, der bisher erarbeitet wurde, ist natürlich angesichts der Komplexität sozialer Zusammenhänge sehr begrenzt. Er besteht aus einem politischen Erklärungsansatz, der Veränderungen einiger Aspekte der Gelegenheitsstruktur beschrieb, und einem sozialen Erklärungsansatz, der die Auflösung von Bindungen hervorhob. Weitere Erklärungen werden in den folgenden Abschnitten erwogen. Bei allen Einschränkungen, mit denen ein "Experiment", das wie hier den Daten post hoc aufgestülpt wurde, interpretiert werden muß, so gibt es doch die Möglichkeit an die Hand, zu bedingten Schlußfolgerungen zu gelangen. Diese lauten hier: Unter der Annahme, daß die hier vorgestellten Ansätze die zur Erklärung des Wählerwandels wesentlichen sind, wird festgestellt, (1) daß die These, der soziale Wandel führe zu gestiegener Volatilität, nicht mit den Daten vereinbar ist und (2) daß die Entwicklung der Volatilität in Übereinstimmung mit den Erwartungen des politischen Erklärungsansatzes ist. In einer der empirischen Sozialwissenschaft freundlicher gesonnenen Welt könnte der soziale Erklärungsansatz der Volatilität aufgrund dieser Ergebnisse verworfen werden.

Insoweit diese Schlußfolgerung valide ist, befruchten die Ergebnisse aus beiden Ländern die Interpretation der Befunde im jeweils anderen. Für die USA bedeutet der Vergleich mit Deutschland, daß soziale Entwicklungen, denen beide Länder unterworfen sind, nicht notwendigerweise zu einem dealignment führen müssen. Insbesondere gilt dies für die Bildungsexpansion, deren Rolle im dealignment in der amerikanischen Literatur noch nicht ganz geklärt ist, wie in Kapitel 3 dargelegt wurde. Bei strikter Auslegung der hier dargestellten Ergebnisse nach der Logik des Experiments könnte ein Einfluß der Bildungsexpansion auf das dealignment ausgeschlossen werden. Nach einer derartigen Interpretation kann sie keine (Teil-) Ursache sein, weil andernfalls ein dealignment auch in Westdeutschland zu beobachten sein müßte. Umgekehrt zeigt der Vergleich mit den USA für Westdeutschland in dieser strikten Auslegung, daß dealignment-artige Prozesse auf Faktoren zurückzuführen sind, die in Westdeutschland nicht vorliegen. Bis derartige Entwicklungen eintreten, wäre demnach mit einem dealignment nicht zu rechnen.

Eine derart strikte Interpretation der Ergebnisse soll hier jedoch nur skizziert, nicht aber vorgenommen werden. Diese Zurückhaltung liegt darin begründet, daß bei der Analyse sozialer Zusammenhänge zwei Fälle nicht ausreichen können, um zwei Kausalhypothesen mit einiger Bestimmtheit zu testen. Dennoch möchte ich unterstreichen, daß der politische Erklärungs-

ansatz der einzige ist, der sich weitgehend widerspruchsfrei mit den Daten
deckt. Diese Evidenz reicht nicht hin, um den sozialen Erklärungsansatz zu
verwerfen. Sie ist aber als ein wichtiges Indiz zu werten.

Daß sich diese Schlußfolgerung nicht definitiv ziehen läßt, liegt daran,
daß einige Alternativhypothesen nicht im Widerspruch mit den bisher
präsentierten Daten sind. Diese Alternativhypothesen sind allerdings nicht
identisch für beide Länder. Denn für die USA beinhalten sie Erklärungen
für den Rückgang der Parteiidentifikation, für Deutschland dagegen für das
Ausbleiben eines manifesten derartigen Trends. Dieser Umstand macht es
erforderlich, an diesem Punkt von der in beiden Ländern parallelen Analyseweise Abstand zu nehmen. So wird sich das folgende Kapitel der Frage
widmen, ob sich empirische Hinweise für die These finden lassen, daß es in
Deutschland zu einem Anstieg der Wechselbereitschaft kam, der sich noch
nicht in tatsächlichem Verhalten manifestieren konnte und deswegen in den
bisher untersuchten Trends nicht in Erscheinung trat. Diese Möglichkeit eines dealignment unter der Oberfläche veranlaßte dazu, in Querschnittanalysen die Suche nach dem "modernen Wechselwähler" aufzunehmen.
Obwohl derartige Analysen natürlich auch im Falle der USA von Interesse
wären, so sind sie doch angesichts der manifesten Veränderung des Wahlverhaltens und der Parteiidentifikation für die Diagnose eines dealignment
nicht erforderlich. Die USA wird deswegen im anschließenden Kapitel eine
untergeordnete Rolle spielen.

Dagegen richtet sich das daran anknüpfende Kapitel, das diskutiert, ob
politische Ereignisse für dealignment-Symptome verantwortlich sein können, zunächst an den amerikanischen Fall, weil nur dort ein dealignmnent
zu beobachten ist. Insbesondere wenn die Entwicklung bis 1993 einbezogen
wird, bietet es sich jedoch an, einen derartigen Erklärungsansatz auch für
Deutschland in Erwägung zu ziehen.

7. Wandel trotz Stabilität - Gestiegene Wechselbereitschaft in Westdeutschland?

Die Schlußfolgerung, in Westdeutschland sei kein Anstieg der Volatilität festzustellen, beruhte zu einem guten Teil auf der Analyse elektoraler Instabilität, also indirekt gemessenen manifesten Verhaltens. Ein Einwand, der gegen diese Analysen angeführt werden kann, ist, daß sie eine Destabilisierung, die sich noch nicht in tatsächliches Verhalten umgesetzt hat, dies aber mit einiger Wahrscheinlichkeit tun wird, nicht erfassen kann. Eine derartige Kritik hat den Typus des Wechselwählers im Auge, der zwar zum Wechsel bereit ist, diesen aufgrund der konkreten Umstände letztlich jedoch nicht vornimmt. Oben wurde darauf hingewiesen, daß ein derartiges Verständnis des Wechselwählers durchaus sinnvoll ist (vgl. Kap. 5). In dieser Sichtweise behaupten Thesen des dealignment keinen Anstieg der Wechselaktivität, sondern der Wechselbereitschaft: Ein Wählertypus werde häufiger, dem der Parteiwechsel leichter falle. Daß diese gestiegene Wechselbereitschaft sich noch nicht in einem Anstieg der Wechselaktivität niederschlagen konnte, liegt in dieser Sichtweise darin begründet, daß andere Faktoren dämpfend auf das Ausmaß der Wechselaktivität in den vergangenen Wahlen gewirkt haben. Das dealignment zeige sich nicht in einer Destabilisierung, sondern in einer "fragile stability" (Klingemann 1985:252).

Diese These wird von Rose/McAllister (1986) im Zusammenhang mit ihrer Differenzierung von drei Typen von Elektoraten angesprochen (vgl. Rose/McAllister 1986:138-162, besonders 156). Diese Typen sind:

- das "closed electorate", in dem Sozialisationserfahrungen, ideologische Orientierungen und Parteipräferenzen weitgehend in Einklang sind und sich gegenseitig stabilisieren,

- das "open electorate", in dem Wahlergebnisse nicht durch feste Bindungen an Parteien weitgehend vorbestimmt sind,

- das "alienated electorate", das von einer Abkehr von den Parteien gekennzeichnet ist.

Die dealignment-Thesen beschreiben den Wandel vom "closed electorate", welches das stabile Vergangenheitsbild darstellt, zum "open electorate". Entscheidendes Kriterium des "open electorate" ist jedoch nach Rose/McAllister (1986:158) nicht, daß häufig tatsächlich gewechselt wird, sondern daß Wechsel der Wahlentscheidung häufig möglich sind. Das "open electorate" hebt sich also nicht unbedingt durch die Instabilität der Wahlergebnisse, in jedem Fall aber durch deren hohes Maß an Unvorhersehbarkeit ab.

Es ist also zu fragen, ob sich die westdeutsche Wählerschaft zu einem open electorate entwickelt hat, ohne daß sich dies im tatsächlichen Verhalten niederschlägt. Als Evidenz gegen diese These kann die Entwicklung der Parteineigung angeführt werden, denn diese steht sowohl theoretisch als auch empirisch im Zusammenhang mit der Wechselbereitschaft. Dieses Argument kann aber nicht alle Bedenken ausräumen, denn zum einen ist die Validität des Indikators Parteineigung nicht ganz zweifelsfrei, zum anderen ist ein Anstieg der Wechselbereitschaft auch bei stabiler Parteiidentifikation zumindest denkbar.

Die Hypothese, daß die Wechselbereitschaft zugenommen habe, läßt sich also nicht direkt durch Zeitreihen testen, weil kein verläßlicher Indikator der Wechselbereitschaft vorliegt. Sie läßt sich aber indirekt überprüfen. Wenn von zunehmender Wechselbereitschaft gesprochen wird, so impliziert dies die Zunahme eines bestimmten Wählertypus, der qua Disposition eher zum Wechselwählen neigt. Da kein Anstieg der tatsächlichen Wechselaktivität feststellbar ist, müssen Thesen zunehmender Wechselbereitschaft konstatieren, daß Parteiwechsel aufgrund anderer, hier nicht zu bestimmender Faktoren in den vergangen Wahlen nicht induziert waren. Unter der Annahme, daß diese stabilisierenden Faktoren sowohl für die eher wechselbereiten als auch für die eher zur Parteitreue neigenden Wähler wirksam waren (oder sind), kann aber festgestellt werden, daß die wechselbereiten zu einem gegebenen Zeitpunkt tatsächlich häufiger wechseln müßten als die restliche Wählerschaft. Mit anderen Worten: Es wird eine positive Korrelation zwischen Wechsel*bereitschaft* und Wechsel*aktivität* angenommen. Diese Annahme ermöglicht es, eine erhöhte Wechselbereitschaft bestimmter Gruppen auf der Basis ihrer tatsächlichen Wechselaktivität im Vergleich zu anderen Gruppen zu erschließen. Diese Argumentation verlagert also die Perspektive vom Längs- zum Querschnitt. Eine zunehmende Wechselbereitschaft müßte sich darin manifestieren, daß sich Wechselwähler - unter denen die wechselbereiten überdurchschnittlich häufig vertreten sein sollten - von den Stammwählern dadurch unterscheiden, daß sie sich überdurchschnittlich häufig aus im sozialen Wandel gewachsenen Gruppen rekrutieren. Aus der Suche nach Verhaltensänderungen im Elektorat wird so die Suche nach einem bestimmten Wählertypus, dessen Zunahme die vergangenen Wahlen destabilisiert hat, auch wenn sie aufgrund anderer unbekannter Faktoren nicht weniger stabil waren als vorangegangene.

Der Frage, ob von zunehmender Wechselbereitschaft trotz konstanter Wechselaktivität gesprochen werden kann, kann man sich also nähern, indem zuerst untersucht wird, ob sich soziale Segmente in ihrer Wechselaktivität unterscheiden (bzw. Unterschiede zwischen Wechselwählern und Stammwählern bestehen). Wo sich Unterschiede hinsichtlich bestimmter Variablen ergeben, muß dann gefragt werden, ob die Entwicklung dieser Variablen im Zeitablauf auf ein Wachstum derjenigen Gruppen, die häufiger wechseln, hindeutet. Diese Analysen lassen sich für die Wechselaktivität und verschiedene Aspekte der Parteineigung durchführen.

Diese Analysen werden jedoch nicht mit dem Ziel einer umfassenden Bestandsaufnahme des Forschungsgegenstandes Wechselwähler im Querschnitt vorgenommen. Vielmehr sind sie dem Test einer Alternativerklärung für das "Experiment" des internationalen Vergleichs verpflichtet, das hier beschrieben wurde. Dies bedeutet, daß nicht an eine vollständige Durchleuchtung des Wechselwählers mit dem der Wahlforschung zum Standard gewordenen Instrumentarium gedacht ist. Vielmehr werden Variablen untersucht, die von den Wandelthesen als ein dealignment begünstigend herausgestellt wurden. Dabei handelt es sich um die sozialstrukturellen Merkmale der Bildung und der Berufsgruppe, um die soziale Integration und, wegen der Möglichkeit des Wandels im Austausch der Generationen, um das Alter. Zusätzlich werden Variablen untersucht, die das Verhältnis des einzelnen zur Politik erfassen - wie politisches Interesse, efficacy und politisches Vertrauen - weil die Vorstellung eines "modernen Wechselwählers" Besonderheiten der Wechselwähler in diesen Gesichtspunkten impliziert.

Die Einbindung der Querschnittanalyse in die Logik des Experiments bedingt jedoch nicht nur eine Beschränkung der betrachteten Variablenzahl, sondern zudem eine Konzentration dieser Analysen auf den deutschen Fall. Denn angesichts der klaren Symptome eines dealignment in den USA ist die These, ein Anstieg der Wechselbereitschaft könne sich noch nicht in tatsächlicher Wechselaktivität manifestieren, nur für die deutschen Ergebnisse als Alternativerklärung einschlägig. Aus dieser These leitet sich jedoch die Notwendigkeit der Querschnittanalyse ab. Der vergleichende Hypothesentest, der dieser Studie zugrundeliegt, gebietet es daher, auf umfangreiche Querschnittanalysen des Wechselwählens in den USA hier zu verzichten, um später auf verbleibende Alternativerklärungen für die Ergebnisse eingehen zu können (siehe Kap. 8). Deswegen wird lediglich ein knapper Exkurs einige Analysen zum Wechselwählen bei der Präsidentschaftswahl 1992 darstellen (7.5).

Bei der Analyse des Querschnitts werden die Implikationen eventuell bestehender Unterschiede zwischen sozialen Gruppen hinsichtlich ihrer Wechselaktivität im Auge behalten. Schließlich stößt die Längsschnittanalyse des Wechselwählens vor allem deswegen auf besonderes Interesse auch außerhalb der Wahlforschung, weil von der individuellen Stabilität Auswirkungen auf die Stabilität von Elementen des politischen Systems im weiteren Sinne und insbesondere auf die Stabilität des Parteiensystems abgeleitet werden können. Wie diese Auswirkungen aussehen, hängt entscheidend vom Bild des Wechselwählers ab. Nach den traditionellen Befunden der Columbia-Schule, die auf geringe politische Involviertheit der Wechselwähler hinausliefen, könnten steigende Wechselwähleranteile als ein beunruhigendes Ergebnis gewertet werden (vgl. für eine Diskussion der Implikationen des Wechselwählertypus für die Demokratie Berelson u.a. 1954:305-323). Unter diesen Voraussetzungen wäre ein dealignment ein Krisenphänomen. Dagegen hat der von den sozialen Wandelthesen skizzierte Anstieg der Wechselbereitschaft normativ häufig einen positiven Beiklang, der sich insbesondere auf die gute Bildung des aus dem Modernisierungsprozeß resultierenden Wechselwählers stützt. In einem gewissen Verständnis entscheide der neue Wählertypus "rational" (Veen 1988a), denn gut Gebildete hätten weniger Schwierigkeiten, "the strain of dealing with conflicting bits of information" und "the difficulty of organizing and remembering political facts" (Shively 1979:1041) zu meistern. Die kognitive Mobilisierung gebe dem Bürger "the skills and resources necessary to become politically engaged with little dependence on external cues" (Dalton

1984a:267). Nach Klingemann (1985:251) sei das Resultat, daß "politics *sui generis* seems to be the moving force when it comes to the voters' decision on election day". So setzen die sozialen Wandelthesen dem traditionellen Befund des ungebildeten, desinteressierten, zufälligen Wechselwählers der Columbia-Studien das Bild eines Wählers entgegen, der seine besonderen "abilities" nutzt, um die "difficulties" zu überwinden, die dem entgegenstehen, "politics sui generis" zur Basis der Wahlentscheidung zu machen. Über die normative Einschätzung dieser Entwicklung durch die Autoren lassen sich auf der Basis dieser Wortwahl Vermutungen anstellen. Die sozialen Wandelthesen erscheinen demnach in der Darstellung zumindest einiger Autoren als ein Beispiel positiv bewerteter Modernisierungstheorien.

Bevor darüber nachgedacht werden soll, inwieweit diese Bewertung zu teilen ist, muß die Frage gekläret werden, ob sich die erwarteten Unterschiede empirisch belegen lassen.

7.1 Wechselbereitschaft und veränderte Sozialstruktur

Nach den sozialen Thesen des dealignment wäre eine höhere Wechselaktivität, eine niedrigere Parteiidentifikation und/oder das häufigere Abweichen der Wahlentscheidung von der Parteiidentifikation unter den Angestellten und Beamten und den besser Gebildeten zu erwarten. Diese Gruppen seien durch ihre Stellung im Konfliktgefüge und/oder ihre kognitiven Fähigkeiten nicht an eine bestimmte Partei gebunden und deswegen in besonderer Weise wechselbereit: Sie stellen den "modernen Wechselwähler". Der von diesen Thesen behauptete Anstieg der Wechselbereitschaft in der Wählerschaft erklärt sich aus dem wachsenden Anteil dieser Gruppen an der Bevölkerung, der in der Entwicklung zur Dienstleistungsgesellschaft und der Bildungsexpansion begründet ist. Weil der Wandel häufig im

Zusammenhang mit der Generationenfolge gesehen wird, wäre zudem eine höhere Wechselbereitschaft unter jüngeren Wahlberechtigten zu erwarten.[1]

Angesichts der verschiedenen Begrifflichkeiten und Meßinstrumente des Wechselwählens stellt sich auch hier die Frage, auf welche für diese Analysen zurückgegriffen werden soll. Am naheliegendsten erscheint zunächst, die direkte Frage nach dem vergangenen Wahlverhalten zu verwenden, wie dies etwa von Dittrich (1991:136-141, 159-162) für eine Reihe von Sozialstrukturvariablen getan wurde. Wie bereits im Zeitvergleich erweist sich jedoch die mangelnde Präzision hinsichtlich der Wechselarten auch im Querschnitt als Problem. Denn diejenigen, die "im Laufe der Zeit mal andere Parteien gewählt" haben, unterscheiden sich bezüglich der Verteilung der Parteipräferenzen systematisch von denen, die angeben, "immer dieselbe Partei gewählt" zu haben, durch eine deutliche Überrepräsentation der Grünen (13 % versus 5 %) und der FDP (12 % versus 3 %, Herbst 1990). Angesichts des gestiegenen lagerinternen Wechsels, der ja immer eine dieser zwei Parteien einschließt, ist dies nicht verwunderlich. Eine Analyse der Besonderheiten derer, die mit der direkten Frage als "Wechselwähler" gemessen wurden, beinhaltet also zu einem guten Teil eine Analyse der Wählerschaft der kleinen Parlamentsparteien. Dabei ist hier unerheblich, ob man diese Wähler primär als Wechselwähler oder primär als Wähler kleiner Parteien verstehen möchte. Entscheidend ist, daß Untersuchungen der Wechselwählerschaft auf dieser Basis gerade zwangsläufig Dinge zutage fördern müssen, die über die kleinen Parteien bekannt sind, ohne daß dies aus der Bezeichnung erkenntlich wird. Dies ist deshalb wichtig, weil im Begriff "Wechselwähler" die Beschränkung auf den Wechsel mit den kleinen Parteien nicht mitschwingt, sondern dieser weitere Konnotationen in sich birgt, wie auch seine Rezeption in der Literatur zu den Parteien zeigt. Eine Analyse der Wechselwählerschaft auf diese Art und ohne zusätzliche Kontrolle für die Parteipräferenzen kann also irreführen. Das charakteristisch "Wechselwählerische" läßt sich so nicht in Erfahrung bringen.

---

1   Eine entsprechende Untersuchung läßt sich für die Thesen, die nicht an der veränderten Zusammensetzung der Bevölkerung anknüpfen, sondern sich auf die Behauptung verringerter Bedeutung der Sozialstruktur auf der Mikroebene beschränken, nicht durchführen. Denn eine derartige These erlaubt es nicht, bestimmte Gruppen zu definieren, an die die Entwicklung gebunden sein soll. Dagegen sind die hier vorgestellten Untersuchungen auch dann relevant, wenn die veränderte Bevölkerungszusammensetzung als eine zumindest partielle Ursache des behaupteten Wählerwandels betrachtet wird. Dies ist bei den meisten Spielarten der Individualisierungsthese der Fall.

Aus diesem Grund basieren auch die Querschnittanalysen des Wechselwählens auf dem Vergleich von rückerinnerter Wahlentscheidung und
Wahlabsicht. Mittels dieses Instrumentes stellte Kaase (1967) nur recht
geringe Unterschiede zwischen Wechselwählern und Stammwählern bei der
Bundestagswahl 1961 fest, die zudem abhängig von den jeweiligen Parteien
waren (Kaase 1967:107-112). Kaase folgerte, daß "eine sozial-monokausale
Deutung des Wechsels nicht gerechtfertigt werden" könne (ebda.:112). Es
ist zu fragen, ob sich mittlerweile deutlichere Unterschiede herausgebildet
haben. Dies soll anhand des westdeutschen Teils der Herbstumfrage 1990
des FuB (3.000 Befragte) untersucht werden, die bereits in den Längs-
schnittuntersuchungen verwendet wurde.

Betrachtet man den Gesamtanteil der Wechselwähler der Bundestagswahl 1990, so bestätigen die Daten den Zusammenhang von einigen
Aspekten des sozialen Wandels mit der Wechselaktivität. Insbesondere
ergibt sich ein Anstieg der Wechselaktivität mit zunehmender Bildung (3
Kategorien, $r=.12$, p mit .00 angegeben, siehe Tab. 7.1 für die Pro-
zentverteilung). Ebenso deutlich der Zusammenhang zwischen Wechselaktivität und Alter: Die jüngsten Wähler wechselten etwa doppelt so häufig
wie die ältesten (5 Kategorien, $r=-.12$, p mit .00 angegeben). Der Befund
zur Berufsstruktur ist weniger klar. Zwar wechselten die Angestellten und
Beamten etwas häufiger als die Arbeiter, aber nicht häufiger als die "alte
Mittelschicht" der Selbständigen und Freiberufler. Die Unterschiede
zwischen den Berufsgruppen sind nicht statistisch signifikant (chi^2, $p=.38$).
Zusätzlich zur hier vorgenommenen Unterteilung in zwei Gruppen von
Angestellten und Beamten wurde eine von Brinkmann (1988:22-23) vorge-
schlagene Operationalisierung der neuen Mittelschicht nachgebildet, die
sich aus Berufsgruppe und generationsabhängigem Bildungsabschluß
zusammensetzt.[2] In dieser Gruppe ist die Gesamtwechselaktivität nur wenig
größer als in den Angestellten- und Beamtengruppen bzw. der alten Mittelschicht. Immerhin erreicht der Abstand zwischen Arbeitern und dieser
neuen Mittelschicht in der Wechselaktivität statistische Signifikanz
($p=.03$), nicht aber der zwischen alter und neuer Mittelschicht ($p=.58$).

---

2   Als "neue Mittelschicht" werden dabei verstanden alle Beamten und Angestellten des ge-
    hobenen und höheren Dienstes oder entsprechenden Niveaus in der Privatwirtschaft, und
    diejenigen des mittleren Dienstes, die über einen bestimmten Bildungsabschluß verfügen.
    Dies ist für die Jahrgänge bis 1945 mindestens die mittlere Reife, für spätere Jahrgänge
    mindestens die Fachhochschulreife.

Tabelle 7.1

Wechselaktivität zwischen 1987 und 1990 und Sozialstruktur

Es wechselten ...

innerhalb ...

	insgesamt	*zwischen* den Lagern	des Union-FDP-Lagers	des SPD Grüne-Lagers	beider Lager zusammen	Fallzahl
	%	%	%	%	%	
unter 25 Jahre	24,8	6,0	5,1	10,3	15,4	117
25-29 Jahre	24,4	7,8	1,1	13,9	15,0	180
30-44 Jahre	19,1	7,3	3,2	7,0	10,2	587
45-59 Jahre	11,1	4,6	3,4	2,2	5,6	496
60 Jahre u.ä.	12,7	6,3	2,9	0,7	3,6	544
Volksschule	12,6	6,2	1,9	2,2	4,1	154
Mittlere Reife	20,9	7,2	4,7	7,4	12,1	444
Fachhochschul-reife, Abitur	22,0	5,6	5,3	10,8	16,1	323
Arbeiter	13,8	6,0	1,6	3,9	5,5	571
untere und mittle-re Angestellte und Beamte	16,8	7,1	3,6	4,4	8,0	770
höhere Angestellte und Beamte	17,9	5,2	6,4	4,0	10,4	251
Selbständige, freie Berufe	16,8	5,0	3,4	6,7	10,1	119
"Neue Mittelschicht"	19,0	6,3	6,1	4,8	10,8	378

Quelle: Konrad-Adenauer-Stiftung, Bereich Forschung und Beratung, Archiv-Nr.:
                 9007, Prozentuierungsbasis: Wähler in beiden Wahlen. Die Berufsgruppen
                 verstehen sich als eigener Beruf des Befragten. Die "neue Mittelschicht"
                 besteht aus höheren Angestellten und Beamten sowie mittleren Angestellten
                 und Beamten mit hoher Bildung (Geburtsjahrgang ab 1945: mind. FHS, vor
                 1945: mind. mittlere Reife).

Alle diese Unterschiede in der Wechselaktivität der Alters-, Bildungs- und Berufsgruppen beschränken sich jedoch auf den lagerinternen Wechsel. Beim Wechsel zwischen den Lagern ergeben sich in keinem dieser Fälle nennenswerte Unterschiede. Dagegen unterscheiden sich die Gruppen z.T. erheblich in ihrer Wechselaktivität innerhalb der Lager. Im Falle der Alters- und Bildungsgruppen, wo das Ausmaß der Verschiedenheiten größer ist als bei den Berufsgruppen, wirkt sich dies insbesondere im linken Lager aus, während sich im bürgerlichen Lager geringere Unterschiede ergeben. Um die Bedeutung des linken Lagers zu kontrollieren, wurden die Unterschiede im Gesamtwechselwähleranteil abzüglich des Wechsels zwischen SPD und Grünen betrachtet. Dadurch schrumpft die Differenz zwischen jüngster und ältester Gruppe von 10 auf 4 Prozentpunkte, die zwischen Befragten mit Volksschulabschluß und solchen mit mindestens Fachhochschulreife von 9 auf 2 Prozentpunkte. Die entsprechenden Korrelationen mit der Wechselaktivität sinken unter die Grenze statistischer Signifikanz (Alter: $r=-.03$, $p=.20$; Bildung: $r=.04$, $p=.14$). Dagegen korreliert die Wechselaktivität im linken Lager bei $.17$ mit der Bildung und bei $-.19$ mit dem Alter (p jeweils mit $.00$ angegeben). Die Unterschiede zwischen den Alters- und Bildungsgruppen im Ausmaß der Wechselaktivität gehen also zum größten Teil auf die Wechselaktivität zwischen Grünen und SPD zurück. Es spricht viel dafür, daß die Besonderheiten der Wechselwähler identisch mit denen der Grünen-Wählerschaft sind.

Bei den Berufsgruppen, zwischen denen Differenzen geringer ausfallen, läßt sich dies nicht mit gleicher Sicherheit sagen. Die bestehenden Unterschiede gehen jedoch vollständig auf den lagerinternen Wechsel zurück, lassen sich jedoch nicht eindeutig in einem der beiden Lager lokalisieren.

Diese Ergebnisse verdeutlichen, daß der Zusammenhang zwischen Sozialstruktur und Wechselaktivität nicht losgelöst von der Parteipräferenz gesehen werden darf. Sie beantworten aber nicht gänzlich, inwieweit zusätzlich ein von der Parteipräferenz unabhängiger Einfluß der Sozialstruktur auf die Wechselaktivität wirksam ist. Drei Modelle sind denkbar:

- "Parteipräferenzmodell": Nach diesem Modell besteht ein Zusammenhang zwischen Sozialstruktur und Parteipräferenz und ein Zusammenhang zwischen Parteipräferenz und Wechselaktivität, nicht aber ein davon losgelöster Effekt der Sozialstruktur auf die Stabilität der individuellen Wahlentscheidung.

- "Reines Sozialstrukturmodell": Dieses Modell konstatiert einen Effekt
  der Sozialstruktur auf die Parteipräferenzen und einen davon unabhängigen Effekt auf die Stabilität des individuellen Wahlverhaltens.

- "Reines Volatilitätsmodell": Hier besteht ein Zusammenhang zwischen
  sowohl sozialem Wandel als auch Parteipräferenz und der Stabilität des
  individuellen Wahlverhaltens. Dieses Modell trägt dem Instabilitätsaspekt
  beider unabhängiger Variablen Rechnung, ohne daß Wechselwirkungen
  zwischen diesen berücksichtigt werden.

Zumindest die ersten beiden Modelle - das Parteipräferenzmodell und das
Sozialstrukturmodell - können Plausibilität beanspruchen. Im Parteipräferenzmodell besteht die destabilisierende Wirkung des sozialen Wandels
in den Folgen veränderter Präferenzen, im Sozialstrukturmodell bewirkt der
soziale Wandel eine über die veränderten Präferenzen hinausgehende Destabilisierung. Das reine Volatilitätsmodell sieht Parteien und soziale Lage als
Faktoren mit potentiellem Einfluß auf die Stabilität des Wahlverhaltens,
leugnet aber den Zusammenhang von sozialer Lage und Parteipräferenz,
wodurch es unplausibel erscheint. Weil es die Destabilisierung in reinster
Form verkörpert, soll es dennoch nicht von vornherein verworfen werden.
Allen Modellen ist gemein, daß sie nicht saturiert sind, d.h. denkbare
Zusammenhänge nicht beinhalten. Dabei läßt jedes Modell (neben allen
Interaktionen höherer Ordnung) eine Interaktion erster Ordnung, also einen
der drei denkbaren bivariaten Zusammenhänge, unberücksichtigt. Dadurch
wird der Test dieser Modelle zur Frage, ob auf einen oder mehrere dieser
denkbaren Zusammenhänge ohne statistisch signifikanten Informationsverlust verzichtet werden kann.

Der empirische Test dieser Modelle erfolgt mittels hierarchischer log-
linearer Modelle. Dieses Verfahren geht von einer durch bestimmte
Variablen vorgegebenen mehrdimensionalen Tabelle aus. So läßt sich untersuchen, ob sich die Häufigkeitsverteilung in dieser Tabelle auch dann
(innerhalb von Fehlerschranken) rekonstruieren läßt, wenn bestimmte
Wechselwirkungen nicht spezifiziert werden. Die zugrundeliegende Idee ist
dabei die des chi^2 Tests: Es wird getestet, ob es nötig ist, mehr als nur die
Randverteilung einer Variablen zu wissen, um die Zellhäufigkeiten schätzen
zu können. Weichen die Schätzwerte zu stark von den beobachteten Häufigkeiten ab, signalisiert der chi^2 Test, daß eine oder mehrere bestimmte
Wechselwirkungen berücksichtigt werden müssen, also gewisse Zusammen-

hänge statistisch signifikant sind. Ein "gutes" Modell weicht nicht signifikant von den beobachteten Häufigkeiten ab. Die Variablen oder Wechselwirkungen, die es nicht berücksichtigt, sind also zur Rekonstruktion der Tabelle innerhalb der Fehlerschranken nicht notwendig. Gegenüber dem üblicheren Verfahren der multiplen Regression bestehen bei loglinearen Modellen in der Verwendung, die sie hier erfahren, im Hinblick auf die Präsentation der Ergebnisse vor allem folgende Unterschiede: (1) Hier werden die Modelle lediglich als Signifikanztests, nicht aber zur Schätzung der Stärke von Effekten verwendet; (2) die einem Regressionskoeffizienten äquivalente Position wird von Wechselwirkungen zwischen Variablen eingenommen. So beschreibt X * Y den Effekt von X auf Y (oder umgekehrt). Damit geht einher, daß das Verfahren keine Trennung von abhängigen und unabhängigen Variablen vorschreibt; (3) es geht nicht wie bei der Regression darum, die Gesamtvariation einer Variablen zu "erklären" und den Erfolg dieses Versuches in "Prozent erklärter Varianz" auszudrücken. Vielmehr ist es das Ziel, herauszufinden, welche Zusammenhänge berücksichtigt werden müssen, um die Verteilung in einer gegebenen Tabelle rekonstruieren zu können; (4) das Schätzverfahren unterscheidet sich durch die Maximum-Likelihood-Schätzung bei angenommener logarithmischer Verteilung von dem der OLS-Regression (vgl. dazu Agresti 1990). Der Vorteil des Verfahrens besteht darin, daß es nur geringe Anforderungen an die Daten stellt und insbesondere auf deren nominale Messung zugeschnitten ist. Deswegen kommt es hier zur Anwendung.

Die Variablen wurden größtenteils wie in den vorangegangenen Tabellen operationalisiert. Die Bildung wurde in drei Ausprägungen (Volksschule, mittlere Reife, mindestens Fachhochschulreife), die Schicht in der Dichotomie von "neuer Mittelschicht" (in der Operationalisierung Brinkmanns) gegenüber dem Rest der Bevölkerung und das Alter in fünf Stufen erfaßt. Die Parteiaffinität hebt auf die Neigung zu kleineren Parteien ab. Sie gruppiert jeden zu Grünen bzw. FDP, der entweder bei der Wahlabsicht oder bei der Rückerinnerung diese Partei angab. Die übrigen Befragten werden gemäß der Wahlabsicht Union, SPD und Republikanern (weil diese in der Rückerinnerung nicht erfaßt sind) zugeordnet. Dies geschieht, weil jeder, der eine kleine Partei gewählt hat oder wählen will, als potentieller Wähler dieser Partei gilt. Die Wechselaktivität besteht aus der Dichotomie übereinstimmender bzw. divergierender Parteinennungen zu Wahlabsicht und Rückerinnerung. In diesen Operationalisierungen sollen das Parteipräferenzmodell, das Sozialstrukturmodell und das reine Volatilitätsmodell mit den Daten der Herbstumfrage 1990 getestet werden. Die Ergebnisse sind in Tabelle 7.2 zusammengestellt. Zuerst wurden getrennte Berechnungen für Bildung, Schicht und Alter durchgeführt. Eine weitere Berechnung vereint alle Variablen. Die jeweils erste Zeile (A, E, J, N) listet das chi^2, die Freiheitsgrade und das Signifikanzniveau für die Anpassung lediglich der Randverteilungen auf. Die folgenden Zeilen beinhalten jeweils das Parteipräferenzmodell (B, F, K), das Sozialstrukturmodell (C, G, L) und das Volatilitätsmodell (D, H, M) in dieser Reihenfolge. Bei der Gesamtberechnung wurde der Übersichtlichkeit zuliebe lediglich das Parteipräferenzmodell dargestellt (O).

Die Ergebnisse der Modellschätzungen sprechen klar für das Parteipräferenzmodell und gegen die anderen beiden Spezifikationen. Das Parteipräferenzmodell berücksichtigt einen Zusammenhang zwischen Sozialstruktur und Parteipräferenz, einen Zusammenhang zwischen Parteipräferenz und Wechselaktivität, nicht aber einen darüber hinausgehenden zwischen Sozialstruktur und Wechselaktivität. Es weicht in keinem der drei Fälle signifikant von den beobachteten Häufigkeiten ab. Gleiches gilt für die Gesamtschätzung. Dieses vollständige Parteipräferenzmodell sieht die Wechselaktivität ebenfalls lediglich im Zusammenhang mit der Parteipräferenz, letztere im Zusammenhang mit allen drei Sozialstrukturvariablen und schließlich die Wechselwirkungen zwischen den Sozialstrukturvariablen (wobei aber keine darüber hinausgehenden Interaktionen berücksichtigt werden müssen). Daß keines dieser Modelle signifikant von den Daten abweicht, bedeutet Unterstützung für das Parteipräferenzmodell, und damit keine Unterstützung für die These, die veränderte Bildungs- und Berufsstruktur und die Besonderheiten der jüngeren Generation stünden darüber hinaus im Zusammenhang mit der individuellen Stabilität des Wahlverhaltens.

Dagegen weichen die beiden verbliebenen Modelle stets in signifikanter Weise von den beobachteten Häufigkeiten ab. Der Effekt, den sie nicht berücksichtigen, ist zur Rekonstruktion der Tabelle unabdingbar. Ein Modell der Beziehungen zwischen Sozialstruktur, Parteipräferenz und Wechselaktivität darf also nicht auf den Effekt der Sozialstruktur auf die Parteipräferenz verzichten (wie das Volatilitätsmodell). Gleiches gilt für den Zusammenhang zwischen Parteipräferenz und Wechselaktivität, den das Sozialstrukturmodell unberücksichtigt läßt. Werden die jeweils fehlenden

Tabelle 7.2

Bildung, "Neue Mittelschicht", Alter, Parteipräferenz und Wechselaktivität, Herbst 1990, Westdeutschland
- Hierarchische log-lineare Modelle -

	chi^2	df	p
1. Bildung, Parteipräferenz, Wechsel			
A Randverteilung	769	22	.00
B Parteipräferenzmodell			
*(Bildung * Parteipräferenz, Parteipräferenz * Wechsel)*	7	10	.72
C Volatilitätsmodell			
*(Parteipräferenz * Wechsel, Bildung * Wechsel)*	147	16	.00
D Sozialstrukturmodell			
*(Bildung * Parteipräferenz, Bildung * Wechsel)*	577	12	.00
2. Schicht, Parteipräferenz, Wechsel			
E Randverteilung	614	13	.00
F Parteipräferenzmodell			
*(Schicht * Parteipräferenz, Parteipräferenz * Wechsel)*	4	5	.51
G Volatilitätsmodell			
*(Parteipräferenz * Wechsel, Schicht * Wechsel)*	16	8	.05
H Sozialstrukturmodell			
*(Schicht * Parteipräferenz, Schicht * Wechsel)*	597	8	.00
3. Alter, Parteipräferenz, Wechsel			
J Randverteilung	852	40	.00
K Parteipräferenzmodell			
*(Alter * Parteipräferenz, Parteipräferenz * Wechsel)*	18	20	.56
L Volatilitätsmodell			
*(Parteipräferenz * Wechsel, Alter * Wechsel)*	223	32	.00
M Sozialstrukturmodell			
*(Alter * Parteipräferenz, Alter * Wechsel)*	581	20	.00
4. Gesamtmodell: Alter, Bildung, Schicht, Parteipräferenz, Wechsel			
N Randverteilung	2105	287	.00
O Parteipräferenzmodell			
*(Parteipräferenz * Wechsel, Bildung * Parteipräferenz,*			
*Alter * Parteipräferenz, Schicht * Parteipräferenz,*			
*Bildung * Alter * Schicht)*	200	233	.94

Bildung: 1. Volksschule, 2. Mittlere Reife, 3. min. FHS; Schicht: 2. "neue Mittelschicht", 1.
Rest; Alter: 1. 18-24 Jahre, 2. 25-29 Jahre, 3. 30-44 Jahre, 4. 45-59 Jahre, 5. 60 Jahre und
älter; Parteipräferenz: 1. CDU/CSU Wahlabsicht, 2. SPD Wahlabsicht, 3. FDP Wahlabsicht
oder Rückerinnerung, 4. Grüne Wahlabsicht oder Rückerinnerung, 5. REP Wahlabsicht;
Wechsel: 1. Stamm 87-90, 2. Wechsel 87-90

Quelle: Konrad-Adenauer-Stiftung, Bereich Forschung und Beratung, Archiv-Nr.:
              9007 (3033 Befragte), valides N = 1921

Effekte zusätzlich eingeführt, stellen die resultierenden Modelle Erweiterungen des Parteipräferenzmodelles dar, die, da letzteres nicht signifikant von den Daten abweicht, nicht angezeigt sind.

Die Analysen führen zu einem klaren Ergebnis: Die veränderte Sozialstruktur steht in einem nachgewiesenen Verhältnis zu bestimmten Parteipräferenzen (was im Aufkommen der Grünen besonders deutlich wird). Mit bestimmten Parteiaffinitäten wiederum geht ein unterschiedliches Ausmaß an Wechselaktivität einher. Darüber hinaus unterscheiden sich die sozialen Gruppen aber nicht in ihrer Wechselaktivität zwischen den Parteien.

Wie dieser Befund im Hinblick auf die Frage nach der gestiegenen Wechselbereitschaft zu bewerten ist, hängt - wie so häufig in dieser Studie - davon ab, wie man das Aufkommen der Grünen, auf die die Verschiedenheiten in erster Linie zurückgehen, verstehen will. Wer darin in erster Linie Instabilität sieht, kann gerechtfertigterweise von einem Zusammenhang zwischen sozialem Wandel und Instabilität sprechen. Auch dann muß jedoch deutlich gemacht werden, daß für die Existenz eines Typus des Wechselwählers, der sich losgelöst von der Parteipräferenz von Stammwählern unterscheidet, keine Anhaltspunkte bestehen. Auch wenn also die Grünen in erster Linie als Wechselwähler verstanden werden, muß deutlich gemacht werden, daß, wenn von sozialstrukturellen Besonderheiten der Wechselwähler gesprochen wird, dem ein interpretierender Akt zugrunde liegt, der das Phänomen "Grüne" dem Phänomen "Wechselwähler" zuordnet. Eine weitergehende Diagnose sozialstruktureller Unterschiede zwischen Wechselwählern und Stammwählern ist nach diesen Ergebnissen nicht gerechtfertigt.

Wenn dagegen die Parteipräferenz als die primäre Ausprägung des Zusammenhangs zwischen Wahlverhalten und Sozialstruktur gesehen wird, ist der Zusammenhang zwischen Sozialstruktur und Wechselaktivität lediglich eine Begleiterscheinung. Die Besonderheit der neuen Mittelschicht und der besser Gebildeten besteht dann nicht in einer erhöhten Wechselaktivität, sondern in einer anderen Verteilung der Parteipräferenzen. Durch ihre stärkere Neigung zu den Grünen, aber auch zur FDP, erscheinen diese Schichten dann als parteipolitisch heterogen (wie von Brinkmann 1988 diagnostiziert), nicht aber als überdurchschnittlich instabil, gemessen an dieser Heterogenität. Von sozialstrukturellen Besonderheiten der Wechselwähler kann dann konsequenterweise nicht gesprochen werden.

Die Befunde zu Sozialstruktur und Wechselaktivität im Querschnitt lassen sich unter der Annahme, daß die gefundenen Beziehungen stabil sind, in einer dynamischen Perspektive interpretieren. Demnach ist nicht anzunehmen, daß eine veränderte Größenrelation der unterschiedlichen Bildungs- und Berufsgruppen, insbesondere also das Wachstum der neuen Mittelschicht und die Bildungsexpansion, eine Veränderung der Wechselbereitschaft zwischen Regierung und Opposition mit sich brachte oder bringen wird. Gleiches gilt für eine Umschichtung der Bevölkerung in der Generationenfolge. Dagegen gehen mit derartigen Veränderungen Verschiebungen in den Parteianteilen einher, die wiederum im Zusammenhang mit der lagerinternen Wechselaktivität stehen. Dabei ist der Anteil der Grünen und des Wechsels mit den Grünen besonders anfällig für Verschiebungen in der Sozialstruktur.

Unter der oben dargestellten Annahme, daß Wechselbereitschaft und Wechselaktivität korrelieren, sprechen diese Ergebnisse gegen die These, durch den sozialen Wandel sei es zu einem Anstieg der Wechselbereitschaft gekommen.

Um diese zentrale Schlußfolgerung nicht auf nur eine einzige Umfrage zu einem einzigen Wahlzeitpunkt stützen zu können, wurden anhand eines kumulierten Datensatzes, der Vorwahlumfragen zu jeder der fünf Bundestagswahlen von 1972 bis 1987 enthält, vergleichbare Analysen durchgeführt. Damit sollte untersucht werden, ob die Befunde aus den Daten von 1990 stabile Beziehungen widerspiegeln, oder ob sie sich aus Besonderheiten dieser Bundestagswahl ergaben. Aufgrund nicht einheitlicher Schlüssel war es allerdings nicht möglich, die Angestellten und Beamten in zwei Gruppen zu unterteilen. Mithin entfiel auch ein Element für die Definition der neuen Mittelschicht. Die gemeinsame Verwendung der Berufsklasse und der Bildung in dem Gesamtmodell heilt dieses Manko jedoch weitgehend.

Das Parteipräferenzmodell, das Volatilitätsmodell und das Sozialstrukturmodell wurden zunächst separat für Bildung und Beruf und anschließend unter Verwendung beider Variablen getestet (Tab. 7.3). Dabei zeigt sich, daß das Volatilitätsmodell und das Sozialstrukturmodell in keinem der Fälle den Daten innerhalb der Grenzen statistischer Signifikanz gerecht werden. Diese Modelle weichen stets in signifikanter Weise von den Daten ab ($p < .00$). Das in allen Fällen trotz der niedrigeren oder identischen Freiheitsgrade höhere chi^2 des Sozialstrukturmodells deutet darauf hin, daß dieses in höherem Maße von den Daten abweicht. Dies bedeutet, daß die Zusammenhänge zwischen Bildung bzw. Beruf, Parteipräferenz und

Tabelle 7.3

Bildung, Beruf, Parteipräferenz und Wechselaktivität, Wahljahre 1972 bis 1987 kumuliert
- Hierarchische log-lineare Modelle -

	chi^2	df	p
1. Bildung, Parteipräferenz, Wechsel			
A Randverteilung	2447	17	.00
B Parteipräferenzmodell *(Bildung * Parteipräferenz, Parteipräferenz * Wechsel)*	13	8	.13
C Volatilitätsmodell *(Bildung * Wechsel, Parteipräferenz * Wechsel)*	465	12	.00
D Sozialstrukturmodell *(Bildung * Parteipräferenz, Bildung * Wechsel)*	1716	9	.00
2. Beruf, Parteipräferenz, Wechsel			
E Randverteilung	1724	10	.00
F Parteipräferenzmodell *(Beruf * Parteipräferenz, Parteipräferenz * Wechsel)*	3,1	4	.54
G Volatilitätsmodell *(Beruf * Wechsel, Parteipräferenz * Wechsel)*	104	6	.00
H Sozialstrukturmodell *(Beruf * Wechsel, Beruf * Parteipräferenz)*	1577	6	.00
3. Gesamtmodelle			
J Randverteilung	3399	40	.00
K Parteipräferenzmodell *(Bildung * Beruf * Parteipr., Parteipr. * Wechsel)*	24	20	.25
L Volatilitätsmodell *(Bildung * Beruf * Wechsel, Parteipr. * Wechsel)*	420	30	.00
M Sozialstrukturmodell *(Bildung * Beruf * Wechsel, Bildung * Beruf * Parteipr.)*	1506	18	.00

Bildung: 1. Volkssch., 2. Mitt. Reife, 3. min. FHS; Beruf: 1. Rest, 2. Angestellte u. Beamte; Parteipräferenz: 1. CDU/CSU Wahlabsicht, 2. SPD Wahlabsicht, 3. FDP Wahlabsicht oder Rückerinnerung, 4. Grüne Wahlabsicht oder Erinnerung; Wechsel: 1. Stamm (Erinnerung/Absicht), 2. Wechsel (Erinnerung/Absicht)

Quelle: Konrad-Adenauer-Stiftung, Bereich Forschung und Beratung, Archiv-Nr.: 7213 (N = 1203, Valides N = 866), 7613 (N = 1074/800), 8012 (6206/4491), 8302 (2082/1567), 8701 (1053/782), Gesamt N = 11618, valides N = 8206

Wechselaktivität ohne die zusätzliche Berücksichtigung der Verbindung zwischen Parteipräferenz und Wechselaktivität nur in besonders lückenhafter Weise verstehbar werden. Daß auch das Volatilitätsmodell stets signifikant von den Daten abweicht, bedeutet, daß auch der Zusammenhang zwischen sozialem Hintergrund und Parteipräferenz unverzichtbar ist.

Dagegen weicht das Parteipräferenzmodell in keinem der drei Fälle in statistisch signifikantem Ausmaß von den Daten ab (p zwischen .13 und .54). Auf die Verknüpfung zwischen Bildung und Beruf auf der einen Seite und Wechselaktivität auf der anderen Seite kann also verzichtet werden, ohne einen statistisch signifikanten Informationsverlust zu erleiden. Die Wahl von 1990 nimmt in dieser Beziehung also keine Sonderrolle ein, sondern entspricht der Situation im Durchschnitt der vergangenen Bundestagswahlen seit 1972. Für die Behauptung des sozialen Erklärungsansatzes, Angehörigkeit zur neuen Mittelschicht und/oder gehobene Bildung gehe (unabhängig von der Parteipräferenz) mit höherer Wechselaktivität einher, läßt sich in den Daten also keine Unterstützung finden.

Angesichts dieser Ergebnisse ist also nicht anzunehmen, daß die veränderte Bildungs- und Berufsstruktur der Bevölkerung zu einem Anstieg der Wechselbereitschaft geführt hat.

7.2 Parteiidentifikation und Sozialstruktur

Auch wenn die Parteiidentifikation in ihrer Operationalisierung durch die Neiger-Frage kein befriedigender Indikator der Wechselbereitschaft bzw. der Parteitreue ist, so ist sie dennoch nicht zu verwerfen. Eine unterschiedliche Wechselbereitschaft verschiedener sozialer Gruppen könnte sich durchaus in der Parteineigung niederschlagen. Deswegen soll dieser Indikator hier ergänzend hinzugezogen werden. Dies geschieht der kompakteren Darstellung zuliebe durch zwei zusammenfassende Skalen. Die Skala "Dauerhaftigkeit der Parteineigung" hat den Wert 3 für eine grundsätzliche Parteineigung, 2 für eine kurzfristige und 1 für keine Parteineigung; die "Intensitätsskala" den Wert 3 für eine starke, 2 für eine mäßige oder schwache und 1 für keine Parteineigung.[3] Nach den Ergebnissen des vorangegangenen Abschnitts bietet sich eine Querschnittanalyse der Par-

---

3   Alle hier berichteten Befunde auf der Basis der Durchschnittswerte ergeben sich auch aus einer Betrachtung der Verteilung der verschiedenen Formen der Parteineigung. Für die grundsätzliche Parteineigung sind einige berichtet in Zelle 1994a.

teiidentifikation besonders an, weil dann die Annahme, Wechselaktivität und Wechselbereitschaft seien positiv korreliert, nicht mehr zugrundegelegt werden muß. Die Analyse der Parteiidentifikation erfolgt also mit dem Ziel, durch ein alternatives Meßinstrument die Validität der bisher berichteten Ergebnisse zu überprüfen.

Eine niedrigere Parteineigung wäre nach den sozialen Wandelthesen unter den gut Gebildeten, der neuen Mittelschicht und den Jüngeren zu erwarten. Diese Erwartungen bestätigen sich für die Beziehung zwischen Parteineigung und dem Alter des Befragten (r=.12 bzw. .09). Für die Bildung (.04) und die Zugehörigkeit zur neuen Mittelschicht (.05) ergeben sich dagegen sogar, wenn auch sehr schwache, positive Korrelationen mit der Intensität der Parteineigung, die statistisch signifikant sind. Parteineigungen werden mit besserer Bildung oder Zugehörigkeit zur neuen Mittelschicht tendenziell also eher intensiver. Die Dauerhaftigkeitsskala ist nicht mit diesen Variablen korreliert (siehe Tab. 7.4).[4] Diese Ergebnisse berühren die Grundannahmen der Wandelthesen, die eine niedrigere Parteiidentifikation bei höherer Bildung und Zugehörigkeit zur neuen Mittelschicht voraussetzen. Wegen der leicht positiven Korrelationen wäre das zu erwartende Resultat der Bildungsexpansion und des Anwachsens der neuen Mittelschicht also ein Anstieg der Parteineigungen, nicht aber deren Rückgang.

In diesem Zusammenhang soll - unter leichter Durchbrechung der Systematik - die Rolle der kognitiven Mobilisierung im Dealignmentprozeß angesprochen werden. Diese kognitive Mobilisierung ist auf unterschied-

---

4   In der Tabelle sind zudem Eta-Koeffizienten angegeben, um eventuelle nicht lineare Unterschiede zwischen den Mittelwerten zu erfassen. Das für die Bildung gegenüber der Pearson-Korrelation höhere eta deutet auf die Existenz derartiger Unregelmäßigkeiten hin. Eine Inspektion der Mittelwerte zeigt, daß eine Unregelmäßigkeit darin besteht, daß lediglich die niedrigste Bildungsschicht (Volksschule ohne Lehre) eine etwas niedrigere Parteineigung aufweist, während sich die anderen Bildungsschichten nicht nennenswert unterscheiden.

Tabelle 7.4

Sozialstruktur und Parteineigung 1990

| | Parteineigung | | | |
| | Dauerhaftigkeit | | Intensität | |
	Pearsons r	eta	Pearsons r	eta
Alter	.12	.12	.09	.10
	(.00)	(.00)	(.00)	(.00)
Bildung	.01	.06	.04	.08
	(.25)	(.05)	(.03)	(.00)
"Neue Mittelschicht"	.03	.03	.05	.05
	(.06)	(.11)	(.00)	(.01)

in Klammern Signifikanzniveaus

Dauerhaftigkeit der Parteineigung: 1 keine PN, 2 kurzfristige PN, 3 grundsätzliche PN; Intensität der Parteineigung: 1 keine PN, 2 schwache/mäßige PN, 3 starke PN; Alter: 1. 18-24 J., 2. 25-29 J., 3. 30-44 J., 4. 45-59 J., 5. 60 J. u. älter; Bildung: 1 Volksschule, 2 Volksschule mit Lehre, 3 Mittlere Reife, 4 FHS, Abitur, 5 Studium; "Neue Mittelschicht": 1 Rest, 2 Höhere Angestellte und Beamte und mittlere mit altersabhängiger höherer Ausbildung
Quelle: Konrad-Adenauer-Stiftung, Bereich Forschung und Beratung, Archiv-Nr.: 9007

liche Arten operationalisiert worden, besteht jedoch stets aus einer Kombination aus Bildung und politischem "involvement". Dalton/Rohrschneider wenden eine aus Bildung und politischem Interesse zusammengesetzte kognitive Mobilisierungsvariable auf das von ihnen vorab diagnostizierte dealignment in Westdeutschland an. Ausgangspunkt ist dabei die "Funktionsthese", die auf dem Nutzen der Parteiidentifikation als Orientierungsrahmen basiert (vgl. dazu oben 2.). Nach Dalton/Rohrschneider würde sich "der Bedarf für derartige Orientierungshilfen in der Wählerschaft reduzieren, wenn sich die kognitive Kompetenz der Wähler erhöht" (Dalton/Rohrschneider 1990:315). Der Rückgang starker Parteineigung, auf den sich Dalton/Rohrschneider konzentrieren, wäre nach dieser These also durch eine veränderte Zusammensetzung der Wählerschaft hinsichtlich der kognitiven Mobilisation zu erklären. Aus der Funktionsthese abgeleitete Annahme muß dabei sein, daß die Parteineigung unter im hohen Maße kognitiv Mobilisierten schwächer ist als unter weniger kognitiv

Mobilisierten. Dalton/Rohrschneider heben diese implizite Annahme nicht hervor, und sie ist in ihren Daten auch nicht erfüllt. Im Gegenteil, zu beiden berichteten Zeitpunkten (1972 und 1987) ist die starke Parteineigung bei denjenigen mit hoher kognitiver Mobilisation etwa doppelt so hoch wie in der Gruppe mit der niedrigsten kognitiven Mobilisierung (vgl. Dalton/Rohrschneider 1990:316, Tab.3). Vor dieser Datenlage kann eine gestiegene kognitive Mobilisierung nicht zu einem Absinken der Parteineigung führen, sondern müßte einen deutlichen Anstieg mit sich bringen. Dalton/Rohrschneider gelangen jedoch nicht zu dieser Schlußfolgerung. Vielmehr stellen sie auf der Basis der Funktionsthese folgende empirisch zu testenden Vermutung auf: "Die von der Funktionsthese abzuleitende Prognose ist die, daß die Auflösung der Parteineigung hauptsächlich innerhalb der höher gebildeten Schichten auftritt" (Dalton/Rohrschneider 1990:315).[5] Dies ist allerdings eine erhebliche Modifizierung der ursprünglich aufgestellten Funktionsthese, ohne daß dies deutlich gemacht wird. Nach der ursprünglichen Funktionsthese *haben* kognitiv Mobilisierte eine geringere Parteineigung; nach dieser Modifikation *sinkt* die Parteineigung bei den kognitiv Mobilisierten besonders stark. Gegenstand sind also nicht mehr veränderte Größenrelationen bestimmter Gruppen, sondern Veränderungen, die sich innerhalb einer dieser Gruppen vollziehen. Warum diese Veränderungen erwartet werden, bleibt dabei allerdings offen. Wenn sich die Intensität der Parteineigung in Gruppen unterschiedlicher kognitiver Mobilisierung in unterschiedlichem Ausmaß ändert, kann die kognitive Mobilisierung nicht die eigentliche Ursache zurückgehender Parteineigung, sondern lediglich eine intervenierende Variable sein, indem diese Gruppen unterschiedlich auf die - weiterhin unbekannten - eigentlichen Ursachen reagieren. Wenn Dalton/Rohrschneider die Intensität der Parteineigung in den Gruppen im Zeitverlauf vergleichen, ist dies kein Test der These, die kognitive Mobilisierung führe zu einem Verfall der Parteineigung. Zudem ist, solange kognitive Mobilisierung und Parteineigung po-

---

5   Es wird davon ausgegangen, daß Dalton/Rohrschneider höhere Bildung hier synonym
    mit höherer kognitiver Mobilisation verwenden, wie ihr empirisches und theoretisches
    Vorgehen nahelegt.

sitiv korrelieren, mit einem Rückgang der Parteineigung aufgrund steigender kognitiver Mobilisierung nicht zu rechnen.[6]

In dem Maße, in dem die Parteineigung als ein Indikator fehlender Wechselbereitschaft anerkannt wird, deuten die Befunde nicht darauf hin, daß die veränderte Berufs- und Bildungsstruktur und die zunehmende kognitive Mobilisierung einen Anstieg der Wechselbereitschaft zur Folge hatten.

Daß die gut Gebildeten und die Individuen der neuen Mittelschicht häufiger lagerintern wechseln, spiegelt sich jedoch darin wider, daß in diesen Gruppen häufiger abweichend von der Parteiidentifikation gewählt wird. Jeder zehnte aus dem Kreis der Angestellten und Beamten gab an, am 2.12.1990 eine andere Partei wählen zu wollen als die, zu der man sich langfristig gebunden fühlt, während kaum ein Arbeiter derartiges plante (Tab. 7.5). Allerdings kam dieses "defecting vote" fast ausschließlich der jeweiligen Partnerpartei im politischen Lager zugute. Vielleicht kann dieses lagerinterne defecting vote als Ausdruck einer Art "Lageridentifikation" gesehen werden, denn es beinhaltet keine von der Partei abweichende Entscheidung in der Kanzlerfrage.

Die Ergebnisse zur Beziehung zwischen Alter und Parteibindung sind andersartig. Der Befund, daß die Parteibindung mit steigendem Alter zunimmt, ist so alt wie die Theorie der Parteiidentifikation (vgl. Campbell u.a. 1960:161-167). Er hat wiederholt zu Diskussionen Anlaß gegeben, ob sich dahinter Generationen- oder Alterseffekte oder Kombinationen daraus verbergen (vgl. insbesondere Gluchowskis (1983) Interpretation im Sinne von Wahlerfahrung). Auf die aktuelle Situation gemünzt ist die These zu hören, jüngere Generationen seien in besonderer Weise von den Parteien losgelöst. Dies wurde von Gabriel (1988) mit Daten der Forschungsgruppe Wahlen bis 1987 durch ein kohortenanalytisches Modell unterstützt. In den Daten des SFK ist die grundsätzliche Parteineigung der Jungwähler

---

6 Diese Argumentation mußte nicht auf Dalton/Rohrschneiders Daten eingehen. Dalton/Rohrschneider stellen dar, daß der Anteil starker Parteineigung zwischen 1972 und 1987 bei hoher kognitiver Mobilisation um mehr Prozentpunkte sank als bei niedriger (16 in der höchsten, 6 in der niedrigsten Gruppe). Dies bezieht jedoch die unterschiedlichsten Ausgangswerte starker Parteineigung nicht ein (31 % für niedrig, 66 % für hoch). Betrachtet man statt dessen das Verhältnis starker Parteineigung zwischen diesen Gruppen, so zeigt sich, daß diese zu beiden Meßzeitpunkten bei hoher kognitiver Mobilisierung etwa doppelt so häufig ist wie bei niedriger. Auch der modifizierten These sind also nur in einer bestimmten - natürlich vertretbaren - Betrachtungsweise gemäß. Zudem basieren die Befunde auf dem nicht eindeutigen Ergebnis eines Rückgangs der starken Parteineigung (dazu siehe oben).

Tabelle 7.5

Parteiidentifikation und Wahlentscheidung in Berufsgruppen

Von denen, die eine grundsätzliche Parteineigung angaben,
wollten wählen ...

	die entsprechende Partei %	die nahestehende Partei %	Fallzahl %
Volksschule	96	2	897
Mittlere Reife	86	10	346
FHS-Reife, Abitur	85	12	269
Arbeiter	96	2	441
untere und mittlere Angestellte und Beamte	90	6	586
höhere Angestellte und Beamte	89	9	188
"Neue Mittelschicht"	88	9	285

Quelle: Konrad-Adenauer-Stiftung, Bereich Forschung und Beratung, Archiv-Nr.: 9007, Prozentuierungsbasis: Wähler

1990 jedoch um einige Prozentpunkte ausgeprägter als die der Jungwähler 1987. Über den gesamten Betrachtungszeitraum weisen die nachwachsenden Wahlberechtigten ein unterschiedliches Maß grundsätzlicher Parteineigung auf, ein Trend ist jedoch nicht ersichtlich: Den höchsten Anteil grundsätzlicher Parteineigung wiesen die Jungen - ebenso wie alle Altersgruppen - 1983 auf, der niedrigste findet sich 1976 und 1987. 1990 lag die grundsätzliche Parteineigung der jüngsten Altersgruppe auf dem Niveau von 1980, und damit über dem von 1976.

Die Entwicklung der Intensität der Parteineigung in den Altersgruppen könnte in Richtung auf ein geringfügig andersartiges Ergebnis interpretiert werden, diese Interpretation erscheint den Daten aber nicht optimal angemessen. Zwischen 1972 und 1990 hat sich in der Tat die Spanne zwischen Jung und Alt in der Stärke der Parteineigung vergrößert, die starke Parteineigung in den jüngeren Altersgruppen erscheint rückläufig. Diese Entwicklung ist aber von äußerst bescheidenem Ausmaß: In keiner Altersgruppe verringerte sich der Anteil starker Parteineigung gegenüber 1972 um mehr als vier Prozentpunkte, in der jüngsten Altersgruppe schrumpfte er von 27 auf 24 Prozent. Die Spanne zwischen Jung und Alt stieg von acht auf zehn Prozentpunkte. Überdies verläuft die Entwicklung nicht stetig, denn die intensivste Parteineigung der Jungen ist wiederum 1983 zu verzeichnen. Auch angesichts der 1990 gegenüber 1972 etwas selteneren starken Parteineigung der Jüngeren erscheint eine Interpretation der Daten im Sinne einer kurvilinearen Entwicklung mit einem Höhepunkt im Jahr 1983 deshalb eher gerechtfertigt als eine, die einen rückläufigen Trend beschreibt. Unter diesen Umständen fällt es schwer, von einem

Tabelle 7.6

Grundsätzliche und starke Parteineigung in den Altersgruppen 1972-1990

	1972 (Sept.) %	1976 (Juli) %	1980 (Sept.) %	1983 (Januar) %	1987 (Januar) %	1990 (Sept.) %
grundsätzliche Parteineigung						
18-24 Jahre	-	39,8	43,7	51,5	39,4	43,4
25-29 Jahre	-	47,5	54,9	58,6	50,0	47,5
30-44 Jahre	-	57,1	57,1	62,9	54,0	49,0
45-59 Jahre	-	57,5	61,7	65,3	58,7	59,2
60 Jahre u.ä.	-	54,5	63,3	71,4	61,8	62,0
starke Parteineigung						
18-24 Jahre	26,5	-	27,9	35,7	31,2	23,8
25-29 Jahre	31,6	-	39,5	44,3	22,9	27,6
30-44 Jahre	28,8	-	40,4	42,4	32,6	25,9
45-59 Jahre	32,6	-	40,7	45,3	32,8	32,3
60 Jahre u.ä.	34,4	-	41,2	51,2	39,5	33,5
N	2976	1074	5941	2082	1053	3033

Quelle: Konrad-Adenauer-Stiftung, Bereich Forschung und Beratung, Archiv-Nr.: 7208, 7614, 8012, 8302, 8701, 9007

nachgewiesenen Nachwachsen weniger parteigebundener Jugendlicher zu sprechen. Auf eine detaillierte kohortenanalytische Untersuchung der Alters-, Generationen- und Periodeneffekte kann hier verzichtet werden. Entscheidend ist das Ergebnis, daß wenig für eine gegenüber vorangegangenen Generationen grundsätzlich abgeschwächte oder seltenere Bindung nachwachsender Generationen zu den Parteien spricht.

7.3   Soziale Integration und Wechselaktivität

Eine wesentliche Komponente der Thesen, die eine verringerte individuelle Stabilität des Wahlverhaltens infolge des sozialen Wandels behaupten, besteht in der Vermutung, daß abnehmende soziale Integration zu einer Auflösung von Bindungen führe. Der Rückgang sozialer Integration läßt sich zum einen im Hinblick auf abnehmende Verbundenheit mit intermediären Organisationen verstehen. Die politisch relevante soziale Integration kann aber auch als die Homogenität sozialer Umfelder verstanden werden, die sich nicht auf formale Organisationen beschränken muß, sondern Familien, Kollegen und Freundeskreise mit einbeziehen kann. Besonders wenn von "Milieus" gesprochen wird, ist dieser Bezug unverkennbar. Nach der Individualisierungsthese, die eine Auflösung der Milieus behauptet, wäre eine zunehmende Heterogenität dieser Umfelder zu erwarten. Auf diesen letztgenannten Aspekt wird sich die Untersuchung hier beschränken.

In der Theorie können politisch homogene Milieus Präferenzen stabilisieren, wenn in diesen eine soziale Norm kultiviert wird, die eine Bindung an eine bestimmte Partei beinhaltet. Durch die Auflösung dieser Milieus würden die sozialen Kontaktnetze zunehmend heterogener und das Fundament der parteipolitischen Norm dementsprechend weicher. Empirisch läßt sich diese These nur ansatzweise prüfen. In der mikrosoziologischen Perspektive entspricht ein derartiges Milieu einem politisch homogenen, egozentrierten Netzwerk. Die Methoden zur Erfassung derartiger Netzwerke sind jedoch noch sehr jung. Ein Trend, der einen auch nur ansatzweise akzeptablen Zeitraum umfaßt, läßt sich mit diesem Instrumentarium jedenfalls nicht bilden.

Ein skizzenhafter Test der These vom Verfall der sozialen Einbindung der Wahlentscheidung läßt sich allerdings durchführen, indem eine 1973 gestellte Frage nach der Reaktion des sozialen Umfeldes auf die Entscheidung bei der vergangenen Bundestagswahl im Herbst 1991 wiederholt wurde. Die Frage lautete: "Angenommen, Ihre Familienangehörigen wüßten, welcher Partei Sie bei der letzten Bundestagswahl Ihre Stimme gegeben haben, würde Ihre Familie Ihre Wahlentscheidung eher befürworten oder eher ablehnen?" (eher befürworten, eher ablehnen, ist unterschiedlich, darum kümmert sich niemand, weiß nicht).

Diese Fragestellung wurde für den Freundes- oder Bekanntenkreis, die Arbeitskollegen und die Nachbarn wiederholt (Tab. 7.7). Mit der Vorstellung politisch homogener Milieus am besten vereinbar sind befürwortende Reaktionen des sozialen Umfeldes, aber auch ablehnende Reaktionen setzen eine gewisse Homogenität des Umfeldes voraus, dem sich der einzelne entgegensetzt. Von einer Auflösung der Einbindung der Wahlentscheidung kann also vor allem dann gesprochen werden, wenn die neutralen Reaktionen zunehmen (unterschiedlich, darum kümmert sich niemand, weiß nicht). Unter den betrachtenden Umfeldsegmenten (Familie, Freunde, Kollegen, Nachbarn) ist dies in der Tat für die Familienmitglieder der Fall: Die neutralen Reaktionen stiegen von 30 Prozent 1973 auf 39 Prozent 1991.

Bevor dieser Befund allerdings im Sinne einer Bestätigung der Wandelhypothesen gedeutet werden kann, muß zunächst das Wahlverhalten dieser Befragten in einem politisch neutralen Familienumfeld untersucht werden. Hier zeigt sich kein Zusammenhang zwischen Wechselaktivität und positiver bzw. neutraler Reaktion der Familie. Sowohl im Lager als auch zwischen den Lagern wird etwa gleichermaßen häufig gewechselt (vgl. Tab. 7.8). Lediglich diejenigen, die einer negativen Reaktion der Familie ausgesetzt sind, wechseln häufiger lagerintern (nicht zwischen den Lagern), diese Gruppe ist zwischen 1973 und 1991 aber nicht gewachsen.

Auffällig ist dagegen, daß diejenigen, die von einer neutralen Reaktion der Familie ausgehen, häufig angeben, bei der vergangenen Wahl nicht gewählt zu haben oder (seltener) bei einer kommenden Wahl nicht wählen zu wollen. Es hieße aber wohl die Daten übermäßig zu strapazieren, wenn daraus der - inhaltlich durchaus plausible - Schluß gezogen würde, die Nichtwahl sei ein Phänomen politisch neutraler Milieus, denn diejenigen, die in der Rückerinnerung die Nichtwahl zugeben, können kaum sinnvoll auf die Frage antworten, wie etwa die Familienangehörigen dazu stehen, "welcher Partei bei der letzten Bundestagswahl die Stimme gegeben wurde". Dieses Frageinstrument ist zum Erfassen der Nichtwahl nicht

Tabelle 7.7

Soziale Einbindung der Wahlentscheidung

	Familien- angehörige		Freundes- und Bekanntenkreis		Arbeitskollegen		Nachbarn	
	1973 %	1991 %	1973 %	1991 %	1973 %	1991 %	1973 %	1991 %
Wahlentscheidung bei letzter Bundes- tagswahl würde								
eher befürwortet	59	48	35	35	15	17	11	16
eher abgelehnt	5	4	5	3	5	3	6	4
unterschiedlich/ darum kümmert sich niemand/weiß nicht	30	39	56	57	45	50	81	76
trifft nicht zu	3	4	1	0	32	25	0	0
keine Angabe	3	5	3	5	4	5	2	5

Quelle: Konrad-Adenauer-Stiftung, Bereich Forschung und Beratung, Archiv-Nr.:
               7304 (N=2000), 9105 (N=2710)

geeignet. Es trägt aber die Schlußfolgerung, daß kein Anstieg der Wechselwählerschaft in einem politisch neutralen Umfeld feststellbar ist.

Tabelle 7.8

Soziale Einbindung und Konstanz des Wahlverhaltens

	insgesamt	Reaktion Familie			Reaktion Freunde			Reaktion Kollegen			Reaktion Nachbarn		
		positiv	neutral	negativ	positiv	neutral	negativ	positiv	neutral	negativ	positiv	neutral	negativ
Rückerinnerung BTW 1990 und Wahlsimulation Herbst 1991													
Konstant	69	81	57	54	82	62	65	82	65	68	83	67	71
Wechsel im Lager	5	5	5	11	5	4	6	4	5	10	4	5	8
Wechsel zwischen den Lagern	7	6	7	6	5	7	10	7	7	14	6	7	4
Nichtwahl (Erinnerung oder Absicht)	20	10	31	30	7	27	20	8	22	8	7	21	18
N	2471	1212	872	86	870	1321	71	418	1166	72	392	1787	86

Quelle: Konrad-Adenauer-Stiftung, Bereich Forschung und Beratung, Archiv-Nr.: 9105

7.4   Wie Wechselwähler zur Politik stehen

Ein besonderes Charakteristikum des "modernen Wechselwählers", der vom sozialen Erklärungsansatz porträtiert wird, ist sein Verhältnis zur Politik. In der Vorstellung des gut gebildeten, von den Beschränkungen der Parteibindung freien Wählers klingt dessen aufgeklärte, instrumentelle Beziehung zu den politischen Objekten an. Der Idealtypus dieses Wählers schätzt politische Partizipation als ein wirkungsvolles Mittel der Einflußnahme. Gleichzeitig wahrt er eine kritische Distanz von den politischen Objekten, vermeidet also anhaltende, nichthinterfragte Bindungen an diese. An die Stelle des affektiv vertrauenden Parteigetreuen tritt der kontrollierende Staatsbürger.

Entsprechen Wechselwähler diesem Anspruch? Um dieser Frage nachzugehen, werden die Unterschiede zwischen Wechsel- und Stammwählern hinsichtlich einer Anzahl von Variablen untersucht. Dies sind das politische Interesse, externe und interne efficacy, wahlspezifische efficacy und das Parteivertrauen. Dabei drückt "sense of political efficacy" die Erwartung des einzelnen aus, im politischen Prozeß wirksam sein zu können. Es wurde von Campbell u.a. (1954:187-194) erstmals für die Wahlforschung angewandt. Balch (1974) stellt heraus, daß dieses Konzept in zwei Komponenten zerfällt. Die interne efficacy benennt die Einschätzung, dem politischen Geschehen kognitiv gewachsen zu sein. Die externe efficacy spricht die Perzeption der eigenen Handlungsmöglichkeiten an. Beide Komponenten werden hier erfaßt.[7] Der Möglichkeit, daß die recht allgemeine Messung dieser Konzepte dem situationsspezifischen Charakter der self efficacy nicht hinreichend gerecht wird, kann dadurch Rechnung getragen werden, daß eine speziell auf Wahlen zugeschnittene efficacy-Variable ebenfalls untersucht wird.[8] So kann getestet werden, ob Wechselwähler in höherem Maße

---

7   Dabei steht für jeden Aspekt nur eine Frage zur Verfügung. Die interne efficacy bemißt sich im Ausmaß der Zustimmung zu dem statement "manchmal ist die Politik so kompliziert, daß Leute wie ich kaum noch verstehen, was vorgeht."; die externe in dem statement "Leute wie ich haben sowieso keinen Einfluß darauf, was die Regierung tut". Die Formate der Skalierung variieren von Umfrage zu Umfrage. Dies wird jeweils angemerkt.

8   "Wie groß, glauben Sie, ist der Einfluß der Wähler auf die Politik (sehr groß, eher groß, eher gering, sehr gering)".

als Stammwähler der Auffassung sind, vom politischen Prozeß nicht abgekoppelt zu sein, sondern diesen verstehen und beeinflussen zu können.

Eine weitere Eigenschaft des "modernen Wechselwählers" ist, daß er seiner Partei (oder den Parteien) nicht a priori vertraut, sondern das Mittel der demokratischen Kontrolle nutzt, um die situationsspezifisch aufgrund bestimmter Kriterien favorisierte Partei mit der Regierungsgewalt zu bestallen. Um diesen Aspekt zu messen, werden Wechselwähler und Stammwähler hinsichtlich ihres Parteivertrauens verglichen.[9] Dies ist jedoch nicht ganz unproblematisch: Ein niedriges Vertrauen in die Parteien kann zwar von kritischer Distanziertheit im Sinne des modernen Wechselwählers zeugen, muß es aber nicht. Dahinter kann sich gleichermaßen eine verdrossene Haltung im Sinne eines enttäuschten Vertrauens verbergen. Dann wäre ein niedrigeres Parteivertrauen der Wechselwähler nicht etwa Ausdruck eines instrumentellen Verhältnisses zur Politik, sondern einer nicht befriedigten Suche nach einem (affektiven) Vertrauensverhältnis. Der Indikator des Parteivertrauens ist nicht in der Lage, zwischen diesen zwei Erscheinungen zu diskriminieren.

Diese Fragestellungen können jedoch nicht anhand der bisher genutzten Herbstumfrage 1990 des FuB untersucht werden, weil in dieser die Variablen der politischen Kultur nicht enthalten sind. Deswegen wird auf die Herbstumfrage 1989 ausgewichen, die die nötigen Fragen enthält. Gegenüber späteren Umfragen, in die ebenfalls die relevanten Variablen integriert wurden, hat diese den Vorteil außerordentlicher Fallzahlstärke (N = ca. 5.000), wodurch sie eine detaillierte Betrachtung einzelner Wechselwählergruppen erlaubt. Der offenkundige Nachteil liegt in der zeitlichen Entfernung zu einer Wahl. Der Wahlabsichtsfrage kommt unter diesen Umständen nur eine äußerst geringe Validität zu. Mehr noch als in den anderen Analysen sollte die gemessene Wechselaktivität nur bedingt als Ausdruck manifesten Verhaltens gewertet werden.

Anders als in den vorangegangenen Analysen, die die Wechselaktivität bestimmter Gruppen im Auge hatten, bietet es sich hier an, die Zusammensetzung der verschiedenen Wählergruppen hinsichtlich der Einstellungen zu

---

9   "In der Bundesrepublik Deutschland gibt es verschiedene Institutionen, wie z.B. Regierung, Gerichte, Polizei und Behörden. Zu diesen kann man unterschiedlich großes Vertrauen haben. - Sagen Sie mir bitte anhand dieser Skala, wie groß Ihr persönliches Vertrauen in diese Institutionen ist, die ich Ihnen jetzt vorlese. 1 bedeutet, daß Sie kein Vertrauen dazu haben, 7 bedeutet, daß Sie großes Vertrauen dazu haben. Mit den Werten dazwischen können Sie Ihre Meinung abstufen." Die Liste enthielt "Parteien" als ein Element. Der Einleitungstext variiert in verschiedenen Umfragen nur unwesentlich.

untersuchen, also die Richtung der Analyse zu ändern. Der Grund hierfür
liegt in der unterschiedlichen Messung. Die Einstellungsvariablen wurden
in Skalen erfaßt, denen idealerweise kardinales, zumindest aber ordinales
Meßniveau zukommt. Unter diesen Umständen ist es nach den Standards
der empirischen Sozialforschung gerechtfertigt, Mittelwerte zu bilden und
andere statistische Verfahren, die streng genommen Intervallskalierung
voraussetzen, anzuwenden. Dies erlaubt es, die gesamte in den Skalen
enthaltene Information auszuwerten. Dagegen würde es die umgekehrte
Vorgehensweise erforderlich machen, verschiedene Skalenpunkte nach
bestimmten Kriterien zusammenzufassen und diese Kategorien hinsichtlich
der Wechselaktivität zu untersuchen. Deswegen wird hier nach Unterschieden zwischen Stamm- und Wechselwählern, nicht nach unterschiedlicher Wechselaktivität verschiedener Gruppen gesucht.

In den Analysen zur Sozialstruktur wurde hervorgehoben, daß sich
Befunde, die mittels der direkten Frage nach dem vergangenen Wahlverhalten ermittelt wurden, wegen deren geringer Spezifität bei einer Kontrolle
für Parteipräferenz nicht einstellten. Um diesen methodischen Aspekt nicht
aus den Augen zu verlieren, werden hier den mit der direkten Frage gewonnenen Ergebnissen die aus dem detaillierteren Instrumentarium resultierenden gegenübergestellt. Anders als im Falle der Sozialstruktur erfolgt die
Kontrolle der Parteipräferenz allerdings einzig auf der Basis der Wahlabsicht, nicht auf einer Kombination von Wahlabsicht und Rückerinnerung.
Dies geschieht, weil nicht angenommen werden kann, daß die Einstellungsvariablen ein hinreichendes Maß an Stabilität aufweisen, das es erlauben
würde, sie in Beziehung zu einer zwei Jahre früher erfolgten Wahlentscheidung zu setzen.

Die Ergebnisse zur direkten Frage laufen auf eine partielle Bestätigung
des Bildes vom "modernen Wechselwähler" hinaus (vgl. Tab. 7.9). Bei
denjenigen, die angeben, "schon mal eine andere Partei gewählt" zu haben,
ist ein etwas höheres politisches Interesse (3,1 gegenüber 2,9 auf 5-Punkte-
Skala), eine etwas ausgeprägtere interne efficacy (3,7 gegenüber 3,5 auf 7-
Punkte-Skala) und ein deutlich niedrigeres Parteivertrauen (3,8 gegenüber
4,3 auf 7-Punkte-Skala) festzustellen als bei den selbsterklärten Stammwählern. Diese Unterschiede sind statistisch signifikant (t-test). Dagegen
ergeben sich keine Unterschiede bei der externen efficacy und der auf
Wahlen bezogenen efficacy. Es entsteht also nicht das Bild des Wechselwählers, der von der Sinnhaftigkeit politischer Beteiligung insgesamt und
bei Wahlen in besonderer Weise überzeugt ist, wohl aber das eines der

eigenen kognitiven Fähigkeiten im höheren Maße gewissen, politisch
stärker interessierten und den Parteien weniger vertrauenden Wechselwählers. Wird anstelle der direkten Frage die Übereinstimmung zwischen Wahlabsicht und Rückerinnerung zur Basis des Vergleichs zwischen Wechsel-
und Stammwählern gemacht, ergeben sich in vier der fünf Fälle überein-
stimmende Ergebnisse. Auch nach diesem Verfahren läßt sich keine erhöhte
externe und auf Wahlen bezogene efficacy der Wechselwähler feststellen,
während Wechselwähler weiterhin durch eine etwas höhere interne efficacy
und ein niedrigeres Parteivertrauen auffallen, auch wenn die Unterschiede
etwas geringeren Ausmaßes sind als die mit der direkten Frage gemessenen.
Dagegen unterscheiden sich Wechselwähler und Stammwähler nach dieser
Operationalisierung (im Gegensatz zu der durch die direkte Frage) nicht im
Ausmaß ihres politischen Interesses. Diese Abweichung in den Ergebnissen
sollte jedoch nicht überbewertet werden, denn sie ist sehr geringen Aus-
maßes, auch wenn sie über statistische Signifikanz entscheidet. Denn die
Differenz zwischen Stamm- und Wechselwählern, die sich in der direkten
Frage ergibt, ist nicht sehr bedeutsam, weil sie nicht, wie die gerundeten
Werte in den Tabellen nahelegen, 0,2, sondern lediglich 0,13 Skalenpunkte
beträgt. Dies entspricht einem Anteil von 28,8 Prozent stark oder sehr stark
Interessierter bei den Stammwählern, gegenüber 30,9 Prozent bei den
Wechselwählern. Auch bei statistischer Signifikanz kann man diesem
Befund inhaltliche Bedeutsamkeit wohl kaum abgewinnen. Daß er bei
Verwendung des anderen Instrumentariums ganz verschwindet, ist also
nicht bedenklich. Insofern ist nur eine marginale Divergenz der auf der
Basis der verschiedenen Operationalisierungen des Wechselwählers gewon-
nenen Ergebnisse festzustellen. In keinem Fall kann von einem nennenswert
höherem politischen Interesse der Wechselwähler gesprochen werden.

Der besondere Wert der Operationalisierung auf der Basis von Wahlabsicht und Rückerinnerung ist der, daß sie die Differenzierung verschiedener
Typen des Wechsels erlaubt. Damit kann untersucht werden, ob die leicht
höhere interne efficacy und das geringere Parteivertrauen in der Tat Phänomene sind, die die verschiedenen Arten von Wechselwählern von den
Stammwählern abheben. Nur dann ist es sinnvoll, von charakteristisch
"wechselwählerischen" Eigenschaften zu sprechen. Deswegen sind in Tab.
7.9 zusätzlich die Mittelwerte für die verschiedenen Formen der Stamm-
und Wechselwahl zusammengestellt. Die Zeilen sind derart angeordnet, daß
die Wechselgruppen zwischen den jeweiligen Stammwählergruppen der

betroffenen Parteien plaziert sind. Dabei wurden - in leichter Vereinfachung der Kategorien - die Wechsler zwischen den Lagern mit den Stammwählern von Union und SPD verglichen.

Die Ergebnisse fallen klar aus. Sie seien exemplarisch am Beispiel des Parteivertrauens dargestellt, bei dem die Unterschiede zwischen Stamm- und Wechselwählern am deutlichsten sind. Nach dem Bild des "modernen Wechselwählers" wäre zu erwarten, daß das Parteivertrauen der Wechsel- wähler *unter* dem der Stammwählergruppen der Parteien liegt, zwischen denen gewechselt wird. Tatsächlich liegen die Mittelwerte aber jeweils *zwi- schen* den Stammwählergruppen der betroffenen Parteien. Zwischen diesen Stammwählergruppen ergeben sich zum Teil erhebliche Unterschiede. Das Parteivertrauen ist bei den Wählern der Regierungsparteien höher als bei denen der Opposition und bei großen Parteien höher als bei kleinen. Die Wechselwähler sind jeweils zwischen diesen Rahmenwerten verortet. Die oben dargestellte Abweichung zwischen Stamm- und Wechselwählern hinsichtlich des Parteivertrauens scheint also auf die ungleiche Zusammensetzung der beiden Gruppen hinsichtlich der Parteipräferenz und die unterschiedlichen Vertrauenswerte in den Wählerschaften der verschie- denen Parteien, nicht aber auf die Charakteristika der Wechselwähler zurückzugehen.

Die Ergebnisse zu den verbleibenden Einstellungsvariablen sind entsprechend. Bis auf wenige Ausnahmen liegen die Mittelwerte der Wech- selwählergruppen jeweils innerhalb des von den benachbarten Stammwäh- lergruppen vorgegebenen Rahmens. Die Ausnahmen bestehen in einer erhöhten internen efficacy der Wechsler zwischen den Lagern gegenüber den Stammwählern von Union und SPD und einer erhöhten auf Wahlen bezogenen efficacy der Wechsler zwischen SPD und Grünen. In beiden Fällen beträgt diese Abweichung jedoch gerade einmal ein Zehntel eines Skalenpunktes gegenüber den betroffenen Stammwählergruppen, die in beiden Fällen nicht voneinander abweichen. Mehr als die Regel bestätigen können diese minimalen Ausnahmen nicht. Es sind die Wählerschaften der verschiedenen Parteien, die sich voneinander unterscheiden, nicht aber die Stamm- und die Wechselwähler.

Diese Inspektion der Daten legt eine weitere Schlußfolgerung nahe: Die eingangs beschriebenen Unterschiede zwischen Stamm- und Wechsel- wählern bezogen sich auf diejenigen Variablen, bei denen deutliche Unter- schiede zwischen den Stammwählern der kleinen gegenüber denen der großen Parteien bestehen. Dies ist der Fall für die interne efficacy, die bei

den Stammwählern von FDP und Grünen mit 4,1 bzw. 4,2 deutlich höher
ist als bei denen von Union und SPD (jeweils 3,5). Beim Parteivertrauen
liegen diese Unterschiede innerhalb der jeweiligen Lager auf unterschiedlichem Niveau, weil es von der Regierungs- oder Oppositionszugehörigkeit
abhängt. Auch hier gilt aber, daß die Wähler der FDP wieder etwas unter
denen der Union liegen (um 0,4 Prozentpunkte) und die Grünen-Wähler
unter denen der SPD (um 0,8 Prozentpunkte). Das niedrigere Parteivertrauen der Wechsler mit den sonstigen Parteien (in erster Linie also
REP-Wähler) verstärkt diesen Befund in diesem Fall. Die im nicht nach
Parteien differenzierenden Vergleich festgestellten Unterschiede zwischen
Stamm- und Wechselwählern bestehen also da, wo sich die Wähler der
kleinen Parteien, die bei den Wechselwählern überrepräsentiert sind, von
denen der großen Parteien unterscheiden. Dagegen sind, wo diese Unterschiede geringer sind (externe efficacy, auf Wahlen bezogene efficacy,
politisches Interesse) keine oder geringe Differenzen zwischen Stamm- und
Wechselwählern zu verzeichnen.

Ähnlich wie bei der Analyse der Sozialstruktur sprechen auch die
Ergebnisse zum Verhältnis der Wechselwähler zur Politik für die These,
daß über die mit der Parteipräferenz zusammenhängenden Verschiedenheiten hinaus keine Unterschiede zwischen Wechselwählern und Stammwählern bestehen. Um diese These einem rigoroseren Test zu unterziehen,
wurden Varianzanalysen durchgeführt (ANOVA). Diese erlauben es, die
Unterschiede zwischen verschiedenen Gruppen (also einer oder mehreren
kategorialen unabhängigen Variablen) hinsichtlich einer intervallskalierten
Variablen auf statistische Signifikanz zu überprüfen, wobei mehrere Grup-
pierungsvariablen gleichzeitig einbezogen werden können. Dieses Verfahren
entspricht insoweit den im vorangegangenen Abschnitt verwendeten loglinearen Modellen, als es ermöglicht, die Signifikanz des Zusammenhangs
zwischen Wechselaktivität und politischen Einstellungen zu testen und dabei
die Parteipräferenz konstant zu halten. Es unterscheidet sich dahingehend,
daß es eine klare Zuweisung von abhängigen und unabhängigen Variablen
verlangt und daß es Intervallskalierung dieser abhängigen Variablen und
Normalverteilung in allen Untersuchungsgruppen unterstellt. Die hier gewählte Vorgehensweise besteht darin, daß lediglich die Parteipräferenz
kontrolliert wird. Damit unterscheidet sie sich von der Regression, in der
die unabhängigen Variablen wechselseitig kontrolliert werden. Hier wird
also zuerst der den Parteipräferenzen zuzuordnende Varianzanteil diesen
zugewiesen und dann untersucht, ob die zusätzliche Information, ob ein

Befragter die Parteipräferenz gewechselt hat, den Anteil "erklärter" Varianz in statistisch signifikantem Ausmaß erhöhen kann. Dem Bild des "modernen Wechselwählers" würde ein derartiger Befund entsprechen. Dagegen wäre es im Einklang mit dem "Parteipräferenzmodell", wenn kein signifikanter Unterschied zwischen Stamm- und Wechselwählern hinsichtlich ihren Einstellungen zur Politik besteht.

Die Ergebnisse sprechen in jedem Punkt für das Parteipräferenzmodell. In keinem der fünf Fälle ist der Zusammenhang zwischen Wechselwahl und politischen Einstellungen statistisch signifikant. Dagegen zeigt sich in jedem Fall ein statistisch signifikanter Zusammenhang mit der Parteipräferenz. Auf dieser Basis kann nicht von einem besonderen Verhältnis der Wechselwähler zur Politik gesprochen werden. Wechselwähler entsprechen nicht dem Bild des "modernen Wechselwählers".[10]

Die Varianzanalysen wurden in anderen Datensätzen repliziert. Dabei handelt es sich um eine Umfrage aus dem Jahre 1984, die das politische Interesse und das Parteivertrauen erfragt, und die Herbstumfrage 1991, die zudem die interne und die externe efficacy (wenn auch auf 4-Punkte-Skalen) beinhaltet. Diese Replikationen bestätigen im wesentlichen die beschriebenen Ergebnisse (vgl. ebenfalls Tab. 7.9). Auch demzufolge bestehen

---

10 Die hier präsentierten Ergebnisse gehen nicht auf die Interaktionseffekte zwischen den zwei Variablen ein. Ein Interaktionseffekt besteht dann, wenn die Differenz der Mittelwerte zwischen Wechselwählern und Stammwählern nicht über alle Parteipräferenzgruppen identisch ist (vgl. zur Interpretation dieser Effekte Pedhazur 1982:349-355). Angesichts der Nichtsignifikanz der durchschnittlichen Differenz der Mittelwerte zwischen Stamm- und Wechselwählern (dies drückt der nicht signifikante Haupteffekt aus) bedeutet eine signifikante Interaktion, daß Wechselwähler von Stammwählern mit hoher Wahrscheinlichkeit in unterschiedliche Richtungen abweichen. Für die Frage, ob von typisch wechselwählerischen Eigenschaften gesprochen werden kann, sind signifikante Interaktionen bei nicht signifikantem Haupteffekt nicht wesentlich. Sie können, wenn überhaupt, als kontradiktorische Evidenz gewertet werden, weil sie andeuten, daß Wechselwähler sich nicht in systematischer Weise von Stammwählern abheben, sondern je nach Parteipräferenz unterschiedliche Charakteristika haben. Für den Test der hier betrachteten Hypothese ist die Frage der Signifikanz der Haupteffekte die einzig relevante.

Tabelle 7.9

Verhältnis zur Politik und Wechselaktivität, Herbst 1989
- Durchschnittswerte -

	Externe efficacy (1=niedrig, 7=hoch)	Interne efficacy (1=niedrig, 7=hoch)	Wählereinfluß auf Politik (1=gering 4=groß)	Politisches Interesse (1=überhaupt nicht, 5= sehr stark)	Partei-vertrauen (1=kein, 7=großes)	N
insgesamt	3,4	3,6	2,3	2,9	4,0	4981
direkte Frage:						
immer selbe Partei	3,5	3,5	2,4	2,9	4,3	2417
mal andere Partei	3,5	3,7	2,3	3,1	3,8	1918
Vergleich Wahlabsicht/ Erinnerung:						
Stamm	3,6	3,6	2,4	3,0	4,2	2744
Wechsel	3,6	3,7	2,4	3,0	3,9	735
Stamm FDP	3,8	4,1	2,5	3,3	4,2	131
Wechsel Union/FDP	3,8	4,1	2,5	3,1	4,3	108
Stamm Union	3,6	3,5	2,4	2,9	4,6	1150
Wechsel zw. Lagern	3,5	3,6	2,4	2,9	4,3	245
Stamm SPD	3,4	3,5	2,3	3,0	4,1	1221
Wechsel SPD/Grüne	4,0	4,2	2,4	3,3	3,7	172
Stamm Grüne	4,0	4,2	2,3	3,5	3,3	242
Wechsel mit sonst. Partei	3,2	3,4	2,2	2,9	3,4	210
			- Signifikanztests -			
direkte Frage p aus t-test	.64	.00	.22	.00	.00	
Vergleich Wahlabsicht/ Erinnerung (Wechsel vs. Stamm) p aus t-test	.58	.03	.74	.99	.00	
ANOVA p für Wahlabsicht	.00	.00	.00	.00	.00	
p für Wechsel	.44	.32	.15	.13	.29	
Replikation 1984 ANOVA p für Wahlabsicht	-	-	-	.00	.00	
P für Wechsel	-	-	-	.60	.01	
Replikation 1991 ANOVA p für Wahlabsicht	.00	.00	-	.02	.00	
p für Wechsel	.43	.27	-	.43	.01	

Anmerkungen zu Tabelle 7.11: Externe efficacy: Zustimmung zu "Leute wie ich haben sowieso keinen Einfluß darauf, was die Regierung tut". (1989: 7-Punkte-Skala, 1991: 4-Punkte-
Skala). Interne efficacy: "Manchmal ist die Politik so kompliziert, daß Leute wie ich kaum
noch verstehen können, was vorgeht" (1989: 7 Punkte-Skala); "Politik ist so kompliziert
geworden, daß man als Bürger oft gar nicht richtig versteht, worum es geht" (1991: 4-Punkte-
Skala). Wählereinfluß auf Politik: "Wie groß, glauben Sie, ist der Einfluß der Wähler auf die
Politik?" (Sehr groß, eher groß, eher gering, sehr gering). Politisches Interesse: "Wie stark
interessieren Sie sich für Politik: sehr stark, stark, etwas, kaum oder überhaupt nicht?"
Parteivertrauen: "Sagen Sie mir bitte anhand dieser Skala, wie groß Ihr persönliches Ver-
trauen in diese Institutionen ist, die ich Ihnen jetzt vorlese" (1=kein Vertrauen bis 7=großes
Vertrauen). Die Wahlabsicht versteht sich als die Zweitstimme bei Bundestagswahlen.
Quelle: Konrad-Adenauer-Stiftung, Bereich Forschung und Beratung, Archiv-Nr.:
               8901 (N=4981), 8401 (N=3081), 9105 (N=2721)

keine Anhaltspunkte für eine Besonderheit der Wechselwähler hinsichtlich
ihres politischen Interesses und ihrer internen und externen efficacy. Dagegen unterscheiden sich die Ergebnisse in beiden Datensätzen von den bisher
gewonnenen hinsichtlich des Parteivertrauens. 1984 wie 1991 besteht ein signifikanter, über die Parteipräferenz hinausgehender Zusammenhang
zwischen Parteivertrauen und Wechselaktivität. Eine Inspektion der Mittelwerte ergibt, daß dieser Zusammenhang in der Tat auf ein niedrigeres
Parteivertrauen der Wechselwähler zurückzuführen ist. Für die weitere
Betrachtung soll deswegen - trotz des entgegenstehenden Befundes der
Herbststudie 1989 - von einem niedrigeren Parteivertrauen der Wechselwähler ausgegangen werden.

Dieses Ergebnis führt zu Interpretationsproblemen. Dies liegt daran,
daß, wie oben angedeutet, der Indikator Parteivertrauen nicht eindeutig ist.
Insbesondere da es eines weiteren dahingehenden Befundes ermangelt, ist
das niedrigere Parteivertrauen der Wechselwähler eine zu schwache Basis,
um das Bild eines "modernen Wechselwählers" mit einiger Sicherheit
stützen zu können, denn es kann nicht zwischen kritischer Distanz und
Enttäuschung diskriminieren. Wenn das niedrigere Parteivertrauen der
Wechselwähler nämlich aus einem enttäuschten Vertrauen resultiert, erhält
es eine völlig andersartige Bedeutung, als die Vorstellung eines "modernen
Wechselwählers" impliziert. Denn dann setzt es die Bereitschaft voraus,
einer Partei Vertrauen entgegenzubringen. Während der kritisch distanzierte
Wähler Parteien losgelöst von ihrer konkreten Erscheinungsform für
Objekte hält, die einzuschätzen sind, denen aber nicht vertraut werden
sollte, werden enttäuschte Wähler von dem aktuellen Bild der Parteien davon abgehalten, ihnen zu vertrauen. Beide, der "moderne Wechselwähler"
und der "frustrierte Wechselwähler", zeichnen sich also durch ein niedrigeres Parteivertrauen aus, das aber auf unterschiedlichen Motiven gründet.
Der Wechsel ist für den "modernen Wechselwähler" eine demokratische

Normalität, für den "frustrierten Wechselwähler" dagegen eine Protesthandlung.

Hinweise, von welchem Typ des Wechselwählers das niedrigere Parteivertrauen in erster Linie zeugt, lassen sich sammeln, indem die Bewertung anderer politischer Kategorien durch Wechselwähler herangezogen wird. Dies sind die Bewertungen der Arbeitsweise der deutschen Demokratie und der Sympathiewert für die jeweils sympathischste Partei. Für einen "frustierten Wechselwähler" strahlt eine Mißstimmung über die favorisierte Partei auf die Bewertung des Parteiensystems und des politischen Systems aus. Eine niedrigere Demokratiezufriedenheit und Sympathie für die Partei der ersten Wahl würde also dafür sprechen, daß das niedrigere Parteivertrauen der Wechselwähler mit Frustration zusammenhängt. Dagegen sollte die kritische Distanz des "modernen Wechselwählers", die ja als demokratische Tugend verstanden werden kann, nicht mit einer negativeren Haltung zum politischen System einhergehen, denn sie besteht in von der Bewertung des politischen Systems unabhängiger Weise. Das bedeutet wohlgemerkt nicht, daß kritische Wechselwähler stets zu einem positiven Urteil über die politische Ordnung gelangen müssen. Es bedeutet aber, daß sie sich in dieser Hinsicht nicht in systematischer Weise von den Stammwählern unterscheiden sollten. Eine nicht von Stammwählern verschiedene Sympathie für die Partei der ersten Wahl wäre ein weiterer Hinweis darauf, daß das Parteivertrauen bei den Wechselwählern eine von den aktuellen Bewertungen der Parteien nicht gänzlich abhängige Größe ist. Diese Unterschiede wurden anhand der Herbstumfrage 1991 des FuB, in der sich ein Unterschied zwischen Wechselwählern und Stammwählern hinsichtlich des Parteivertrauens ergab, untersucht (N=2700).[11] Das Analyseverfahren entspricht dem bisher gewählten, indem ein statistisch signifikanter Zusammenhang der Wechselwahl nach Kontrolle für Parteipräferenz (Wahlabsicht) als Evidenz für Unterschiede zwischen Stamm- und Wechselwählern gewertet wird.

---

11 Die Demokratiezufriedenheit ergibt sich aus der Frage: "Wie zufrieden sind Sie im allgemeinen mit der Demokratie in der Bundesrepublik und unserem ganzen politischen System? Sind Sie damit sehr zufrieden, einigermaßen zufrieden oder nicht zufrieden?"; die Sympathie für die Partei der ersten Wahl ist der höchste Wert, der auf eine der Parteien CDU, CSU, SPD, FDP, Grüne oder REP entfiel, gleich welche Partei dies ist. Die Sympathieeinstufung ergibt sich aus der Frage: "Wie denken Sie gegenwärtig über die Parteien, die ich Ihnen jetzt vorlese. Bitte sagen Sie es mir anhand dieser Skala. -5 heißt, daß Sie überhaupt nichts von der Partei halten, +5 heißt, daß Sie sehr viel von der Partei halten. Mit den Werten dazwischen können Sie Ihre Meinung wieder abstufen."

Die Ergebnisse entsprechen eher dem Bild des "frustrierten Wechselwählers" als dem des "modernen Wechselwählers". Die Demokratiezufriedenheit ist bei den Wechselwählern niedriger als bei den Stammwählern
(1,85 versus 2,03 auf 3-Punkte-Skala, eta=.12). Gleiches gilt für den
höchsten an eine Partei vergebenen Sympathiewert (durchschnittlich 3,1 bei
Stammwählern, 2,4 bei Wechselwählern, eta=.16). Beide Zusammenhänge
bleiben auch bei Kontrolle der Parteipräferenz statistisch signifikant (p=.02
für Demokratiezufriedenheit, .00 für Sympathie). Es erscheint also durchaus möglich, daß das niedrigere Parteivertrauen der Wechselwähler auf deren relatives Mißvergnügen mit der noch sympathischen Partei zurückgeht
und auf die Bewertung des politischen Systems ausstrahlt.

Diese Aussagen basieren aber lediglich auf unterschiedlichen Mittelwerten der Gruppen zu diesen Einstellungen, nicht aber auf den Zusammenhängen zwischen diesen. Westle (1990) hat im Detail gezeigt, daß Zusammenhänge zwischen den verschiedenen Arten der politischen Zufriedenheit
in unterschiedlichem Ausmaß bestehen. Diese Zusammenhänge lassen sich
auch hier feststellen, sie sind allerdings nicht sehr stark. Die Pearson-Korrelation des Parteivertrauens mit dem höchsten Sympathiewert beträgt .31,
die mit der Demokratiezufriedenheit .24. Immerhin sind diese Korrelationen stark genug, um die Annahme zu rechtfertigen, daß diese Variablen
sich gegenseitig beeinflussen können. Eine niedrigere Sympathie für die
noch am besten bewertete Partei kann sich also auf das Parteivertrauen und
dieses sich auf die Demokratiezufriedenheit auswirken.

Diese Analyseweise ermöglicht es, zu untersuchen, ob die Zusammenhänge auch bei Wechselwählern bestehen. So kann die These getestet werden, ob das Parteivertrauen bei den Wechselwählern in höherem Maße von
den anderen Indikatoren unabhängig ist als bei Stammwählern. Dann wäre
es weiterhin möglich, von dem Bild eines Wechselwählers auszugehen, dessen niedrigeres Parteivertrauen eher eine langfristige Disposition als ein in
die Kausalkette aktueller Bewertungen eingereihtes Glied ist.

Diese These bestätigt sich nicht. Die Korrelationen sind bei Stamm- und
bei Wechselwählern niedriger als die oben berichteten, weil die Aufteilung
in diese zwei Gruppen angesichts der gleichgerichteten Unterschiede diese
Beziehungen dämpfen muß. Entscheidend ist hier, daß diese Korrelationen
in beiden Gruppen in derselben Größenordnung liegen. Der höchste Sympathiewert korreliert mit dem Parteivertrauen mit .19 bei Stammwählern
und mit .24 bei Wechselwählern. Die Korrelationen zwischen Parteivertrauen und Demokratiezufriedenheit betragen .21 bei Stammwählern und

.19 bei Wechselwählern. Alle diese Beziehungen sind statistisch signifikant (p mit .00 angegeben). Es besteht also kein Anhaltspunkt für ein im höheren Maße von anderen Bewertungen losgelöstes, quasi dispositives, niedrigeres Parteivertrauen der Wechselwähler. Der frustrierte Wechselwähler scheint den Daten besser zu entsprechen als der "moderne Wechselwähler".

Obwohl diese Befunde nicht besonders stark sind, so sind sie doch potentiell bedeutsam. Denn erstmals wurde ein über die Parteipräferenz hinausgehendes Korrelat des Wechselwählens aufgedeckt. Wechselwähler, die in keiner Schicht, Bildungsgruppe oder Altersstufe schwerpunktmäßig vertreten sind, die nicht besonders politisch interessiert oder positiv zur Partizipation eingestellt sind, fallen dadurch auf, daß sie keiner Partei soviel abgewinnen können wie die Stammwähler, geringeres Vertrauen in die Parteien haben und das politische System schlechter bewerten, kurz: politisch unzufriedener sind. Zumindest in den hier verwandten Daten zeigen sich diese Befunde nicht als von bestimmten Parteipräferenzen abhängig, sondern als etwas, was Wechselwähler zumindest ein wenig von Stammwählern abhebt, mithin als charakteristisch "Wechselwählerisches" gelten kann. Darauf, wie die Rolle dieser "frustrierten Wechselwähler" in der gegenwärtigen Situation beurteilt werden kann, wird im abschließenden Abschnitt eingegangen.

7.5   Exkurs: Zum Zusammenhang von Wechselwählen und Bildung in den USA

In diesem Abschnitt sollen kurz die Zusammenhänge zwischen Wechselaktivität bzw. Parteiidentifikation und Bildung am Beispiel der Präsidentschaftswahl 1992 in den USA skizziert werden. Obwohl im Rahmen des Experiments nicht zwingend erforderlich, kann die Querschnittanalyse in den USA wertvolle zusätzliche Informationen erbringen, die die bisherigen Ergebnisse in Zweifel ziehen oder bestätigen können. Ausschlaggebend für die Entscheidung, diese Untersuchung einzufügen, war vor diesem Hintergrund die Möglichkeit eines zusätzlichen Tests. Dabei erfolgt aus Gründen des Umfangs anstelle einer vollständigen Untersuchung der Sozialstruktur eine auf die Bildung beschränkte Analyse. Die Wahl der Untersuchungsvariablen fiel auf die Bildung, weil (1) die Bildungsexpansion sowohl für das Anwachsen der neuen Mittelschicht als auch für die funktionale Theorie von Bedeutung ist, die Variable Bildung also nicht an lediglich eine bestimmte Ausformung des sozialen Erklärungsansatzes gekoppelt ist; (2) sich in Westdeutschland bei der Bildung die größten Unterschiede hinsichtlich der (wohlgemerkt lagerinternen) Wechselaktivität ergaben; (3) die unklare Bedeutung der Bildung im amerikanischen dealignment oben bereits angesprochen wurde (vgl. 3.1.2).

Nach dem sozialen Erklärungsansatz wäre zu erwarten, daß besser Gebildete durch eine höhere Wechselaktivität, eine geringere Parteiidentifikation und eine größere Bereitschaft, bei Wahlen von der Parteiidentifikation abzuweichen, gekennzeichnet sind. Dagegen sprechen die bisherigen Ergebnisse für die Erwartung, daß kein Zusammenhang zwischen dem Bildungsniveau und der Stabilität des Wahlverhaltens besteht. Dies soll anhand der vom Center for Political Studies und dem Survey Research Center an der University of Michigan durchgeführten National Election Study 1992 (2487 Befragte) geprüft werden.

Dabei wird die Wechselaktivität wie im deutschen Fall im Vergleich der rückerinnerten Wahlentscheidung bei der Präsidentschaftswahl 1988 und derjenigen von 1992 operationalisiert. Im Unterschied zu den deutschen Daten beruht die Angabe zur Wahlentscheidung 1992 auf einer Nachwahlumfrage, da die National Election Studies als Wiederholungsbefragungen angelegt sind. Dies könnte höhere Validität der Messung mit sich bringen, führt aber dazu, daß die Größenordnung der Wechselaktivität nur begrenzt mit der in Westdeutschland beobachteten vergleichbar ist. Die Parteiidentifikation wird in einer vierstufigen Skala erfaßt.[12] Die Effektivität bemißt sich in der von der Parteiidentifikation (strong and weak, aber ohne leaner) abweichenden Stimmabgabe bei der Präsidentschaftswahl. Die Bildung wird in den vier Kategorien (1) ohne High School Diplom (19% der Stichprobe), (2) High School Diplom (34%), (3) "some college" (häufig Associate of Arts, häufig kein weiterer Abschluß, 24%) und (4) mindestens College Diplom (Bachelor of Arts, 24%) erfaßt.

Die Präsidentschaftswahl 1992 war durch das starke Ergebnis des Drittkandidaten Ross Perot (19%) eine besondere Wahl. Insbesondere für das Ausmaß der Wechselaktivität sind von diesem Umstand Implikationen zu erwarten. In Anlehnung an das im deutschen Fall gewählte Verfahren werden hier die verschiedenen Arten des Parteiwechsels bzw. der vote defection

---

12 1: independent-independent, keine Angabe; 2: independent leaner; 3: weak identifier; 4: strong identifier.

getrennt ausgewiesen, separat für den Wechsel zwischen Republikanern und Demokraten und dem Wechsel, der einen anderen Kandidaten einbezieht, was insbesondere Ross Perot betrifft. Dabei ist zu berücksichtigen, daß in den hier zugrundegelegten Daten Perot zwar nicht an eine bestimmte Bildungsgruppe gebunden ist, der Zuspruch für ihn in den unterschiedlichen Gruppen aber doch unterschiedlichen Ausmaßes ist. Die Stichprobe weicht mit 18 Prozent nur unwesentlich von Perots tatsächlichem Wahlergebnis ab. Nach diesen Daten ist Perot jedoch in der niedrigsten Bildungsgruppe mit 11 Prozent und in der höchsten Bildungsgruppe mit 15 Prozent unterrepräsentiert. Die High School Absolventen unterscheiden sich in ihrer Unterstützung für Perot nicht vom Stichprobenmittel, während sich die zweithöchste Bildungsgruppe ("some college") besonders zu diesem Kandidaten hingezogen fühlte (25%). Diese Befunde zu Perots Wählerbasis werden in der Struktur, nicht allerdings in der Größenordnung der Unterschiede von den exit polls bestätigt (vgl. Lipset 1993). Sie sind bei der Betrachtung der Wechselaktivität in den Bildungsgruppen zu berücksichtigen.

Wie Tab. 7.10 dokumentiert sind 35 Prozent der Befragten, die für 1988 und 1992 eine Wahlentscheidung angaben, als Parteiwechsler einzustufen. Auch angesichts der unterschiedlichen Meßinstrumente läßt diese Größenordnung kaum einen Zweifel daran zu, daß die Wechselaktivität in den USA 1992 höher war als in Westdeutschland 1990 (16%).

Das für diese Studie wesentliche Ergebnis aus Tab. 7.10 ist, daß keine systematischen Unterschiede im Wechselwahlverhalten der Bildungsgruppen zu erkennen sind. Die Häufigkeit der Parteiwechsel entsprach in den beiden niedrigen Bildungsgruppen dem Bevölkerungsmittel (33 bzw. 35%). Die Befragten mit "some college" - in der Perot den stärksten Rückhalt hatte - wechselten am häufigsten (44%), die mit College Diplom am seltensten (27%). Es ist also die höchste Bildungsgruppe - die nach dem sozialen Erklärungsansatz am häufigsten wechseln sollte - in der die höchste Stabilität des Wahlverhaltens zu beobachten ist. Werden die beiden höheren Bildungsgruppen zusammengefaßt betrachtet, entspricht deren Wechselaktivität mit 35 Prozent wiederum dem Bevölkerungsmittel. Die Erwartungen des sozialen Erklärungsansatzes finden also auch hier keine Bestätigung in den Daten.

Tabelle 7.10

Wechselaktivität zwischen den Präsidentschaftswahlen 1988 und 1992 nach Bildung in den USA

	Wechsel insgesamt	Wechsel zwischen Republikanern und Demokraten	Wechsel zwischen Sonstigen und Republikanern bzw. Demokraten	N
insgesamt	35	16	18	1248
kein High School Diplom	33	22	11	149
High School Diplom	35	17	17	367
"some college" (z.B. Associate of Arts)	44	18	26	309
College-Diplom (Bachelor of Arts) oder mehr	27	12	16	390

Stimmen für Perot wurden mit den (wenigen) Sonstigen zusammengefaßt.
Quelle: CPS/SRC National Election Study 1992, N=2487

Eine derartige Bestätigung läßt sich den Daten auch dann nicht ablesen, wenn die verschiedenen Arten des Wechsels getrennt betrachtet werden. Der Wechsel zwischen Demokraten und Republikanern wird mit höherer Bildung deutlich seltener, nicht etwa häufiger (von 22 auf 12%). Die höchste Bildungsgruppe liegt hier um einige Prozentpunkte unter dem Stichprobendurchschnitt. Die höhere Wechselaktivität der Befragten mit "some college" geht auf deren Neigung für Ross Perot zurück. Die Perot einbeziehende Wechselaktivität der höchsten Bildungsgruppe liegt wiederum unter der der Stichprobe, wenn auch um nur 2,7 Prozentpunkte in den ungerundeten Zahlen. Die Behauptung, höhere Bildung gehe mit instabilerem Wahlverhalten einher, sieht sich also mit einer Datenlage konfrontiert, die in jeder Hinsicht die niedrigere Wechselaktivität der Befragten mit College Abschluß dokumentiert.

Auch aus einer Betrachtung der Parteiidentifikation ergibt sich keine Bestätigung des sozialen Erklärungsansatzes (vgl. Tab. 7.11). Die Unterschiede zwischen den Bildungsgruppen hinsichtlich der Mittelwerte auf der

Parteiidentifikationsskala sind zwar statistisch signifikant (p < .01), aber von geringem Ausmaß (eta = .07). Vor allem aber weisen sie nicht die dem sozialen Erklärungsansatz entsprechende Direktionalität auf. Ein Pearsons r von .02 (p = .16) illustriert, daß Parteiidentifikationen nicht mit zunehmender Bildung schwächer oder seltener werden. Bei aller Minimalität der Differenzen ist der höchste Mittelwert der Parteiidentifikation da zu verzeichnen, wo nach dem sozialen Erklärungsansatz der niedrigste zu erwarten wäre: in der höchsten Bildungsgruppe.

In der Effektivität der Parteiidentifikation finden sich partiell die beim Parteiwechsel beobachteten Muster wieder (Tab. 7.11). Vote defections sind am seltensten in der höchsten, aber auch in der niedrigsten Bildungsgruppe. Die in der zweithöchsten Bildungsgruppe häufigen defections zugunsten Perots resultieren darin, daß hier die niedrigste Effektivität der Parteiidentifikation bei dieser Wahl zu verzeichnen ist, ebenso wie bereits die höchste Wechselaktivität in dieser Gruppe festgestellt wurde. Hinsichtlich ihrer Neigung, den Kandidaten der gegnerischen großen Partei zu unterstützen, unterscheiden sich die party identifiers in den Bildungsgruppen nur in geringem Maße. Wiederum ist aber die niedrigste Bereitschaft, entgegen einer bestehenden Parteidentifikation Bush oder Clinton zu wählen, in der höchsten Bildungsgruppe zu verzeichnen.

Als Fazit dieses Exkurses ist festzustellen, daß die Ergebnisse zur Wechselaktivität und Parteiidentifikation der Bildungsgruppen in den USA dem sozialen Erklärungsansatz der Volatilität entgegenstehen. Nach diesen Befunden ist es wenig wahrscheinlich, daß die veränderte Bildungszusammensetzung der Bevölkerung hinter dem in den USA beobachteten dealignment steht. Umso wahrscheinlicher ist, daß die hier vertretene Deutung, in diesem dealignment drücke sich die Wirkung politischer Veränderungen aus, den Tatsachen entspricht. Die Ergebnisse dieser Querschnittanalyse in amerikanischen Daten reihen sich damit nahtlos in die Liste derjenigen Befunde, die es nahelegen, den sozialen Erklärungsansatz der Volatilität zugunsten des politischen Erklärungsansatzes zu verwerfen. Die Ergebnisse des "Experiments", also der Längsschnittanalysen, werden dadurch bekräftigt.

Tabelle 7.11

Intensität und Effektivität der Parteiidentifikation
nach Bildung in den USA, 1992

	Mittelwert Intensität der Parteiidentifikation (1=keine, 4=starke)	N
insgesamt	2,8	2487
kein High School Diplom	2,8	466
High School Diplolm	2,7	814
"some college"	2,7	572
College Diplom (mind. B.A.)	2,9	570

Von denen, die eine Parteiidentifikation mit einer
der großen Parteien angaben, wählten bei der
Präsidentschaftswahl 1992....

	die entspre-chende Partei	die gegnerische große Partei	Drittkandidaten	N
insgesamt*	78	8	14	1081
kein High School Diplom	82	8	10	155
High School Diplom	78	10	12	326
"some college"	72	8	19	264
College Diplom (mind.B.A.)	83	6	11	308

* Die Größenordnungen dürfen wegen anderer Prozentuierungsweise nicht mit denen in Graphik 6.2 verglichen werden.
Quelle: CPS/SRC National Election Study 1992, N=2487

8. Politische Ereignisse und Parteiloyalitäten

Das vorangegangene Kapitel behandelte die erste der hier zu diskutierenden alternativen Erklärungen für die Ergebnisse des Experiments. Weil sie auf das Ausbleiben eines manifesten Trends gemünzt war, war sie nur für den deutschen Fall relevant. Dagegen gilt die zweite Alternativerklärung zunächst einmal in erster Linie den USA, denn sie bezieht sich auf einen beobachteten Rückgang der Parteiidentifikation. Dieser könne, so die These, durch politische Ereignisse verursacht sein, ohne daß auf das Kräfteverhältnis der Objekte in der Gelegenheitsstruktur des Wählens eingegangen werden müsse. Obwohl zunächst nur für die USA einschlägig, wird untersucht, ob diese These auch für das Verständnis der Wählerentwicklung in Deutschland hilfreich sein kann, insbesondere wenn die jüngsten Trends, die bisher keine Berücksichtigung fanden, einbezogen werden.

8.1 Civil Rights, Vietnam, Watergate

Der ursprünglichen Theorie zufolge reagieren Individuen, die eine Parteiidentifikation zeigen, auf kurzfristige, der Parteiidentifikation entgegenlaufende Einflüsse mit einer von der Identifikationspartei abweichenden Wahlentscheidung, ohne daß dies die Identifikation als solche berührt. Daß dies zumindest nicht für alle Amerikaner der normale Mechanismus ist, haben McKuen u.a. (1989) durch eine Analyse der Parteiidentifikation im Aggregat, die sie mit "macropartisanship" bezeichnen, gezeigt. McKuen u.a. stellen dar, daß die Anteile der Parteien an den Identifikationen kurzfristig von der Bewertung des Präsidenten und mittelfristig von wirtschaftlichen Indikatoren abhängt (McKuen u.a. 1989:1137). Mindestens für einen Teil der Bevölkerung hängt die Parteiidentifikation also von Bewertungen von Makro-Objekten ab, auch wenn sich von der Makroebene nicht auf die Häufigkeit dieses Phänomens auf der Mikroebene schließen läßt (1989:1129). Obwohl wegen der Verwendung von Gallup-Umfragen nicht unangefochten (vgl. Abramson/Ostrom 1991), stellt dies einen der rigorosesten Versuche dar, die Verbindung zwischen Parteiidentifikationen und Bewertungen von Makro-Phänomenen herzustellen.

Eine mangels Quantifizierbarkeit weniger rigorose, der Sache nach aber ähnliche Argumentation wurde zuvor bereits auf die Häufigkeit und die Intensität von Parteiidentifikationen angewandt. Der Grundgedanke hierbei ist, daß durch die Auswirkungen politischer Ereignisse die öffentliche Bewertung mindestens einer Partei in Mitleidenschaft gezogen wird, wobei die Verschlechterung einer Partei nicht von der anderen genutzt werden kann. Im Saldo resultiert daraus eine Verschlechterung des Parteiensystems insgesamt im Ansehen der Bevölkerung. Parteiidentifikationen werden seltener oder schwächer.

Diese These bietet sich insbesondere dann als Erklärung an, wenn die Parteiidentifikation in einem kurzen Zeitraum stark zurückgeht, die Verbindung zu einzelnen Ereignissen nach dem Kurvenverlauf also näher liegt als die zu stetigeren Entwicklungen wie dem sozialen Wandel oder der Personalisierung der Politik. Nun ist genau dies in den USA der Fall. Der Rückgang der Parteiidentifikation vollzog sich sowohl hinsichtlich ihrer Häufigkeit als auch ihrer Intensität zwischen 1964 und 1972, als die Parteiidentifikation und die starke Parteiidentifikation um 13 Prozentpunkte zurückgingen (siehe Graphik 6.3). Converse (1976) hat kohortenanalytisch untersucht, ob die sinkende Intensität der Parteiidentifikation in diesem Zeitraum darauf zurückzuführen ist, daß sich infolge gesenkten Wahlalters und geburtenstarker Jahrgänge die Alterszusammensetzung der Wählerschaft verändert hat. Da diese Erklärung aufgrund von "compositional effects" den Daten nicht standhält (Converse 1976:74), ordnet Converse den in kurzen Zeitintervallen gemessenen Intensitätsverlust der Parteiidentifikation bestimmten "historical events" zu. Mittels dieser "rather hapless, post-hoc procedure" (Converse 1976:104), kommt Converse zu dem Ergebnis, daß die Entwicklung Periodeneffekten zuzuschreiben sei, die er mit der Gesetzgebung zur Rassendiskriminierung und den damit einhergehenden Unruhen, den Ereignissen um den Vietnam-Krieg und dem Watergate-Skandal benennt (Converse 1976:103-111). Zu einem entsprechenden Ergebnis kommen auch Nie u.a., auch wenn diese in stärkerem Maße nicht nur auf die Ereignisse, sondern auch auf die betroffenen Themen (Vietnam, Civil Rights), die den Parteien im New Deal alignment nicht mit gleicher Klarheit zuzuordnen seien wie andere Themen, abheben (Nie u.a. 1976:43-73, 96-109). Überdies betonen Nie u.a. die intervenierende Rolle politischer Bewertungen (wie "trust in government") zwischen Veränderungen auf der

Makroebene der Politik und dem Rückgang der Parteiidentifikation (Nie u.a. 1976:281-288). "Thus the political parties reap the results of the disaffection" (Nie u.a. 1976:283).

Wattenberg tritt dieser Argumentation entgegen, indem er herausstellt, daß vor allem gleichgültige, kaum aber negative Äußerungen zu den Parteien häufiger geworden sind (Wattenberg 1986:58-66) und daß unzufriedene Bewertungen der Politik mit der Parteiidentifikation zwar zeitweise im Aggregatlängsschnitt, nicht aber im Quer- und Längsschnitt auf der Individualebene korrelieren (Wattenberg 1986:54-57). "It must be concluded that the growth of cynicism and nonpartisanship are roughly parallel trends that have little relationship to each other in both a static and a dynamic sense." (Wattenberg 1986:57).

Diese Ergebnisse Wattenbergs stehen in einem spannungsvollen Verhältnis zur "historical event"-These. Den Erklärungsgewinn dieser These, nämlich das Abrupte des Niedergangs der Parteiidentifikation verständlich zu machen, können Wattenbergs Erklärungen jedoch nicht ersetzen. Deswegen sollte diese These nicht gänzlich verworfen werden, auch wenn die Verknüpfung zwischen Ereignissen, politischer Unzufriedenheit und dem Niedergang der Parteiidentifikation komplexer gewesen zu sein scheint, als die von Nie u.a. dargestellten Analysen es nahelegen. Weil sie die einzige ist, die den Zeitpunkt der Entwicklung lokalisieren kann (wenn auch nur post-hoc) und die ihren abrupten Verlauf erklären kann, kommt der "historical events"-These des Niedergangs der Parteiidentifikation eine hohe Plausibilität als zumindest partielle Erklärung zu.[1]

Dies gilt jedoch nicht in gleicher Weise für alle Trends der Volatilität. Denn in einigen Aspekten ist eine Destabilisierung unabhängig von diesen

---

1   Die Schlußfolgerung, die "historical events"-These sei eine gute partielle Erklärung, wird durch den weiteren Verlauf der Parteiidentifikation bestätigt. Converse hatte prognostiziert, daß, weil die jüngste Generation in besonderer Weise von den Periodeneffekten betroffen sei, dies aber besonders geburtenstarke Jahrgänge waren, aufgrund der "iron logic of population turnover" mit einem weiteren Rückgang der Parteiidentifikation gerechnet werden könne (1976:112). Millers Kohortenanalysen zeigen, daß die Parteiidentifikationen derjenigen Kohorten, die nach diesen kritischen Jahren ins Wahlalter gelangten, wieder etwas stärker ausgeprägt sind. Miller folgert daraus, daß der Rückgang der Parteiidentifikation in der Tat einzig auf Periodeneffekte zurückzuführen sei (ein vorübergehendes "non-alignment", Miller 1990:104). Daß diese Erklärung nur partiell richtig ist, wird darin deutlich, daß die Parteiidentifikationen der jungen Kohorten in den 80er Jahren zwar über denen der 60er, aber deutlich unter denen der früheren Jahrgänge liegt. Diese Differenz kann nicht ohne zusätzliche Hilfskonstruktionen mit den Periodeneffekten der 60er Jahre erklärt werden.

Ereignissen festzustellen. So verzeichnet der Pedersen Index in den 50er Jahren weniger stabile Wahlergebnisse als in den 40er Jahren, ebenso wie eine weitere Destabilisierung bis 1964, als die Parteiidentifikation noch nicht rückläufig war. Die Präsidentschaftswahl 1964 hat den höchsten Pedersen Index aller Wahlen seit 1944, die von 1960 den dritthöchsten. Defecting votes in Kongresswahlen stiegen in den acht Jahren von 1956 bis 1964 bereits von 9 auf 15 Prozent. Anders als im Falle der Parteiidentifikation setzte sich dieser Trend zudem bis in die 80er Jahre kontinuierlich fort. Auch das ticket-splitting wurde bereits vor den beschriebenen Ereignissen, nämlich seit 1960, häufiger. Die "historical events"-These stellt also durchaus eine plausible Erklärung für die seltener gewordene Parteiidentifikation dar, sie kann aber nicht die anderen Trends der Volatilität in befriedigender Weise erklären. Insbesondere gilt sie nicht oder nur partiell für die Wechselwahl, das ticket-splitting und das defecting vote. Da dies diejenigen Trends sind, auf die sich die Argumentation dieser Studie besonders gestützt hat, wird die hier vorgestellte Erklärung des dealignment nicht durch die "historical events"-These in Frage gestellt. Ereignisse wie der Vietnamkrieg, Rassenunruhen und der Watergate-Skandal haben sich davon unabhängig mit hoher Wahrscheinlichkeit auf die Parteiidentifikation ausgewirkt. Vor diesem Hintergrund wird der folgende Abschnitt auch für Deutschland untersuchen, ob sich Anhaltspunkte für derartige Erklärungen anbieten. Daß die Personalisierung der Politik in den USA sich in einer Destabilisierung des Wahlverhaltens auswirkte, bleibt jedoch als Erklärung destabilisierten Wahlverhaltens neben der auf bestimmte Perioden konzentrierten "historical events"-These bestehen.

8.2   Politische Stimuli und Parteineigungen in Westdeutschland

Anders als in den USA, wo sich politische Stimuli als Alternativerklärung für einen Trend anbieten, könnten sie in Deutschland, wo ein derartiger Trend innerhalb des bisher betrachteten Zeitraums nicht zu beobachten ist, lediglich für kurzfristige Schwankungen verantwortlich sein. Der Verlauf der verschiedenen Indikatoren der Parteiidentifikation legt nahe, daß diese in der Tat auf politische Stimuli reagieren (siehe Kapitel 6, Graphik 6.8). Insbesondere ist es plausibel, den Anstieg der drei Indikatoren der Parteiidentifikation zu Beginn der Jahre 1983 und 1987 auf die Politisierung vor der jeweiligen Bundestagswahl zurückzuführen. Ebenso geht der vorübergehende Rückgang aller dieser Indikatoren im Laufe des Jahres 1988 mit einiger Wahrscheinlichkeit auf die Schwierigkeiten innerhalb der Union zurück, zumal die Neigung zur Union die einzige ist, die von dieser Entwicklung betroffen war, während die anderen Parteien keine Verluste zu verzeichnen hatten. Diese informelle Inspektion der Zeitreihe reicht aus, um deutlich zu machen, daß auch in Deutschland eine Verknüpfung zwischen Ereignissen auf der Makroebene und dem "macropartisanship", der Verteilung von Parteineigungen im Aggregat, besteht. Soweit die Verteilung der Parteianteile betroffen ist, ist dies angesichts der Befunde auf der Individualebene, die einen engen Zusammenhang zwischen Parteineigung und Wahlabsicht aufgezeigt haben, nicht erstaunlich. Politische Stimuli wirken sich aber überdies auf die Häufigkeit und die Intensität der Parteineigung aus.

Nun ging während der Erstellung dieser Studie die Parteineigung deutlich zurück. Neigten im Herbst 1990 68 Prozent der Westdeutschen einer Partei zu, so waren es im Sommer 1993 nur 61 Prozent, zwischenzeitlich, nämlich im Frühjahr 1993, sogar nur 59 Prozent. Deutlicher noch ist der Rückgang der grundsätzlichen Parteineigung (von 54 auf 45 %) und der starken Parteineigung (von 29 auf 18 %, siehe Tab. 8.1). Die seit dem Herbst 1991 in Westdeutschland gemessenen Anteile der grundsätzlichen und der starken Parteineigung sind die niedrigsten seit dem Einsetzen der hier untersuchten Trends zu Beginn der 70er Jahre. Es ist zu fragen, was der Hintergrund dieser Entwicklung ist. Wirkt sich hier der soziale Wandel aus, handelt es sich um Reaktionen auf politische Stimuli, oder treten beide Effekte in Kombination auf?

Zunächst ist angesichts des Verlaufes zu sagen, daß ein zumindest partieller Effekt politischer Stimuli nicht auszuschließen ist. Die verschiedenen Indikatoren veränderten sich zwischen zwei Umfragen, teilweise also innerhalb eines Jahres, um etwa 10 Prozentpunkte. Eine allein auf den sozialen Wandel gestützte Erklärung kann derart plötzliche Veränderungen nicht verständlich machen. Zudem beschränkt sich die Entwicklung nicht auf Parteineigungen. Parallel dazu sank die durchschnittliche Obergrenze für die Sympathie, die die Befragten überhaupt einer Partei entgegenzubringen bereit waren. Dies zeigt sich in dem gesunkenen Höchstwert, den die Befragten durchschnittlich an eine Partei vergaben. Über diese auf eine konkrete Partei bezogenen Trends hinaus wurde auch das Vertrauen in die Parteien insgesamt schwächer. Gleiches gilt für die Demokratiezufriedenheit (siehe Tab. 8.1).

Tabelle 8.1

Die Entwicklung der Parteineigung und politischer Zufriedenheiten, 1989-1993, Westdeutschland

	Herbst 1989	Herbst 1990	Herbst 1991	Frühjahr 1993	Sommer 1993
% Parteineigung	73	68	69	59	61
% grundsätzliche Parteineigung	56	54	-	40	45
% starke Parteineigung	28	29	19	16	18
Durchschnittswert Parteivertrauen (Skala 1-7)	4,0	-	3,6	3,4	-
höchster Sympathiewert für Partei im Durchschnitt (-5 bis +5)	+ 3,2	+ 3,5	+ 2,6	+ 2,1	+ 2,3
% sehr oder einigermaßen zufrieden mit Demokratie und politischem System	88	-	81	71	78

Quelle: Konrad-Adenauer-Stiftung, Bereich Forschung und Beratung, Archiv-Nr.: 8901, 9007, 9105, 9301, 9303

Auch die 1993 gemessenen Werte des Parteivertrauens und der Demokratiezufriedenheit stellen Rekordtiefwerte dar (siehe z.B. Fuchs 1989, Stöss 1990, Neu/Zelle 1992 für langfristige Trends). Das westdeutsche Elektorat ist im Jahre 1993 also nicht nur weniger parteigebunden, sondern unzufriedener als zuvor.

Anders als in den USA, wo Wattenberg den Zusammenhang zwischen politischen Zufriedenheiten und der Parteiidentifikation anzweifelte, weil diese auf der Individualebene nicht korrelierten (siehe oben), bestehen diese Korrelationen in Deutschland, auch wenn sie nicht sehr stark sind. Insbesondere korrelierten die beiden Skalen der Parteineigung im Herbst 1989 mit .22 bzw. .21, im Frühjahr 1993 jeweils mit .27 mit dem Parteivertrauen. Die Korrelationen der Parteineigungsskalen mit der Demokratiezufriedenheit liegen etwas darunter, die des Parteivertrauens mit der

Tabelle 8.2

Indikatoren der Bewertung der Parteien und des politischen Systems, Korrelationen, 1989 und 1993, Westdeutschland

	Höchster Sympa-thiewert für Partei	Dauerhaftigkeit der Partei-neigung	Intensität der Partei-neigung	Parteivertrauen
1989				
Dauerhaftigkeit PN	.35			
Intensität PN	.37	.82		
Parteivertrauen	.28	.22	.21	
Demokratiezufriedenheit	.14	.16	.16	.29
1993				
Dauerhaftigkeit PN	.37			
Intensität PN	.40	.86		
Parteivertrauen	.36	.27	.27	
Demokratiezufriedenheit	.18	.22	.20	.26

alle signifikant mit p < .01

Quelle: Konrad-Adenauer-Stiftung, Bereich Forschung und Beratung, Archiv-Nr.: 8901 (N=4981), 9301 (N=3618)

Demokratiezufriedenheit dagegen in derselben Größenordnung (siehe Tab. 8.2). Ordnet man die Konzepte Sympathie für Partei, Bindung an Partei, Parteivertrauen und Demokratiezufriedenheit in dieser am Grad der Spezifität orientierten Reihenfolge an, so zeigt sich erwartungsgemäß, daß die Korrelationen zwischen den jeweils benachbarten Konstrukten am höchsten sind. Alle Korrelationen, auch die zwischen der höchsten Parteisympathie und der Demokratiezufriedenheit, die die größte "Entfernung" überspannt und die 1989 .14 und 1993 .18 betrug, sind statistisch signifikant. Es ist also gerechtfertigt, anzunehmen, daß der parallele Kurvenverlauf dieser Indikatoren nicht nur zufällig ist. Damit bleibt aber weiterhin unbeantwortet, was die Hintergründe dieser Entwicklung sind. Natürlich sind zahlreiche Modelle über die Zusammenhänge zwischen diesen Indikatoren und ihrer Verknüpfung zu externen Faktoren denkbar. Im Rahmen dieser Arbeit sind aber drei von besonderem Interesse:

- "Parteibewertungsmodell": Nach diesem Modell sinkt die Sympathie für die favorisierte Partei aufgrund von Bewertungen politischer Stimuli ab, ohne daß andere Parteien von diesen Verlusten profitieren können. Dies zieht in der Folge die Parteibindung, das Parteivertrauen, und die Demokratiezufriedenheit in Mitleidenschaft.

- "Sozialstrukturmodell": Dieses Modell entspricht dem sozialen Erklärungsansatz. In bestimmten sozialen Schichten gelöste Parteibindungen werden als die Ursache der Veränderungen betrachtet. Das im geringeren Maße an eine Partei gebundene Individuum bringt dieser schwächere Sympathie entgegen und vertraut den Parteien insgesamt weniger. Weil die Pufferwirkung der Parteibindungen nachläßt (vgl. Kaase 1979:330), können sich negative Bewertungen der aktuellen Politik in den Bewertungen des politischen Systems in höherem Maße niederschlagen.

- "Katalysatormodell": Nach diesem Modell verstärken sich die in den beiden vorangegangenen Modellen beschriebenen Effekte gegenseitig. Politische Stimuli bewirken einen beschleunigten Rückgang der Parteibindung in erster Linie in denjenigen sozialen Schichten, die ohnehin in besonderer Weise für niedrigere Parteibindungen prädestiniert sind. Nach diesem Modell fungiert der politische Stimulus als Katalysator, der die Folgen einer sozialen Entwicklung zur Entfaltung bringt.

Dabei läßt sich das Sozialstrukturmodell, das den sozialen Wandel als einzige Ursache sich lösender Parteibindungen beschreibt, angesichts des Kurvenverlaufs mit einiger Bestimmtheit verwerfen. Die bisherigen Analysen haben gezeigt, daß die Entwicklung bis 1990 keine Unterstützung für dieses Modell bietet. Der Niedergang der Parteineigung nach 1990 verlief zu ruckartig, um allein auf den sozialen Wandel zurückgeführt werden zu können. Damit verbleiben das Parteibewertungsmodell und das Katalysatormodell als Erklärungsmöglichkeiten für die Entwicklung seit 1990. Beide beinhalten eine Kausalrolle politischer Bewertungen für den Rückgang der Parteineigung, das Katalysatormodell sieht diese aber in der Interaktion mit dem sozialen Wandel. Auf den Punkt gebracht liegt der Unterschied zwischen diesen Modellen darin, daß das Katalysatormodell annimmt, daß der Rückgang der Parteineigung und der anderen Indikatoren ohne den vorher vollzogenen sozialen Wandel nicht in dieser Intensität stattgefunden hätte, während das Parteibewertungsmodell diesen Zusammenhang nicht anerkennt. Das ideale Verfahren, diese Modelle empirisch zu testen, besteht also darin, den sozialen Wandel zu "kontrollieren".

Ein derartiger - allerdings nicht unproblematischer - Test ließe sich wiederum in der Logik des Experimentes durchführen. Dabei könnte sich zunutze gemacht werden, daß in Ostdeutschland der soziale Wandel nicht in vergleichbarer Form stattgefunden haben kann wie in Westdeutschland, auf der Basis sozialen Wandels also zumindest keine parallelen Entwicklungen der Parteineigung plausiblerweise zu erwarten wären. Nun verzeichnet in Ostdeutschland die - ohnehin erst in der Entwicklung befindliche - Parteineigung ebenso wie Indikatoren politischer Zufriedenheiten einen Rückgang von zumindest gleicher Intensität wie in Westdeutschland von 1991 bis 1993 (vgl. Gluchowski/Zelle 1993 für eine Darstellung einiger Trends). Daraus könnte abgeleitet werden, das Ost- und Westdeutsche auf denselben Stimulus reagiert haben, der plausiblerweise auf der Makroebene zu verorten wäre. Eine derartige Argumentation ist zwar durchaus möglich, sie impliziert aber zu viele Annahmen. So unterstellt sie zum einen, daß Makro-Ereignisse für Ost- und Westdeutsche trotz zum Teil erheblicher Unterschiede in den Interessenlagen, aber auch in der Erfahrung mit derartigen Ereignissen, in ähnlicher Weise verarbeitet werden. Zudem läßt sie die Möglichkeit außer Betracht, daß die Indikatoren, die die Beziehung des Individuums zum politischen System oder zu politischen Objekten erfassen, wegen des geringen Alters dieser Beziehungen in Ostdeutschland zwangsläufig zu stärkeren Schwankungen neigen dürften, die Intensität von Veränderungen also nicht im Ost-West-Vergleich herangezogen werden sollte. Wegen dieser Schwächen darf dieser Test nur als Indiz gewertet werden.

Eine andere Art, die Effekte der Sozialstruktur konstant zu halten, besteht darin, die Veränderungen der Indikatoren innerhalb einzelner sozialer Segmente zu untersuchen. Nach dem Katalysatormodell wäre zu erwarten, daß die im sozialen Wandel gewachsenen Gruppen der gut Gebildeten und der neuen Mittelschicht in besonderer Intensität auf politische Stimuli reagiert haben und insbesondere der Rückgang der Parteiidentifikation in diesen Gruppen besonders deutlich ist, während er bei Arbeitern, Selbständigen und weniger Gebildeten schwächer ausgefallen sein sollte. Als Konsequenz dieser ungleichen Entwicklung könnte sich die geringere Parteiidentifikation der neuen Mittelschicht und der gut Gebildeten, die bisher nicht zu belegen war, manifestieren. Dagegen sieht das Parteibewertungsmodell keine intervenierende Position von Bildung oder Schichtzugehörigkeit vor.

Der Rückgang der Bindungen und Zufriedenheiten sollte nach diesem Modell in allen Gruppen gleichen Ausmaßes sein. Dies soll hier mittels zweier Umfragen, die alle hier angesprochenen Indikatoren enthalten, getestet werden. Dabei handelt es sich um die Herbstumfrage 1989 (N=ca. 5.000) und die Frühjahrsumfrage 1993 (ca. 3.600 Befragte in Westdeutschland).

Die Ergebnisse sprechen nicht für das Katalysatormodell (Tab. 8.3). Alle Indikatoren verzeichnen in allen sozialen Gruppen eine nachlassende Bindung oder Zufriedenheit. Wo sich Unterschiede zwischen den Gruppen ergeben, sind diese sogar den Erwartungen des Katalysatormodells entgegengesetzt. Dies sei zunächst anhand der Bildungsgruppen dargestellt. Die höchste Parteisympathie war 1989 bei den einfacher Gebildeten in der Tendenz ein wenig höher als bei den besser Gebildeten (Pearsons r -.04). Bis 1993 sank sie jedoch in den niedrigeren Bildungsgruppen etwas stärker als in den höheren, wodurch sich die Beziehung umkehrte (r=.03). Die Dauerhaftigkeit und die Intensität der Parteineigung gingen in allen Bildungsgruppen bis auf die Absolventen von Hochschulen in etwa gleicher Intensität zurück, bei den Befragten mit Hochschulbildung jedoch in etwas geringerem Ausmaß. Dadurch verstärkte sich die - der Funktionsthese zuwiderlaufende - Korrelation zwischen Bildung und Parteineigung ein wenig, anstatt sich, wie es den Erwartungen des Katalysatormodells entspräche, abzuschwächen oder umzukehren (von .01 auf .07 für die Dauerhaftigkeit, von .07 auf .09 für die Intensität). Das Parteivertrauen war dagegen 1989 um so niedriger, je höher der Ausbildungsstand des Befragten war (r=-.09). Es ist aber wiederum bei den weniger Gebildeten besonders deutlich zurückgegangen. Dabei sind die Unterschiede zwischen den Bildungsgruppen in der Intensität des Rückgangs im Falle des Parteivertrauens besonders ausgeprägt, wohlgemerkt aber in dem Katalysatormodell entgegengesetzter Richtung: Das Parteivertrauen sank um 0,9 Skalenpunkte bei den Befragten mit Volksschulabschluß ohne Lehre, aber um nur 0,2 Skalenpunkte bei den Studierten. Dadurch wandelte sich die negative Korrelation zwischen Bildung und Parteivertrauen, die 1989 bestand, bis 1993 in eine schwach positive (.04). Auch die Demokratiezufriedenheit sank besonders deutlich in den niedrigeren Bildungsgruppen. War sie 1989 nur gering mit der Bildung korreliert (.04), so stieg diese Beziehung durch diese Entwicklung bis 1993 deutlich an (.13).

Insgesamt ist also festzustellen, daß die Zufriedenheiten und Bindungen in allen Bildungsgruppen zurückgegangen sind. Diese Verschlechterung war in den niedrigeren Bildungsgruppen stärkeren Ausmaßes als in den höheren.

Betrachtet man den Kontrast der höchsten und der niedrigsten Bildungsgruppe, so zeigt sich, daß die Differenz zwischen 1989 und 1993 in der niedrigsten Bildungsgruppe um mindestens den Faktor 1,5 (Intensität der Parteineigung, höchste Parteisympathie), aber bis zum Faktor 5 höher war als in der höchsten Bildungsgruppe. Dadurch sind 1993 alle Indikatoren positiv mit der Bildung korreliert, während 1989 zwei negativ mit der Bildung korreliert waren.

Die Betrachtung der Berufsgruppen führt zu einem analogen Befund, auch wenn die Unterschiede weniger stark sind. Bei jedem Indikator ist der Rückgang von 1989 bis 1993 bei den Arbeitern etwas stärker als bei den Angestellten und Beamten. In vier Fällen stieg auch bei den Selbständigen das Ausmaß der Unzufriedenheiten stärker als bei den Angestellten und Beamten, lediglich die höchste Parteisympathie sank bei den Selbständigen in etwas geringerem Ausmaß. 1993 bilden die höheren Angestellten und Beamten diejenige Gruppe, in der alle Indikatoren die höchsten Werte verzeichnen, während die Arbeiter als die unzufriedenste und am wenigsten parteigebundene Gruppe erscheinen.

Eine Gegenüberstellung der Altersgruppen und der Geburtsjahrgänge in beiden Jahren zeigt, daß der Rückgang nicht an bestimmte Generationen gebunden sein kann. In allen Altersgruppen und Geburtsjahrgängen gingen alle Indikatoren in ähnlichem Ausmaß zurück. Der Rückgang der Zufriedenheiten und Bindungen hat Bürger jeden Alters erfaßt.

Diese Ergebnisse sind nicht mit dem Katalysatormodell vereinbar. Der Rückgang der Bindungen war in denjenigen Gruppen besonders gering, die im sozialen Wandel gewachsen sind. Es besteht also kein Anhaltspunkt dafür, daß die Bildungsexpansion oder die Tertiärisierung der Gesellschaft die beobachteten Entwicklungen verstärkt haben. Nach diesen Ergebnissen wäre der Niedergang der Parteineigung und der Rückgang der Zufriedenheit mit dem politischen System auch ohne vorhergehenden sozialen Wandel nicht in verminderter Intensität erfolgt, ceteris paribus. Wenn überhaupt ein Zusammenhang zwischen sozialem Wandel und dem Rückgang der Zufriedenheiten zwischen 1989 und 1993 hergestellt werden soll, dann der, daß das Wachstum der neuen Mittelschicht und die Bildungsexpansion diese Entwicklungen abgeschwächt haben, ceteris paribus. Weil die Annahme sonst gleicher Umstände hier jedoch nicht zu rechtfertigen ist (es ist unklar, wie sich die Politik zwischen 1989 und 1993 ohne sozialen Wandel dargestellt hätte), sollen derartige Spekulationen hier nicht angestellt werden.

Tabelle 8.3a

Parteineigung und politische Zufriedenheiten sozialer Gruppen, 1989-1993, Westdeutschland
- Durchschnittswerte und Korrelationen -

	Dauerhaftigkeit der Parteineigung (1=keine, 3=grundsätzl.)			Intensität der Parteineigung (1=keine 3=starke)			Höchste Parteisympathie (-5 b.+5)		
	1989	1993	Diff.	1989	1993	Diff.	1989	1993	Diff.
Durchschnittswerte									
Alter									
18-24 Jahre	2,1	1,7	-0,37	1,9	1,6	-0,33	3,1	1,9	-1,15
25-29 Jahre	2,1	1,8	-0,27	1,9	1,6	-0,27	3,0	1,9	-1,04
30-44 Jahre	2,2	2,0	-0,24	2,0	1,7	-0,23	3,1	2,1	-1,01
45-59 Jahre	2,4	2,1	-0,30	2,0	1,8	-0,23	3,2	2,1	-1,12
60 Jahre u.ä.	2,4	2,1	-0,32	2,1	1,8	-0,29	3,3	2,2	-1,11
Geburtsjahr									
1972-75	-	1,6		-	1,5		-	1,8	
1965-71	2,1	1,8	-0,29	1,9	1,6	-0,26	3,1	2,0	-1,12
1960-64	2,1	2,0	-0,13	1,9	1,7	-0,17	3,0	2,0	-1,00
1945-59	2,2	2,0	-0,22	2,0	1,8	-0,22	3,1	2,1	-0,99
1930-44	2,4	2,1	-0,28	2,0	1,8	-0,20	3,2	2,2	-1,08
1900-29	2,4	2,1	-0,34	2,1	1,8	-0,31	3,3	2,2	-1,10
Bildung									
Volksschule o.Lehre	2,2	1,9	-0,37	1,9	1,6	-0,26	3,2	1,9	-1,27
Volksschule m.Lehre	2,3	2,0	-0,30	2,0	1,8	-0,28	3,2	2,1	-1,16
Mittlere Reife	2,2	1,9	-0,30	2,0	1,7	-0,25	3,1	2,1	-0,93
FHS Abitur	2,3	2,0	-0,33	2,1	1,8	-0,26	3,2	2,2	-1,05
Studium	2,4	2,2	-0,12	2,1	1,9	-0,18	3,0	2,2	-0,81
Beruf									
Arbeiter	2,3	1,9	-0,38	2,0	1,7	-0,30	3,2	2,0	-1,24
untere u. mittlere Angestellte u.Beamte	2,3	2,0	-0,27	2,0	1,7	-0,24	3,1	2,1	-1,04
höhere Angestellte und Beamte	2,4	2,2	-0,16	2,2	2,0	-0,19	3,2	2,2	-1,01
Selbständige	2,3	2,1	-0,25	2,1	1,8	-0,28	3,1	2,2	-0,89
Korrelationen									
Alter									
Pearsons r	.14**	.12**		.10**	.11**		.07**	.04**	
eta	.14**	.13**		.10**	.11**		.08**	.04	
Bildung									
Pearsons r	.01	.07**		.07**	.09**		-.04**	.03*	
eta	.05	.10**		.09**	.11**		.06**	.03	
Beruf									
eta	.04	.11**		.09**	.12**		.04	.04	

**p≤.01
* p≤.05

| Quelle: | Konrad-Adenauer-Stiftung, Bereich Forschung und Beratung, Archiv-Nr.: 8901 (Herbst 1989, N=4981), 9301 (Frühjahr 1993, N=3618). Die Differenzen wurden auf der Basis nicht gerundeter Mittelwerte gebildet. |

Tabelle 8.3b

Parteineigung und politische Zufriedenheiten sozialer Gruppen, 1989-1993, Westdeutschland
- Durchschnittswerte und Korrelationen -

	Parteiver-trauen (1=kein, 7=hohes)			Demokratie-zufriedenheit (1=nicht, 3=sehr)		
	1989	1993	Diff.	1989	1993	Diff.
Durchschnittswerte						
Alter						
18-24 Jahre	3,6	3,1	-0,51	2,1	1,9	-0,18
25-29 Jahre	3,7	3,2	-0,48	2,1	1,8	-0,28
30-44 Jahre	3,8	3,4	-0,44	2,1	1,9	-0,24
45-59 Jahre	4,1	3,5	-0,63	2,2	1,9	-0,31
60 Jahre u.ä.	4,3	3,6	-0,63	2,2	1,9	-0,28
Geburtsjahr						
1972-75	-	3,1		-	1,9	
1965-71	3,6	3,2	-0,46	2,1	1,9	-0,23
1960-64	3,7	3,3	-0,36	2,1	1,9	-0,24
1945-59	3,8	3,4	-0,40	2,1	1,9	-0,24
1930-44	4,1	3,5	-0,60	2,2	1,9	-0,29
1900-29	4,3	3,7	-0,61	2,2	1,9	-0,28
Bildung						
Volksschule ohne Lehre	4,1	3,2	-0,91	2,1	1,7	-0,40
Volksschule mit Lehre	4,1	3,5	-0,58	2,1	1,9	-0,27
Mittlere Reife	3,9	3,5	-0,45	2,2	1,9	-0,26
FHS Abitur	3,8	3,5	-0,35	2,1	2,0	-0,18
Studium	3,8	3,5	-0,21	2,2	2,0	-0,17
Beruf						
Arbeiter	4,0	3,3	-0,64	2,1	1,8	-0,29
untere u. mittlere Angestellte u. Beamte	4,0	3,4	-0,57	2,2	1,9	-0,25
höhere Angestellte und Beamte	4,0	3,7	-0,29	2,2	2,0	-0,22
Selbständige	4,1	3,4	-0,64	2,2	1,9	-0,32
Korrelationen						
Alter						
Pearson r	.17**	.11**		.06**	.01	
eta	.17**	.11**		.06**	.04	
Bildung						
Pearson r	-.09**	.04**		.04**	.13**	
eta	.09**	.06**		.05*	.15**	
Beruf						
eta	.03	.08**		.10**	.12**	

$**p \leq .01$
$* \ p \leq .05$

Quelle: Konrad-Adenauer-Stiftung, Bereich Forschung und Beratung, Archiv-Nr.: 8901 (Herbst 1989, N=4981), 9301 (Frühjahr 1993, N=3618). Die Differenzen wurden auf der Basis nicht gerundeter Mittelwerte gebildet.

Hier soll lediglich gefolgert werden, daß kein Anhaltspunkt dafür besteht, daß der soziale Wandel den Rückgang der Parteibindungen und der politischen Zufriedenheiten beschleunigt oder verstärkt hat. Deswegen wird das Katalysatormodell verworfen. Das Parteibewertungsmodell hat dem gegenüber eine höhere Plausibilität.

Demnach ist der Rückgang der Parteieigung, des Parteivertrauens und der Demokratiezufriedenheit mit öffentlichen Bewertungen eines Stimulus (oder mehrerer Stimuli) auf der Makroebene zu erklären. Damit stellt sich die Frage, welche Ereignisse oder Informationen es waren, die diese Entwicklung ausgelöst haben. Mittels eines Indikators, der in kurzen Abständen gemessen wurde, ließe sich deren Zeitpunkt möglicherweise präziser verorten und davon mit einiger Plausibilität auf das betreffende Ereignis schließen, ähnlich wie Converse (1976) es für den Rückgang der Parteiidentifikation in den USA getan hat. Dieses kann hier nicht durchgeführt werden. Für die hier relevante Hypothese ist es hinreichend zu wissen, daß es Ereignisse auf der Makroebene gewesen sein müssen, die den Rückgang der Zufriedenheiten und Bindungen verursacht haben, ohne daß die Argumentation entscheidend davon abhängt, ob bekannt ist, welche Ereignisse dies waren.

Was immer der genaue Grund, die Westdeutschen haben sich in einem kurzen Zeitraum offenkundig innerlich von den Parteien und dem politischen System entfernt. Das wirft die Frage auf, ob die aus dieser Entwicklung resultierende Wählerschaft dem Bild entspricht, das die Wandelthesen von einem offenen Elektorat gezeichnet haben, denn immerhin haben sich Parteibindungen gelöst. Hier wird die Ansicht vertreten, daß dieses Porträt die Situation nicht hinreichend charakterisieren kann. Der Grund dafür ist, daß die gesunkene Zufriedenheit mit dem politischen System nahelegt, daß die niedrigeren Parteibindungen nicht als Zeichen von Offenheit, sondern als Zeichen einer Abwendung zu interpretieren sind. Im Unterschied zur Offenheit impliziert die Abwendung eine negative Wertung von Herrschaftsträgern durch die Wählerschaft. In der oben dargestellten Typologie von Rose/McAllister (1986:156, vgl. Kap. 7.2) hat sich die deutsche Wählerschaft nach diesen Ergebnissen nicht in Richtung eines "open electorate", sondern in die eines "alienated electorate" entwickelt.

Für die individuelle Stabilität des Wahlverhaltens ist dies in zweierlei Hinsicht von Bedeutung. Zum einen legt es die gesunkene Parteineigung nahe, seit 1990 von erhöhter Bereitschaft, Parteien zu wechseln, auszu-

gehen. Diese Folgerung wird durch die im vorangegangenen Kapitel dargestellten Analysen unterstützt. Dort wurde gezeigt, daß für den "modernen
Wechselwähler" keine empirischen Anhaltspunkte bestehen, während der
"frustrierte Wechselwähler", der unabhängig von seiner jeweiligen
Parteipräferenz wegen Unzufriedenheit mit der Politik Parteiwechsel vollzieht, aus den Analysen hervortrat. Der "frustrierte Wechselwähler" sollte
in Zeiten eines "alienated electorate" zu besonders hoher Wechselaktivität
beitragen. Doch damit verläßt die Argumentation den Bereich der Analyse
und betritt den der Spekulation und Prognose, der dem abschließenden Kapitel vorbehalten sein soll.

9. Schlußfolgerungen

9.1. Soziale und politische Erklärungen des Wählerwandels

In den vorangegangenen Analysen wurde der Versuch unternommen, die relative Bedeutung politischer und sozialer Erklärungsfaktoren des Wählerwandels abzuschätzen. Auch wenn der experimentelle Aufbau diese Erklärungsansätze antagonistisch gegenüberstellte, wurde beachtet, daß beide plausible Deutungsversuche darstellen, die durchaus ergänzend wirken können. Die empirischen Ergebnisse führten jedoch wiederholt zu dem Schluß, daß, sobald politische Erklärungen berücksichtigt waren, die sozialen Erklärungsansätze nicht zum Verständnis der individuellen Instabilität im Wahlverhalten beitragen konnten. Die Gelegenheitsstruktur des Wählens, also das jeweilige Angebot an den Wähler, ist als Erklärung der Wählerentwicklungen den Thesen von einer durch den sozialen Wandel veränderten Sozialpsychologie der Wahlentscheidung demnach vorzuziehen. Die Ergebnisse entsprechen damit nicht den Erwartungen derjenigen Thesen, die einen Anstieg der Wechselaktivität insbesondere infolge der Bildungsexpansion oder des Wachstums der "neuen Mittelschicht" konstatieren. Für ein aus dem sozialen Wandel resultierendes dealignment besteht - trotz gegenteiliger Aussagen in der Literatur - kein Anhaltspunkt. Dagegen entsprechen die Ergebnisse den Erwartungen des politischen Erklärungsansatzes: Veränderungen in der Gelegenheitsstruktur des Wählens, wie deren zunehmende Ausrichtung an Personen oder eine gestiegene Zahl von Parteien, schlugen sich in der Wechselaktivität nieder. Während die Wechselaktivität nicht vom sozialen Wandel abzuhängen scheint, reagiert sie nachweislich auf die Struktur des politischen Angebotes.

Diese Folgerung stützt sich auf eine Reihe von empirischen Analysen. Im Zentrum stand dabei die Entwicklung der Volatilität (Wechselhaftigkeit des Wählerverhaltens) in Westdeutschland im Vergleich zu den USA. Für

das in den USA unverkennbare dealignment, das sich vor allem in gestiegener Wechselaktivität, häufigerem Abweichen von der Parteiidentifikation
und häufigerem Splitting manifestiert, steht mit der "Personalisierung der
Politik", die sich auch angesichts einer organisatorischen Stärkung der Parteien vollzog, eine politische Erklärung zur Verfügung. Durch die
Möglichkeit der parteiunabhängigen Kandidatenbewertung bei personenzentrierter Fragmentierung bedingt diese Entwicklung demnach eine gesunkene Rolle der Parteilichkeit in der Prägung und Stabilisierung des Wahlverhaltens. Dagegen sind in der Bundesrepublik Deutschland bis 1990 keine
Anzeichen eines dealignments feststellbar: Bei Bundestagswahlen sank die
Volatilität im Zuge der Konzentration des Parteiensystems bis in die 60er
Jahre, um dann konstant zu bleiben. Die Bundestagswahl 1983 bildet durch
hohe Volatilität einen Sonderfall, der sich aus dem Aufkommen der Grünen
und dem Koalitionswechsel der FDP erklärt. Weil der Wechsel zwischen
den "Altparteien" bis 1990 - entgegen den Erwartungen - weiter rückläufig
war, führte auch das Aufkommen der Grünen jedoch nicht zu einem andau-
ernden Anstieg der Wechselaktivität. Von besonderer politischer Bedeutung
ist, daß der Wechsel zwischen Regierung und Opposition seit den 70er
Jahren seltener wurde. Von einem dealignment zeugt dies ebensowenig wie
die stabile Parteiidentifikation. Dies steht den Erwartungen des sozialen
Erklärungsansatzes entgegen, ist aber angesichts der in Deutschland weitgehend konstanten Gelegenheitsstruktur des Wählens mit denen des politischen Erklärungsansatzes im Einklang.

Eine anschließende Querschnittanalyse mit dem Ziel, soziale Gruppen
mit höherer Wechselaktivität auszumachen, führte zu demselben Ergebnis.
Diese Analysen prüften, ob die im sozialen Wandel gewachsenen Gruppen
höhere Wechselwähleranteile aufweisen. Dies wäre ein Indiz dafür, daß sich
die Wechselbereitschaft erhöht hätte, sich dies aber wegen nicht bekannter
besonderer Umstände (noch) nicht in einem Anstieg der Gesamtwechselaktivität niederschlagen konnte. Dies kam der Suche nach dem "modernen
Wechselwähler" gleich, der, gut gebildet und frei von Bindungen, durch
eine besondere Wechselbereitschaft gekennzeichnet ist. Die Untersuchung
bestätigte den Zusammenhang zwischen sozialer Lage und Parteipräferenz -
insbesondere zeigte sich der hohe Anteil der Grünen bei den gut Gebildeten - deckte aber keinen Zusammenhang zwischen sozialer Lage und der
Stabilität des individuellen Wahlverhaltens auf. Wechselwähler sind nicht
sozial zu verorten. Für die Existenz des "modernen Wechselwählers" der
sozialen Wandelthesen besteht kein Anhaltspunkt.

Zu einem entsprechenden Ergebnis führte der Versuch, ein besonderes Verhältnis der Wechselwähler zur Politik aufzuspüren. Wechselwähler sind nicht stärker politisch interessiert und haben keine höhere interne oder externe efficacy. Dagegen zeigte sich ein Zusammenhang zwischen politischer Unzufriedenheit und Wechselaktivität. Wo für den "modernen Wechselwähler" keine Belege zu finden waren, trat der "frustrierte Wechselwähler" aus den Analysen hervor. Die Frage, wie die kausale Abfolge der Einstellungen und Bewertungen, welche die Frustration dieses Wechselwählers mit seiner Partei, dem Parteiensystem und dem politischen System ausmachen, im einzelnen aussieht, läßt sich nicht definitiv beantworten. Aber unabhängig davon, wie diese Bewertungen miteinander zusammenhängen, die Daten legen die Interpretation nahe, daß politische Unzufriedenheiten unabhängig von der Parteipräferenz zu einem Wechsel der Partei motivieren können.

Ein letzter Analyseabschnitt übertrug explorativ eine Alternativerklärung für den Rückgang der Parteiidentifikation in den USA, der sich (im Gegensatz zu anderen Trends) abrupt zwischen 1964 und 1972 vollzog, auf die Situation in Westdeutschland nach 1990. Demnach ist der Rückgang der Parteiidentifikation und der politischen Zufriedenheiten zwischen 1990 und 1993 auf die Bewertung von Makrophänomenen zurückzuführen. Ein Zusammenhang zum sozialen Wandel ist nicht ersichtlich: Die Zufriedenheit und die Parteineigung sanken in allen sozialen Gruppen ab. Am schwächsten fiel dieser Rückgang noch bei den gut Gebildeten und in der neuen Mittelschicht aus. Daß die Parteibindungen sich nach 1990 ruckartig zu lösen begannen, darf also nicht als eine späte Bestätigung des sozialen Erklärungsansatzes gewertet werden. Der Beginn der neunziger Jahre markiert in dieser Hinsicht eine Zäsur. In der oben vorgestellten Terminologie Roses und McAllisters hat sich die westdeutsche Wählerschaft nicht in Richtung des nach dem sozialen Erklärungsansatz zu erwartenden "open electorate" entwickelt, sondern sich nach 1990 zunehmend dem "alienated electorate" zugeneigt (vgl. Kap. 8). Auf die Situation im Jahre 1993 bezogen bedeutet dies, daß, wenn man überhaupt eine niedrigere Zufriedenheit oder Parteiloyalität bestimmter sozialer Gruppen hervorheben will, dies die Gruppen der einfacher Gebildeten und der Arbeiter sind. Diejenigen Gruppen, die von den sozialen Wandelthesen als Träger eines dealignment gekennzeichnet wurden, zeichnen sich dagegen durch eine geringere Distanz von den Parteien und dem politischen System aus.

Die wesentlichen Analyseschritte und die einzelnen Ergebnisse sind in Tab. 9.1 noch einmal zusammengestellt.

Tabelle 9.1

Untersuchungsablauf und -ergebnisse: Test von Kausalhypothesen im "most similar systems design"

	USA	D

1. Kausalfaktor: Entfallen sozialer Bindungen (sozialer Erklärungsansatz)

Tertiärisierung?	ja	ja
Bildungsexpansion?	ja	ja
Schwächung v. Organisationen?	ja	ja
Soziale Hypothese der Volatilität:	Anstieg	Anstieg

2. Kausalfaktor: Wandel der Gelegenheitsstruktur des Wählens (politischer Erklärungsansatz)

Personalisierung der Politik?	ja	nein
Verfestigung neuer Parteien?	nein	ja
Koalitionswechsel?	nein	ja
Politische Hypothese der Volatilität:	Anstieg	Vollzieht Grüne und Koalitionswechsel nach

Abhängige Variable: Entwicklung der Volatilität (in Klammern erfaßter Zeitraum)

steigende Schwankungen in Hauptwahlen?	ja (1944-1992)	nein (1953-1990)
steigende Wechselaktivität in Hauptwahlen?	ja (1952-1992)	nein (1972-1990)
steigende Schwankungen in Nebenwahlen?	nicht erfaßt	unklar (kurvilinear, 1961-1992)
steigendes Splitting?	ja (1952-1992)	ja, aber auf FDP und Grüne beschränkt (1957-1990)
seltenere Parteiidentifikation?	ja (1952-1992)	nein (1972-1990)
schwächere Parteiidentifikation?	ja (1952-1992)	unklar (1972-1990)
instabilere Parteiidentifikation?	nein (1956-1976)	nein (1972-1988)
weniger effektive Parteiidentifikation?	ja (1952-1992)	nur lagerintern (1976-1990)
Ergebnis zur Entwicklung der Volatilität:	Anstieg	Vollzieht Grüne und Koalitionswechsel abgeschwächt nach

Vorläufige Schlußfolgerung: Der soziale Erklärungsansatz entspricht den Daten nicht. Der politische Erklärungsansatz ist in Einklang mit den Daten. Aber: Plausible Alternativhypothesen existieren.

Tab. 9.1 (Forts.)

	USA	D

1. Alternativhypothese: Gestiegene Wechselbereitschaft in Deutschland durch überdurchschnittliche Wechselaktivität der "non-pressure" Gruppen

Bei Kontrolle für Parteipräferenz,
höhere Wechselaktivität bei:
"Neue Mittelschicht", Gebildete, Junge,
separat und zusammen betrachtet?   nein
niedrigere Parteiidentifikation in diesen Gruppen?   nein
höhere Wechselaktivität bei Desintegration?   nein
instrumentelle Beziehung der Wechselwähler zu Parteien? nein
ergänzender Test: Mehr
Wechsler bei gut Gebildeten
in den USA?   nein
Anzeichen für gestiegene Wechselbereitschaft: nein   **nein**

---

2. Alternativhypothese: Makro-Stimuli beeinflussen die Entwicklung der Volatilität

Rückläufige PId nach Stimuli?   ja, 1964-1972   ja, 1990-1993

Beeinflußbarkeit der Volatilität durch Stimuli: ja   **ja**

Schlußfolgerung: Soziale Erklärungen der Volatilität finden in den Daten keine Bestätigung. Dagegen stimmen die Ergebnisse mit den Erwartungen des politischen Erklärungsansatzes überein. Das schließt die Wirkung von Makro-Stimuli (z.B. politische Ereignisse) auf die Volatilität ein.

In der Summe sprechen die Ergebnisse also für den politischen Erklärungsansatz der Volatilität und der Parteiloyalität, während die sozialen Thesen keine Unterstützung in den Daten finden. Dieses Ergebnis heißt aber wohlgemerkt nicht, daß die Bedeutung des sozialen Wandels für andersartige Veränderungen des Wahlverhaltens angezweifelt wird. Angesichts der höheren Anteile der Grünen in der neuen Mittelschicht und bei den gut Gebildeten wäre dieses eine absurde Spekulation. In gleicher Weise wird nicht ausgeschlossen, daß die gesunkene Wahlbeteiligung in einem Zusammenhang mit dem sozialen Wandel steht, der jedoch noch im einzelnen zu untersuchen ist. Vielmehr beruht die hier gezogene Schlußfolgerung auf der begrifflichen und operationalen Trennung der verschiedenen Phänomene des Wählerwandels. Wenn hier der soziale Erklärungsansatz nicht unterstützt wird, heißt dies, daß keine Belege für einen Zusammenhang zwischen sozialem Wandel und individuellen Parteiwechseln vorliegen. Weitergehende Schlußfolgerungen über das Verhältnis politischer und sozialer Erklärungsansätze des Wählerwandels werden hier ausdrücklich nicht gezogen. Spätere Untersuchungen werden diesen Fragen im Detail nachgehen.

Eine weitere Anmerkung zu dieser Schlußfolgerung ist notwendig. Wenn hier gefolgert wird, daß in Deutschland kein Anstieg des Wechselwähleranteils im Zuge des sozialen Wandels festzustellen ist, beinhaltet dies kein Urteil darüber, wie die absolute Höhe dieses Anteils zu bewerten ist. Es bleibt offen, ob dieser als hoch oder als niedrig angesetzt werden soll. Wahrscheinlich ist, daß unterschiedliche Bewertungsmaßstäbe hier zu unterschiedlichen Ergebnissen führen würden. Der einzige Vergleichsmaßstab, der hier herangezogen wurde, ist der des Zeitvergleichs. Nach diesem Ergebnis war die Wechselaktivität in Westdeutschland 1990 nicht höher als in den vorangegangenen Bundestagswahlen. Dies kann heißen, daß das individuelle Wahlverhalten gegenwärtig genauso starr ist, wie es nach den sozialen Wandelthesen in der Vergangenheit war, oder daß es in der Vergangenheit ebenso flexibel war, wie es denselben Thesen zufolge in der Gegenwart ist. Bei diesem Vergleich darf man sich jedoch nicht dadurch beirren lassen, daß die Wechselwahl in der Anfangsphase der Bundesrepublik die Konzentration des Parteiensystems ermöglichte, während sie gegenwärtig dessen Auffächerung erleichtert. Daß der erste Vorgang aus der Perspektive des politischen Systems stabilisierend, der zweite destabilisierend wirkt, darf nicht dazu verleiten, den einen mit höherer Stabilität im individuellen Wahlverhalten in Verbindung zu bringen. Eine Konzentration eines Parteiensystems ist ebenso wie eine Dekonzentration ein Prozeß, mithin auf individueller Ebene instabil, auch wenn sie systemstabilisierend wirkt.

Stabilität wäre zeitlich eingerahmt von diesen systemstabilisierenden und destabilisierenden Prozessen zu erwarten. Diese Stabilität erscheint in der elektoralen Entwicklung Westdeutschlands aber eher als ein Wendepunkt zwischen zwei Prozessen denn als eine Phase, geschweige denn eine dauerhafte. Die Konzentration auf ein System von drei Parteien, die über oder in der Nähe der Fünfprozenthürde liegen, war in der Bundestagswahl 1972 mit dem Niedergang der NPD beendet, die Dekonzentration begann 1980 mit den Anfängen der Wahlerfolge der Grünen. Dazwischen liegt die "Phase" eines stabilen Dreiparteiensystems, markiert durch eine einzige Bundestagswahl (1976). Das deutsche Parteiensystem war immer im Fluß.

Aus der Sicht der großen Parteien besteht die Veränderung nicht darin, daß der Anteil der Wechselwähler zunimmt, sondern allem Anschein nach darin, daß die Wähler nicht mehr zu ihnen hin, sondern von ihnen fort wechseln. Auch bei gleichbleibend hoher (oder niedriger) Wechselaktivität kam es so zu Wählertrends, die für die großen Parteien destabilisierend wirken.

9.2 Die Ergebnisse im Kontext des Forschungsstandes

Bisherige Ergebnisse und Meßinstrumente der Wechselwahl

Die hier präsentierten empirischen Ergebnisse und Schlußfolgerungen stützen diejenigen von Oberndörfer/Mielke (1990) und Bartolini/Mair (1990), die politische und soziale Erklärungen berücksichtigen und die nicht zum Ergebnis eines dealignment in Deutschland gelangen. Zudem befindet sich der Ansatz dieser Studie im Einklang mit weiten Teilen der amerikanischen Literatur zum Wählerwandel, in der die Diagnose eines dealignment zwar nicht einstimmig, doch aber von der weiten Mehrheit vertreten wird und in der politische Erklärungsfaktoren häufig als Ursachen ausgemacht werden (siehe Kap. 3).

Dagegen tritt diese Studie denjenigen Autoren entgegen, die einen Anstieg der Wechselwahl, der bis 1990 bemerkbar wurde, und einen entsprechenden Rückgang der Parteibindungen als Konsequenz des sozialen Wandels konstatieren. Der Gegensatz besteht sowohl mit hier präsentierten empirischen Ergebnissen als auch mit der Schlußfolgerung, daß der politische Erklärungsansatz der Volatilität mit den Daten besser übereinstimmt als der soziale. Damit stellt sich die Frage, wodurch diese widersprüchlichen Ergebnisse möglich wurden.

In einigen Fällen erklären sich diese Widersprüche aus den Unterschieden in der zugrundeliegenden Begrifflichkeit und dem Instrumentarium. Dies gilt insbesondere für diejenigen Schlußfolgerungen, die sich auf die direkte Frage nach dem vergangenen Wahlverhalten stützen (vgl. z.B. Veen 1991, Gluchowski 1987, Dittrich 1991). Der Anteil derer, die angeben, schon mal eine andere Partei gewählt zu haben, hat zugenommen, und diese treten in bestimmten Gruppen gehäuft auf. Diese Individuen als Wechselwähler zu bezeichnen, strapaziert jedoch dieses Instrument angesichts der im Begriff "Wechselwähler" mitschwingenden Bedeutungsinhalte über Gebühr. Denn mit diesem Begriff ist eine Zukunftsorientierung und ein gewisses Quantum an "wichtigen" Wechseln, vor allem also solche zwischen Regierung und Opposition, angesprochen. Die Analyse mittels eines differenzierteren Instrumentariums zeigte, daß für Unterschiede zwischen sozialen Gruppen im Anteil der Wechselwähler und ein Wachstum dieses Anteils über Zeit, der nicht durch situationsspezifische Faktoren erklärt werden konnte (der also keine Extrapolationen in die Zukunft erlaubt) und der Relevanz für den Regierungswechsel besitzt, keine Anhaltspunkte bestehen. Augenscheinlich replizieren die Ergebnisse, die mit der direkten Frage gewonnen wurden, im Längsschnitt lediglich das Aufkommen der Grünen und den Koalitionswechsel der FDP, im Querschnitt die unterschiedliche Neigung bestimmter sozialer Gruppen zu den Grünen bzw. der FDP. Weil der Wechsel zu den Republikanern Ende der 80er Jahre häufiger wurde, kann zudem spekuliert werden, daß sich die auf der Basis dieses Instruments gewonnenen Ergebnisse zu den sozialen Schwerpunkten der Wechselaktivität verändern werden, denn zur Überrepräsentation der Grünen und der FDP in der mit dieser Frage erfaßten Gruppe der "Wechselwähler" könnte zunehmend eine Überrepräsentation der Republikaner treten. Durch unspezifischen Wortlaut sind die Ergebnisse der direkten Frage nach dem vergangenen Wahlverhalten von den Besonderheiten der jeweils neu entstandenen kleinen Parteien abhängig. Für die Analyse der Wechselwählerschaft ist dieses Instrument deshalb nicht geeignet, weder im Querschnitt noch im Längsschnitt.

In anderen Fällen lassen sich die Widersprüche nicht auf diese Art und Weise aufklären. Warum auf der Basis des Vergleichs der rückerinnerten Wahlentscheidung und der Wahlabsicht in der Literatur unterschiedliche Angaben dazu berichtet wurden, wie sich der Gesamtanteil der Parteiwechsler im Zeitablauf entwickelt hat, bleibt weiterhin ungeklärt (vgl. v.a. die voneinander abweichenden Ergebnisse bei Klingemann 1985 und Conradt 1986). Der Vergleich mit den nach Parteien differenzierenden Analysen in dieser Studie läßt es jedoch sehr unwahrscheinlich erscheinen, daß andere Datenreihen ein über das Aufkommen der Grünen bzw. den Koalitionswechsel der FDP 1983 hinausgehenden Anstieg der Wechselaktivität bis 1990 verzeichnen. Auch Divergenzen im Detail in unterschiedlichen Datenreihen zur Parteieigung sind schwer erklärlich. Angesichts des vorherrschenden Bildes nicht rückläufiger Parteineigungen sind diese für die Schlußfolgerungen hier jedoch nicht problematisch. Noch am beunruhigendsten ist die Tatsache, daß in den Daten der FGW ein ruckartiger Intensitätsverlust der Parteineigung zu verzeichnen ist, der sich in den Daten der KAS nicht findet. Die anderen Aspekte der Parteineigung deuten jedoch nicht auf deren Rückgang bis 1990 hin.

Neben den Widersprüchen, die auf unterschiedliche Begriffe und Instrumente zurückgehen, und denen, die sich nicht erklären lassen, die aber auch nicht schwerwiegend sind, sind als dritte Kategorie diejenigen Widersprüche zu betrachten, die mit Veröffentlichungen bestehen, die sich nur auf eine limitierte Zahl der verfügbaren Indikatoren stützen (vgl. z.B. Dalton/Rohrschneider 1990, Dalton 1989, Klingemann/Wattenberg 1990). Wenn nur das Splittingverhalten bei Bundestagswahlen und der Intensitätsverlust der Parteineigung in den Daten der FGW betrachtet wird, oder wenn aus den veröffentlichten Datenreihen zur Wechselaktivität ausgewählt wird, kann durchaus das Ergebnis eines dealignment erreicht werden. Denn eine in Einzelheiten widersprüchliche Datenlage macht es möglich, auf der Basis partieller Evidenz zu unterschiedlichen Ergebnissen zu gelangen. Mit diesen Veröffentlichungen befindet sich die vorliegende Studie nicht im Widerspruch, was die einzelnen Datenreihen angeht, denn hier wurden möglichst umfassend unterschiedliche Datenreihen einbezogen, die fraglichen Trends eingeschlossen. Ein Widerspruch besteht hinsichtlich der Schlußfolgerung. Einige Publikationen gelangen auf der Basis einer Selektion von Datenreihen, für die widersprüchliche Evidenz vorliegt, zum Ergebnis einer Destabilisierung des individuellen Wahlverhaltens. Die empirisch breitere Analyse dieser Arbeit stützt diese Schlußfolgerung nicht.

Angesichts der in der Literatur zum Wählerwandel in Deutschland dominierenden Ansicht eines Anstiegs der Wechselaktivität, zu der sich die vorliegende Studie im Widerspruch befindet, ist es wichtig, die weitgehende Harmonie der aus unterschiedlichen Datenquellen gewonnenen Ergebnisse dieser Studie zu betonen. Insbesondere fällt die hohe Übereinstimmung der auf der Individual- und der Aggregatebene gewonnenen Ergebnisse zur Wechselaktivität ins Auge, wie im Text hervorgehoben wurde. Die theoretischen Überlegungen, aufgrund derer gleichlautende Ergebnisse aus Individualdaten und den Analysen der Wahlergebnisse für möglich gehalten wurden, erwiesen sich als begründet. Dies erlaubt es zwar nicht, im Einzelfall von der Schwankung zwischen zwei Wahlergebnissen auf den Umfang der individuellen Wechselaktivität zu schließen. Über den Ablauf mehrerer Wahlen erscheinen derartige Schlüsse im Rahmen von

Plausibilitäten jedoch als durchaus gerechtfertigt. Dieser Einklang der Ergebnisse, insbesondere auch unter Berücksichtigung der nicht auf eine Destabilisierung hindeutenden Befunde zur Parteineigung, untermauert die Schlußfolgerungen beträchtlich.

Vereinbarkeit mit sozialstrukturellen Erklärungen des Wahlverhaltens

Das Ergebnis, daß der soziale Wandel nicht mit der Entwicklung der Volatilität in Zusammenhang steht, muß auch im Kontext sozialstruktureller Erklärungen des Wahl*verhaltens* bewertet werden. Denn sowohl im Querschnitt als auch im Längsschnitt gewonnene Resultate standen Hypothesen, die auf der Basis sozialstruktureller Erklärungen gewonnen wurden, entgegen. Dies wirft die Frage nach dem Wert sozialstruktureller Erklärungen im allgemeinen auf.

Der Wert sozialstruktureller Erklärungen des Wahlverhaltens ist nach dieser Studie jedoch nicht anders zu bewerten als davor. Die Sozialstruktur beschreibt Interessenlagen größerer Bevölkerungssegmente, und deswegen ist sie für die Analyse politischer Konflikte, für Allianzen zwischen Parteien und Bevölkerungsgruppen und damit auch für strategische Entscheidungen von Parteien und Politikern von außerordentlichem Erklärungswert.

All dieses sind jedoch Kategorien, die auf der makrosoziologischen Ebene zu verorten sind, also auf Aggregate gemünzt sind. Auf der Individualebene blieben die Erfolge des sozialstrukturellen Forschungsansatzes stets hinter den auf der Makroebene zu verzeichnenden zurück. Nur in den seltensten Fällen findet eine auf der Makroebene beschriebene Allianz zwischen einem Bevölkerungssegment und einer Partei auf der Mikroebene eine Parallele, die eine annähernd befriedigende Erklärung des Wahlverhaltens darstellt. Ein derartiger Fall in den USA ist der Anteil der Demokratischen Partei bei den Afro-Amerikanern, der in der Regel bei ca. 90 Prozent liegt. Typischer sind dagegen Überrepräsentationen, die sich zum Beispiel in der Größenordnung eines gegenüber dem Gesamtanteil etwa doppelt so hohen Anteil einer Partei in "ihrem" Bevölkerungssegment belaufen. Für das Wahlverhalten der übrigen Individuen im jeweiligen Bevölkerungssegment bietet dieser Ansatz zunächst keine Erklärung. So läßt etwa der SPD-Anteil von ca. 60 Prozent bei gelernten Arbeitern bei der Bundestagswahl 1976 und der Unions-Anteil bei Selbständigen von ebenfalls ca. 60 Prozent offen, was die Beweggründe der verbleibenden Wähler in diesen Gruppen waren (Forschungsgruppe Wahlen 1994:643). Auf der Individualebene war die Sozialstruktur immer eine wichtige, nie aber eine befriedigende Erklärung des Wahlverhaltens.

Diese nüchterne Bewertung sozialstruktureller Erklärungen der individuellen Wahlentscheidung wird dadurch noch unterstrichen, daß sie ausschließlich auf einer Betrachtung derjenigen Gruppen basierte, für die sich solche Erklärungen anbieten, nämlich die eigentlichen Stammpotentiale von Parteien. Wenn es dagegen darum geht, das Verhalten derjenigen Wähler zu verstehen, die entweder mehrerer oder keiner dieser Gruppen zugehören, die also unter cross pressure oder unter non pressure stehen, hat sich der sozialstrukturelle Ansatz immer besonders schwer getan. Es wurde bereits darauf hingewiesen, daß die Wahlforschung nur wenige Belege für die These sammeln konnte, daß Wähler, die konfligierenden Gruppeneinflüssen ausgesetzt sind, stärker zu instabilem Wahlverhalten neigen. Die Erklärung des individuellen Wahlverhaltens auf der Basis sozialstruktureller Merkmale erweist sich in diesem Punkt als besonders unzureichend.

Die cross pressure These ist wiederholt im Zusammenhang mit dem Konzept der "cognitive dissonance", das vor allem auf Leon Festinger zurückgeht, interpretiert worden (vgl. z.B. Bürklin 1988:53). Nach Festingers Modell entwickeln Individuen bestimmte Ausweichstrategien, um einem Konflikt unterschiedlicher Einflüsse zu entgehen. Dabei lag der Schwerpunkt auf Einstellungsänderungen, die sich als Konsequenz aus einem eigenen Verhalten, das mit dieser Einstellung nicht im Einklang war, vollzogen. Auch in der Sozialpsychologie traten erhebliche Schwierigkeiten auf, Festingers Ergebnisse mit einiger Stetigkeit zu replizieren, weswegen das Modell nicht unangezweifelt blieb (für einen Überblick siehe Eagly/Chaiken 1993:505-521). Die Schwierigkeiten der Wahlforschung, den Wechselwähler unter cross pressure ausfindig zu machen, finden hier ihre Parallele.

Nach der cross pressure These stellt die hier als non pressure bezeichnete Konstruktion, die das Individuum beschreibt, das aufgrund fehlender Bindungen und/oder hoher Bildung zu instabilem Wahlverhalten neigt, den zweiten Versuch der Wahlforschung dar, zu einer sozialstrukturellen Erklärung der Wechselwahl zu gelangen. Im Falle dieser Gruppe stellten sich wiederum bestätigende Ergebnisse auf der Makroebene ein, die vor allem in der Heterogenität der Parteianteile in der neuen Mittelschicht und der besonderen Neigung zu Parteien der "neuen Linken" bestehen. Auf der

Individualebene wurde ein besonderes Verhalten vermutet: Individuen der neuen Mittelschicht wurden als potentielle Wechselwähler porträtiert. Letztlich stellt dies den Versuch dar, die mangelnde Vorhersehbarkeit der individuellen Parteipräferenzen durch die Vorhersage höherer Instabilität dieser Präferenzen zu ersetzen. Dies ließ sich jedoch nicht empirisch belegen. Bei den neuen, ungebundenen Individuen handelt es sich also um eine Gruppe, über deren individuelles Verhalten nichts oder wenig bekannt ist. Damit basieren die Thesen, die einen Anstieg der Wechselaktivität infolge des wachsenden Anteils der sozialstrukturell bindungslosen Wähler behaupten, also auf den Wissenslücken des sozialstrukturellen Erklärungsansatzes des Wahlverhaltens. Daß die sozialen Wandelthesen in den Daten keine Unterstützung finden, läßt den sozialstrukturellen Erklärungsansatz des Wahlverhaltens mithin unberührt, denn es bedeutet nicht, daß dieser zusätzliche Schwächen offenbart hätte. Für die Erklärung des individuellen Wahlverhaltens bleibt der sozialstrukturelle Ansatz im gleichen Maße nützlich und unvollständig.

Implikationen für das Verständnis der Wahlentscheidung

Ebenso wie die hier präsentierten Ergebnisse den sozialstrukturellen Ansatz für die Erklärung des Wahlverhaltens unberührt lassen, sind sie auch in anderer Weise nicht an ein bestimmtes Modell des Wahlverhaltens gebunden. Die hier geschilderten Vorgänge, die einen Einfluß des politischen Angebots auf den Wählerwandel konstatieren, sind mit jedem Modell des Wahlverhaltens vereinbar, das eine zumindest partielle Reaktivität des Wählers auf politische Stimuli vorsieht. Wie genau die Verbindung der hier untersuchten politischen Faktoren mit einer Verhaltensänderung aussehen könnte, hängt von dem jeweiligen Modell ab. Dies im einzelnen zu erörtern, führt hier zu weit.

Die Tatsache, daß der soziale Erklärungsansatz der Volatilität in den Daten keine Entsprechung findet, erlaubt jedoch - in aller Vorläufigkeit - eine Spezifikation des Wählerbildes. Es finden sich keine Belege für die Vorstellung, daß das Wahlverhalten instabil wird, wenn bestimmte, auf eine Partei hinweisende Faktoren entfallen. Wenn dieses - über die eigentliche Fragestellung dieser Studie hinausgehende - Ergebnis zutrifft, kann davon ausgegangen werden, daß das Wahlverhalten durch andere Faktoren stabilisiert wird oder sich selbst stabilisieren kann. Letzteres erscheint zunächst vielleicht etwas künstlich, ist aber angesichts zahlreicher sozialpsychologischer Kategorien eine durchaus plausible Möglichkeit. Denn diese weisen wiederholt (in unterschiedlichem theoretischem Gewand) auf das Bedürfnis des einzelnen hin, Verhalten und Einstellungen im Einklang zu wissen, wobei vergangenes Verhalten häufig mit einbezogen wird (vgl. Eagly/Chaiken 1993:133-150, 499-554). Unter diesen Bedingungen führt der Wegfall eines bestimmten, beispielsweise sozialstrukturell verankerten Grundes, eine Partei zu wählen, noch nicht zwangsläufig zu Instabilität, denn die vergangene Entscheidung selbst kann zu einem ausreichenden Motiv werden, diese in den folgenden Wahlen zu wiederholen. Gluchowskis (1983) These, Wahlerfahrung führe zum Entstehen und zur Festigung von Parteiidentifikationen, kann als Ausdruck dieses Strebens nach Konsistenz gewertet werden. Dieses Bild sich selbst stabilisierender Parteipräferenzen steht dem Wählerbild des endogen instabilen Schwankers, der dem sozialen Erklärungsansatz in einer extremen Deutung zugrunde liegt, entgegen.

Das Streben nach Konsistenz könnte also einen das Wahlverhalten stabilisierenden Effekt ausüben. Mit dem Entfallen einer sozialstrukturell verankerten Prädisposition für eine Partei entfällt ein *Gegen*grund, die Partei zu wechseln, deswegen aber muß aber noch nicht ein Grund *für* den Wechsel vorliegen. Der soziale Erklärungsansatz der Volatilität läßt sich wohl in angemessener Weise dahingehend verstehen, daß das Entfallen eines Gegengrundes das Potential anderer Gründe für den Wechsel erhöht. Dieser Aspekt, der eine wachsende Reaktivität von Teilen der Wählerschaft gegenüber kurzfristigen politischen Stimuli beinhaltet, steht insbesondere dann im Zentrum, wenn auf die unter anderem durch die Bildungsexpansion gestiegene kognitive Kompetenz der Bürger abgehoben wird.

Diese Sichtweise basiert auf der Vorstellung, daß es mit zunehmender Bildung leichter fällt, ein inkonsistentes Gerüst aus Einstellungen zu unterhalten und dadurch der Einstellungswechsel, den eine veränderte Wahlentscheidung darstellt, leichter zu vollziehen ist. Zudem ist Voraussetzung dieser These, daß es möglich ist, bei guter Bildung ein abgewogenes Urteil über wichtige politische Streitfragen zu fällen. Unter diesen Voraussetzungen wäre mit einer höheren Wechselaktivität der gut Gebildeten und deswegen mit einem Anstieg der Wechselaktivität zu rechnen. Daß dieses Ergebnis nicht eingetreten ist, führt zu der Frage, ob die genannten Annahmen zutreffen. Nur wenn beide Voraussetzungen gegeben sind, ist die Argumentation, höhere Bildung gehe mit höherer Wechselaktivität einher, gerechtfertigt. Hier wird die Ansicht vertreten, daß keine dieser Annahmen zutrifft, und es deswegen aus einem doppelten Grund nicht zu einem Anstieg der Wechselaktivität im Zuge der Bildungsexpansion kam.

Gegen die Auffassung, höhere Bildung ermögliche größere Inkonsistenz zwischen Einstellungen, lassen sich Befunde von Converse, Nie u.a. und Klingemann anführen, auf die sich eine entgegengesetzte These stützen läßt. Converse (1964) stellte für die USA fest, daß ideologisches Denken, operationalisiert durch die spontane Verwendung ideologischer Kategorien unterschiedlicher Komplexität, bei gut Gebildeten häufiger ist als bei einfacher Gebildeten. Einen entsprechenden Befund berichtet Klingemann (1979) für die frühen siebziger Jahre in Westeuropa und den USA. Nie u.a. (1976:148-159) zeigen zusätzlich, daß höhere Bildung mit stärkerer Verzahnung zwischen den Einstellungen auf unterschiedlichen Politikdimensionen einhergeht. Aus Converses Darlegungen, denen dieses Konzept des "attitude constraint" ursprünglich entstammt, geht hervor, daß er diese stärkere Verzahnung normativ positiv bewertet. Diese Bewertung ist aber nicht zwingend, denn angesichts einer widersprüchlichen Welt kann ein widerspruchsfreies Weltbild auch von der besonderen Begabung zur Rationalisierung zeugen. Gleich wie die Bewertung ausfällt, dieser Befund spricht gegen die Annahme, gut Gebildete seien besser in der Lage, die Spannung, die ein Parteiwechsel mit sich bringt, in das Geflecht ihrer Einstellungen einzubringen.

Diese Analysen lassen sich hier nicht mit neueren Daten für den deutschen Kontext replizieren. Anhaltspunkte dafür, daß auch in jüngerer Zeit in Westdeutschland bei gut Gebildeten eine Tendenz zu größerer ideologischer Geschlossenheit besteht, lassen sich jedoch durch die Einstufung auf Rechts-Links-Skalen gewinnen.[1] Der Anteil derer, die sich selbst in der Mitte dieser Dimension verorten, ist bei den gut Gebildeten geringer als bei denen mit niedrigerer Bildung: Im Herbst 1990 stuften sich je 59 Prozent der Befragten mit Volksschulabschluß und mit mittlerer Reife im Bereich von 5 bis 7 auf dieser von 1 bis 11 rangierenden Skala ein, während dieser Anteil bei denjenigen mit mindestens Fachhochschulreife mit 51 Prozent darunter lag. Diese Unterschiede sind im Falle der kognitiven Mobilisierung noch ausgeprägter: In der Gruppe niedrigster kognitiver Mobilisierung verorteten sich 66 Prozent in der Mitte, gegenüber 46 Prozent in der

---

1   Datenbasis: Herbstumfrage 1990 des FuB, N = 3033 in Westdeutschland

höchsten der vier Kategorien.[2] Dementsprechend ist die Standardabweichung dieser Selbsteinschätzung auf der Rechts-Links-Skala bei gut Gebildeten und bei stark kognitiv Mobilisierten höher (1,92 bei höchstens Volksschulabschluß, 2,04 bei mindestens FHS-Reife; 1,75 bei niedriger und 2,15
bei hoher kognitiver Mobilisierung). Besser Gebildete und hoch kognitiv
Mobilisierte sind sich ihrer ideologischen Verortung also im Durchschnitt
sicherer.

Aber auch den ideologischen Abstand zwischen den Parteien nehmen
diese Gruppen deutlicher war. Der durchschnittliche Abstand der Einstufung von CDU und SPD auf dieser Rechts-Links-Skala durch den Einzelnen
beträgt 4,1 bei den Befragten mit Volksschulabschluß, 4,4 bei denen mit
mittlerer Reife und 4,5, wenn mindestens die FHS-Reife vorhanden ist.
Wieder sind diese Unterschiede bei der kognitiven Mobilisierung deutlicher
(4,0 bei niedriger und 4,7 bei hoher). Diese ideologischen
Grundeinschätzungen könnten einen Parteiwechsel der gut Gebildeten und
der kognitiv Mobilisierten erschweren. Auch wenn diese Analysen keinen
vollständigen Test von Converses Ergebnis, gut Gebildete seien durch
höhere ideologische Homogenität gekennzeichnet, in deutschen Daten darstellen, stimmen sie doch immerhin mit diesem Ergebnis überein. Sie
entsprechen damit nicht der Vermutung, gut Gebildete und kognitiv Mobil-
sierte seien durch eine besondere Offenheit gegenüber den Parteien gekennzeichnet.

Die zweite oben dargestellte Annahme konstatiert, daß Bildung nützlich
ist, um zu einem unabhängigen Urteil über politische Fragen zu gelangen.
Gut Gebildete müßten deswegen in einem geringenen Maße von der Parteibindung in der Ausformung von Einstellungen Gebrauch machen; die
Parteiidentifikation ist in Converses Terminologie für sie weniger zentral.
Diese Annahme unterstellt, daß es Bürgern möglich sein kann, zu den
wesentlichen politischen Fragen zu einem nur von der Sache bestimmten
Urteil zu gelangen. Die Beurteilung, ob diese Annahme zutrifft, hängt
gänzlich von der subjektiven Einschätzung ab. Meines Erachtens ist es auch
gut Gebildeten nicht möglich, die durchweg komplexen wichtigen politischen Streitfragen lediglich auf der Basis von Sachargumenten zu be-

---

2   Die kognitive Mobilisierung wurde hier wie bei Dalton/Rohrschneider (1990:316) opera-
    tionalisiert. Sie besteht aus einem additiven Index aus je dreistufigen Variablen, die Bil-
    dung und politisches Interesse erfassen (Bildung: Volksschule, Volksschule mit Lehre,
    mind. mittlere Reife). Wie bei Dalton/Rohrschneider wurden die beiden niedrigsten Ka-
    tegorien zusammengefaßt.

urteilen, ohne die Parteilichkeit derer, die die Argumente vortragen, zu
berücksichtigen. Weil es häufig äußerst diffizil ist, die Folgen konkurrie-
render Vorschläge für politische Maßnahmen abzuschätzen, muß zusätzlich
zur sachbezogenen Information ein sachfremdes Kriterium zur Beurteilung
der Optionen herangezogen werden. Im Falle konfligierender Ansichten auf
der Eliteebene, die vom Wähler zu beurteilen sind, muß unter diesen
Umständen auf einen Vertrauensvorschuß einer der Parteien zurückgegriffen werden. Dieser Vertrauensvorschuß kann in der Parteibindung
begründet sein. Solange es der Fall ist, daß auch gut Gebildete sich auf
sachfremde Beurteilungskriterien wie die Parteibindung bei der Beurteilung
politischer Streitfragen stützen müssen, ist nicht damit zu rechnen, daß
bessere Bildung zu einer Schwächung der Parteibindungen und zu einem
instabileren Wahlverhalten führt. Ob sich dies je ändern wird, ist angesichts
der Unwägbarkeiten, die die Abschätzung von Folgen politischer
Maßnahmen in sich birgt, zweifelhaft.

Ein normativer Aspekt

Es stellt sich die Frage, ob die hier berichteten Ergebnisse für die
Funktionsweise des politischen Systems günstig oder ungünstig zu bewerten
sind. Die Antwort auf diese Frage hängt, wie bei allen normativen Fragen,
vom Bewertungsmaßstab ab. Berelson u.a. unternahmen den Versuch, den
(Wechsel-)Wähler im Lichte des Ideals der klassischen Demokratietheorie
zu bewerten. Da dieses Urteil angesichts der niedrigen Informiertheit und
Involviertheit des instabilen Wählers nur ungünstig ausfallen konnte, hin-
terfragen die Autoren die Standards, die die Demokratietheorie an das Individuum anlegt (Berelson u.a. 1954, v.a. 312, 316). Als Ergebnis resultiert
ein Modell des demokratischen Prozesses, das auf der Basis der empirischen
Charakeristika der Wechselwähler demokratietheoretisch wünschenswerte
Systemeigenschaften spezifiziert und so zu einer positiven Wertung der
tatsächlichen Gegengebenheiten gelangt (Berelson u.a. 1954:313-321, für
eine kritische Auseinandersetzung siehe Pateman 1970:1-44).
　　　Eine implizite normative Bewertung des Wechselwählers wurde bei
einigen Vertretern des sozialen Erklärungsansatzes der Volatilität festgestellt (vgl. Kap. 7). Der moderne Wechselwähler erschien in einem günsti-
gen Licht, weil er durch gute Bildung, Freiheit von Bindungen und politisches Interesse in der Lage sei, ein sachliches Urteil über die Politik zu fäl-

len und so durch individuelle Rationalität die Rationalität des Systems zu erhöhen.

Diese Bewertung ist nicht ohne Einschränkungen zu teilen. Hier wird dagegen die Ansicht vertreten, daß eine erhöhte Wechselaktivität bestimmter sozialer Gruppen aus der Perspektive der Demokratie immer ein potentiell problematischer Sachverhalt ist, unabhängig davon, welche soziale Gruppe dies ist. Der Grund hierfür ist, daß die individuelle Rationalität der Wechselwähler und die Rationalität des Gemeinwesens auseinanderklaffen können, rationale Wechselwähler also keineswegs Rationalität des Gemeinwesens bedingen müssen. Denn die Präferenzen der Individuen müssen sich nicht mit denen des Gemeinwesens decken. Eine erhöhte Wechselaktivität der gut Gebildeten oder der neuen Mittelschicht hätte jedoch zur Folge, daß diesen eine über ihren Umfang und ihre Verortung im Konfliktgefüge hinausgehende strategische Bedeutung für die Bestimmung von Wahlergebnissen zukäme. Denn in Kenntnis dieses Sachverhalts wäre es für an Stimmengewinnen interessierte Parteien strategisch ratsam, programmatischen Spielraum dahingehend auszunutzen, daß sie die Interessen dieser überdurchschnittlich wechselaktiven Gruppen im besonderen Umfang berücksichtigen. Im dem Maße, in dem sich gleichartige Interessen der gut Gebildeten bzw. der neuen Mittelschicht ausmachen lassen (was auch angesichts deren Heterogenität nicht ausgeschlossen erscheint), bedeutet eine höhere Wechselaktivität dieser Gruppen, wenn die Parteien von ihr wissen, eine potentielle Überrepräsentation der Interessenlagen dieser Gruppen. Nach dem normativen Gesichtspunkt der Egalität wäre ein derartiger Sachverhalt also ungünstig zu bewerten.

Da die empirischen Ergebnisse die These einer höheren Wechselaktivität der neuen Mittelschicht bzw. der gut Gebildeten nicht stützen, besteht für eine derartige, ungünstige Wertung kein Anlaß. Aus der Perspektive der Egalität sind diese Befunde positiv zu bewerten. Dieser Bewertung geht es nicht darum, den Wechselwähler an bestimmten, deduktiv gewonnenen Maßstäben zu messen. Nach einer solchen Bestandsaufnahme entspricht der Wechselwähler weder den zunächst überraschenden Ergebnissen der Columbia Schule noch den hohen Standards des modernen Wechselwählers. Vielmehr ist diese Bewertung am Zusammenhang zwischen unterschiedlicher Volatilität bestimmter Gruppen und potentiell ungleicher Repräsentation orientiert. Für einen derartigen Sachverhalt besteht nach den Analysen dieser Studie kein Anhaltspunkt. Die potentielle normative Problematik, die eine Richtigkeit des sozialen Erklärungsansatzes der Volatilität mit sich gebracht hätte, liegt deshalb nicht vor.

9.3 Implikationen für Politik und Politikberatung in Deutschland

Wechselwähler bestimmen Wahlergebnisse. Für die Politik und die Politikberatung ist möglichst umfassendes Wissen über die Hintergründe und das Ausmaß der Wechselaktivität deswegen von zentraler Wichtigkeit. Aus einer praxisorientierten Perspektive lassen sich aus dieser Studie folgende Ergebnisse ziehen:

(1) Politiker und Parteien haben es mit in der Hand, wie sich das Wahlverhalten in der Zukunft entwickeln wird. Denn Wechselwähler sind nicht nur eine Herausforderung an die Politik, sondern zugleich ihr Produkt. Dagegen hat die gesellschaftliche Modernisierung nicht zu einem Anstieg der Wechselaktivität geführt: Zumindest bis 1990 ist die Herausforderung durch das Ausmaß der Parteiwechsel nicht gewachsen. Andere Formen veränderten Wahlverhaltens waren bedeutsamer (gesunkene Wahlbeteiligung, neue Parteien). Wähler sind nicht flexibler in ihren Parteibindungen geworden, die vorhandene Flexibilität ging aber, wie sich in den Wahlergebnissen zeigt, im Gegensatz zu vorherigen Phasen des Parteiensystems zu Lasten der großen Parteien.

Verhaltensmuster von Parteien und Politikern sind also als (Mit-) Ursache von Wählerentwicklungen anzusehen; sie sind nicht nur eine Reaktion auf verändertes Wahlverhalten. Veränderungen des "Angebots", das Parteien und Politiker der Wählerschaft unterbreiten, müssen also auch auf ihre Implikationen für die Wechselaktivität überprüft werden. Das Beispiel der USA verdeutlicht, daß die Wählerschaft insbesondere auf eine zunehmende Personenorientierung des politischen Geschehens mit zunehmender Wechselhaftigkeit im Wahlverhalten reagieren kann. In einem derartigen Fall können Wähler die wachsende Bedeutung einzelner Personen im politischen Prozeß nachvollziehen, indem sie ihre Wahlentscheidungen zunehmend an den Personen ausrichten. Wenn aber die Parteiwahl durch die Personenwahl ersetzt wird, geht dem Wahlverhalten eine dauerhafte, stabilisierende Verankerung im politischen System verloren.

Planungen für Parteireformen sollten diesen Aspekt berücksichtigen. Natürlich lassen sich sichere Prognosen über die Auswirkungen einzelner Reformmaßnahmen auf das Wahlverhalten nicht erstellen. Aber bei allen

Einschränkungen, denen ein Vergleich zwischen Parteiensystemen unterliegt, kann gerade hier die USA ein lehrreiches Beispiel sein. Denn wenn daran gedacht wird, die Nominierung von Spitzenkandidaten zum Gegenstand einer Art von Vorwahl zu machen, darf nicht vergessen werden, daß die primary in den USA einer der wichtigsten Faktoren ist, auf die die Personalisierung der Politik und damit die Destabilisierung des Wahlverhaltens zurückgehen. In den USA wurden die Reformen, durch die die primary verbindlichen Charakter erhielt, in den späten 60er Jahren in einer Stimmung der Politikverdrossenheit durchgeführt. Ziel dieser Reformen war es, die Partizipationsmöglichkeiten der Bürger und die Transparenz des politischen Prozesses zu erhöhen. Die indirekte Folge der Destabilisierung des Wahlverhaltens wurde nicht vorhergesehen. In anderen Ländern sollte, wenn die Einführung derartiger Verfahren erwogen wird, abgeschätzt werden, ob ähnliche Folgen für das Wahlverhalten zu erwarten sind - was angesichts unterschiedlicher Parteiensysteme nicht der Fall sein muß. Dann sind diese etwaigen Folgen gegen den erwarteten Nutzen, Politikverdrossenheit abzubauen, abzuwägen. Bei dieser Abwägung darf das Wahlverhalten jedoch nicht isoliert betrachtet werden: Wenn die Parteibindung im Wahlverhalten an Gewicht verliert, könnte auch der Einfluß der Parteien im gesamten politischen Prozeß in Mitleidenschaft gezogen werden.

Eine entsprechende Argumentation gilt im übrigen auch für die Personalisierung der Wahlkämpfe. In dem Maße, in dem einzelne Kandidaten das Image einer Partei wiederholt in Wahlkämpfen verkörpern, wird die Wählerschaft angeregt, von der Parteiwahl zur Personenwahl überzugehen. Von jedem Wechsel des Kandidaten ist dann potentiell eine noch ausgeprägtere Destabilisierung des Wahlverhaltens zu erwarten, als dies bei stärkerem Gewicht der Parteiwahl möglich wäre.

(2) Der Wahlkampf einer Partei hat zum Ziel, zur jeweiligen Partei neigende Wähler zu mobilisieren und andere zu konvertieren. Dabei können diese unterschiedlichen Gruppen mit verschiedenen, speziell auf sie zugeschnittenen Botschaften angesprochen werden. Nach den Ergebnissen dieser Studie gibt es jedoch keinen Grund dafür, Wechselwähler, und damit Adressaten für Konvertierungsversuche, strukturell besonders in bestimmten sozialen Schichten zu lokalisieren: Es gibt keine sozialen Schwerpunkte der Wechselaktivität. Insbesondere tritt der Wechsel zwischen Regierung und Opposition in allen Bildungs-, Berufs- und Altersgruppen im gleichen Maße auf. Zudem ist nicht von einem höheren Interesse oder einer positive-

ren Einstellung zur Partizipation bei Wechselwählern auszugehen. Zumindest in der Situation zu Beginn der 90er Jahre fällt dagegen die höhere Frustration mit der Politik bei potentiellen Wechselwählern auf.

(3) Wie wird sich die Wechselaktivität in Westdeutschland voraussichtlich entwickeln? Weil sich der soziale Ansatz bei der Erklärung vergangener Trends der Volatilität nicht bewährte, lassen sich auf ihn keine Prognosen stützen. Da die Veränderungen im Anteil der Wechselwähler dagegen auf politische Faktoren zurückgeführt wurden, hängt die Prognose davon ab, wie die Entwicklung dieser politischen Faktoren eingeschätzt wird. Der Wechselwähler aus *Adaption* wird sich demnach weiterhin Veränderungen des Parteiensystems anpassen. Von Koalitionswechseln, veränderten Perzeptionen der Struktur im Parteiensystem oder einem eventuellen Zusammenbruch des Lagersystems wäre zu erwarten, daß sie Auswirkungen auf die Wechselaktivität haben. Wie gesagt erscheint gleiches auch für eine etwaige Personalisierung der Politik möglich. Diese politischen Entwicklungen sind jedoch nicht vorhersehbar, so daß eine Prognose der Wechselaktivität auf dieser Basis nicht vorzunehmen ist.

Für eine bedingte Prognose bietet dagegen der Wechselwähler aus *Frustration* einen Anhaltspunkt. Die Logik einer nicht nur spekulativen Prognose besteht darin, daß zunächst ein Zusammenhang zwischen zwei Merkmalen zu einem bestimmten Zeitpunkt festgestellt wird. Dann werden ausgehend von der bekannten oder erwarteten Entwicklung eines dieser Merkmale Erwartungen über die Entwicklung des anderen gebildet. Nun wurde oben festgestellt, daß potentielle Wechselwähler durch eine geringere Parteisympathie, ein geringeres Parteivertrauen und eine geringere Demokratiezufriedenheit gekennzeichnet sind. Demnach ist zu vermuten, daß die Entwicklung der Wechselaktivität partiell vom Ausmaß politischer Unzufriedenheiten zum Zeitpunkt einer Wahl abhängt: Das "alienated electorate" stellt das Habitat des "frustrierten Wechselwählers". Allerdings ist das Ausmaß politischer Unzufriedenheiten nur sehr bedingt vorhersehbar, denn seine Bestimmungsfaktoren sind nicht hinreichend bekannt. Oben wurde argumentiert, daß es partiell von der Wirkung politischer Ereignisse (oder anderer Stimuli auf der Makroebene) abhängt. Diese lassen sich wiederum nicht vorhersehen. Immerhin läßt sich aber vermuten, daß die negative Wirkung eines derartigen Stimulus nicht in einem kurzen Zeitraum kompensiert werden kann, wenn sie eine bestimmte Intensität erreicht hat. (Dabei ist es allerdings nicht möglich, die Begriffe "kurzer Zeitraum" und "bestimmte Intensität" zu konkretisieren.) Wenn sich auf der Basis derartiger Beobachtungen abschätzen läßt, ob die politischen Bewertungen bei einer anstehenden Wahl deutlich ungünstiger sind als bei der vergangenen, so ließe sich darauf die bedingte Prognose einer erhöhten Wechselaktivität stützen.[3]

Nach den hier dargestellten Ergebnissen ist also zu erwarten, daß das Ausmaß der Wechselaktivität politische Veränderungen nachvollzieht und von der Zufriedenheit der Wähler mit der Politik abhängt, nicht aber unmittelbar vom sozialen Wandel bestimmt wird. Wechselwahl erscheint bedingt durch Adaption an veränderte politische Rahmenbedingungen und den Grad der politischen Frustration, nicht aber durch gesellschaftliche Modernisierung.

---

3   Im Frühjahr 1994 bot sich - bei aller Vorsicht - eine derartige Prognose an (vgl. Zelle 1994b). Denn oben wurde dargestellt, daß die Parteisympathien, die Parteineigungen, das Parteivertrauen und die Demokratiezufriedenheit der Westdeutschen seit 1990 wahrscheinlich in Reaktion auf Ereignisse deutlich zurückgegangen sind und 1993 den tiefsten Stand seit Beginn der Messungen erreichten. Unter der Annahme, daß sich die politischen Zufriedenheiten bis zu den anstehenden Wahlen nicht auf das Niveau von 1990 oder davor erholen, ließ sich zu diesem Zeitpunkt vermuten, daß die Wechselaktivität in diesen Wahlen höher ausfallen würde als in den vorangegangenen Wahlen. Zudem konnte, unter besonderer Vorsicht, die Vermutung formuliert werden, daß der Anstieg der Wechselaktivität in denjenigen Gruppen deutlicher ausfallen würde, in denen die politischen Zufriedenheiten am stärksten zurückgegangen sind und 1993 auf einem niedrigeren Niveau gemessen wurden als andere Gruppen. Dies waren die Gruppen der einfacher Gebildeten und der Arbeiter.

Literatur

Abramson, Paul R./Aldrich, John H. 1982: The Decline of Electoral Participation in America, in: *American Political Science Review*, Vol. 76, No. 3, S. 502-521.

Abramson, Paul R./Aldrich, John H./Rohde, David W. 1991: *Change and Continuity in the 1988 Elections*, Washington, D.C.: Congressional Quarterly Press.

Abramson, Paul R./Ostrom, Charles W. 1991: Macropartisanship: An Empirical Reassessment, in: *American Political Science Review*, Vol. 85, No. 1, S. 181-192.

Agresti, Alan 1990: *Categorical Data Analysis*, New York: Wiley.

Alber, Jens 1985: Modernisierung, neue Spannungslinien und die politischen Chancen der Grünen, in: *Politische Vierteljahresschrift*, Jg. 26, Heft 3, S. 211-226.

Alt, James E. 1984: Dealignment and the Dynamics of Partisanship in Britain, in: Dalton, Russell J./Flanagan, Scott C./Beck, Paul Allen (Hrsg.), *Electoral Change in Advanced Industrial Democracies: Realignment or Dealignment?*, Princeton: Princeton University Press, S. 298-329.

Anderson, Christopher/Zelle, Carsten 1995: Helmut Kohl and the CDU Victory, in: Dalton, Russell J./Markovits, Andrei (Hrsg.), *Bundestagswahl 1994: The Culmination of the Superwahljahr. German Politics and Society*, Vol. 13, No. 1, S. 12-35.

Apter, David E. 1964: Introduction, in: Apter, David E. (Hrsg.): *Ideology and Discontent*, New York: Free Press, S. 15-46.

Baker, Kendall L./Dalton, Russell J./Hildebrandt, Kai 1981: *Germany Transformed: Political Culture and the New Politics*, Cambridge/London: Harvard University Press.

Balch, George I. 1974: Multiple Indicators in Survey Research: The Concept 'Sense of Political Efficacy', in: *Political Methodology*, Vol. 1, No. 1, S. 1-43.

Bartolini, Stefano/Mair, Peter 1990: *Identity, Competition, and Electoral Availability. The Stabilisation of European Electorates 1885-1985*, Cambridge: Cambridge University Press.

Bean, Clive/Mughan, Anthony 1989: Leadership Effects in Parliamentary Elections in Australia and Britain, in: *American Political Science Review*, Vol. 83, Nr. 4, S. 1165-1180.

Beck, Paul Allen 1984: The Dealignment Era in America, in: Dalton, Russell J./Flanagan, Scott C./Beck, Paul Allen (Hrsg.), *Electoral Change in Advanced Industrial Democracies: Realignment or Dealignment?*, Princeton: Princeton University Press, S. 240-266.

Beck, Paul Allen/Sorauf, Frank J. 1992: *Party Politics in America*, New York: Harper Collins Publishers.

Beck, Ulrich 1983: Jenseits von Klasse und Stand? Soziale Ungleichheit, gesellschaftliche Individualisierungsprozesse und die Entstehung neuer sozialer Formationen und Identitäten, in: Kreckel, Reinhard (Hrsg.), *Soziale Welt*, Sonderband 2, Göttingen: Otto Schwartz & Co., S. 35-74.

Bell, Daniel 1974: *The Coming of Post-Industrial Society. A Venture in Social Forecasting*, London: Heinemann.

Berelson, Bernard R./Lazarsfeld, Paul F./McPhee, William N. 1954: *Voting. A Study of Opinion Formation in a Presidential Campaign*, Chicago: University of Chicago Press.

Berger, Manfred 1977: Stabilität und Intensität von Parteibindungen, in: Kaase, Max (Hrsg.), *Wahlsoziologie heute, Politische Vierteljahresschrift*, Jg. 18, Heft 2/3, S. 501-509.

Beyme, Klaus von 1984: *Parteien in westlichen Demokratien*, München: Piper.

Bibby, John F. 1990: Party Organization at the State Level, in: Maisel, L. Sandy (Hrsg.): *The Parties Respond: Changes in the American Party System*, Boulder: Westview Press, S. 21-40.

Brady, David W. 1990: Coalitions in the U.S. Congress, in: Maisel, L. Sandy (Hrsg.): *The Parties Respond: Changes in the American Party System*, Boulder: Westview Press, S. 249-266.

Brady, David W./Cooper, Joseph/Hurley, Patricia A. 1979: The Decline of Party in the U.S. House of Representatives 1887-1968, in: *Legislative Studies Quarterly*, Vol. 4, No. 3, S. 381-407.

Brinkmann, Heinz Ulrich 1988: Wahlverhalten der "neuen Mittelschicht" in der Bundesrepublik Deutschland, in: *Aus Politik und Zeitgeschichte*, B 30-31/88, S. 19-32.

Budge, Ian/Hofferbert, Richard I. 1990: Mandates and Policy Outputs: U.S. Party Platforms and Federal Expenditures, in: *American Political Science Review*, Vol. 84, No. 1, S.111-131.

Bullock, Charles S. 1988: Creeping Realignment in the South, in: Swansbrough, Robert H./Brodsky, David M. (Hrsg.), *The South's New Politics: Realignment and Dealignment*, University of South Carolina Press, S. 220-237.

Bürklin, Wilhelm 1987: Governing Left Parties Frustrating the Radical Non-established Left: the Rise and Inevitable Decline of the Greens, in: *European Sociological Review*, Vol. 3, No. 2, S. 109-126.

Bürklin, Wilhelm 1988: *Wählerverhalten und Wertewandel*, Opladen: Leske & Budrich.

Burnahm, Walter Dean 1970: *Critical Elections and the Mainspring of American Politics*, New York: Wiley.

Butler, David/Stokes, Donald 1971: *Political Change in Britain*, New York: St. Martin's Press.

Campbell, Angus/Converse, Philip E./Miller, Warren E./Stokes, Donald E. 1960: *The American Voter*, New York: Wiley.

Campbell, Angus/Gurin, Gerald/Miller, Warren E. 1954: *The Voter Decides*, Evanston/Ill.: Row, Peterson.

Campbell, James E. 1993: Surge and Decline: The National Evidence, in: Niemi, Richard G./Weisberg, Herbert F. (Hrsg.), *Controversies in Voting Behavior*, Washington, D.C.: Congressional Quarterly Press, S. 222-240.

Caplow, Theodore/Bahr, Howard M./Modell, John/Chadwick, Bruce A. 1991: *Recent Social Trends in the United States 1960-1990*, Frankfurt/M.: Campus.

Carmines, Edward G./Stimson, James A. 1989: *Issue Evolution: Race and the Transformation of American Politics*, Princeton: Princeton University Press.

Chandler, William M./Siaroff, Alan 1986: Postindustrial Politics in Germany and the Origins of the Greens, in: *Comparative Politics*, Vol. 18, No. 3, S. 303-325.

Chubb, John E. 1988: Institutions, the Economy, and the Dynamics of State Elections, in: *American Political Science Review*, Vol. 82, No. 1, S. 133-154.

Chubb, John E./Peterson, Paul E. 1989: American Political Institutions and the Problem of Governance, in: Chubb, John E./Peterson, Paul E. (Hrsg.): *Can Government Govern?*, Washington, D.C.: Brookings, S. 1-43.

Clubb, Jerome M./Flanigan, William H./Zingale, Nancy H. 1980: *Partisan Realignment. Voters, Parties, and Government in American History*, Beverly Hills: Sage.

Connolly, Ceci 1994: Democrats Go To Higher Gear, in: *Congressional Quarterly Weekly Report*, July 9, S. 1875-1878.

Conradt, David P. 1986: *The German Polity*, 3.A., New York: Longman.

Converse, Philip E. 1964: The Nature of Belief Systems in Mass Publics, in: Apter, David E. (Hrsg.): *Ideology and Discontent*, New York: The Free Press, S. 206-261.

Converse, Philip E. 1976: *The Dynamics of Party Support. Cohort Analyzing Party Identification*, Beverly Hills: Sage.

Converse, Philip E./Markus, Gregory B. 1979: Plus Ca Change... The New CPS Election Study Panel, in: *American Political Science Review*, Vol. 73, No. 1, S. 32-49.

Cook, Thomas D./Campbell, Donald T. 1979: *Quasi-Experimentation: Design and Analysis Issues for Field Settings*, Boston: Houghton Mifflin.

Cotgrove, Stephen/Duff, Andrew 1980: Environmentalism, Middle Class Radicalism and Politics, in: *Sociological Review*, Vol. 28, No. 2, S. 333-351.

Cotter, Cornelius P./Gibson, James L./Bibby, John F./Huckshorn, Robert J. 1984: *Party Organizations in American Politics*, New York: Praeger.

Crewe, Ivor 1985: Great Britain, in: Crewe, Ivor/Denver, David (Hrsg.): *Electoral Change in Western Democracies. Patterns and Sources of Electoral Volatility*, London: Croom Helm, S. 100-150.

Crewe, Ivor 1986: On the Death and Resurrection of Class Voting: Some Comments on How Britain Votes, in: *Political Studies*, Vol. 34, No. 4, S. 620-638.

Crewe, Ivor/Särlvik, Bo/Alt, James 1977: Partisan Dealignment in Britain 1964-1974, in: *British Journal of Political Science*, Vol. 7, No. 2, S. 129-190.

Dahrendorf, Ralf 1957: *Soziale Klassen und Klassenkonflikt in der industriellen Gesellschaft*, Stuttgart: Enke.

Dalton, Russell J. 1984a: Cognitive Mobilization in Advanced Industrial Democracies, in: *Journal of Politics*, Vol. 46, No.1, S. 264-284.

Dalton, Russell J. 1984b: The West German Party System between Two Ages, in: Dalton, Russell J./Flanagan, Scott C./Beck, Paul A. (Hrsg.): *Electoral Change in Advanced Industrial Democracies*, Princeton: Princeton University Press, S. 104-133.

Dalton, Russell J. 1986: Wertwandel oder Wertwende. Die Neue Politik und Parteienpolarisierung, in: Klingemann, Hans-Dieter/Kaase, Max (Hrsg.): *Wahlen und politischer Prozeß. Analysen aus Anlaß der Bundestagswahl 1983*, Opladen: Westdeutscher Verlag, S. 427-454.

Dalton, Russell J. 1988: *Citizen Politics in Western Democracies. Public Opinion and Political Parties in the United States, Great Britain, West Germany, and France*, Chatham/N.J.: Chatham House.

Dalton, Russell J. 1989: The German Voter, in: Smith, Gordon/Paterson, William E./Merkl, Peter H. (Hrsg.): *Developments in West German Politics*, London: Macmillan, S. 99-121.

Dalton, Russell J. 1992: Two German Electorates?, in: Smith,Gordon/Paterson, William E./Merkl, Peter H./Padgett, Stephen (Hrsg.), *Developments in German Politics*, London: Macmillan, S. 52-76.

Dalton, Russell J./Hildebrandt, Kai 1983: Konflikte und Koalitionen im Parteiensystem, in: Kaase, Max/Klingemann, Hans-Dieter (Hrsg.): *Wahlen und politisches System. Analysen aus Anlaß der Bundestagswahl 1980*, Opladen: Westdeutscher Verlag, S. 58-80.

Dalton, Russell J./Rohrschneider, Robert 1990: Wählerwandel und Abschwächung der Parteineigungen von 1972 bis 1987, in: Kaase, Max/Klingemann, Hans-Dieter (Hrsg.): *Wahlen und Wähler. Analysen aus Anlaß der Bundestagswahl 1987*, Opladen: Westdeutscher Verlag, S. 297-324.

Davidson, Roger H./Oleszek, Walter J. 1990: *Congress and Its Members*, Washington, D.C.: Congressional Quarterly Press.

Dinkel, Reiner H. 1989: Landtagswahlen unter dem Einfluß der Bundespolitik. Die Erfahrung der letzten Legislaturperioden, in: Falter, Jürgen W./Rattinger, Hans/ Troitzsch, Klaus G. (Hrsg.): *Wahlen und politische Einstellungen in der Bundesrepublik Deutschland*, Frankfurt/Main: Peter Lang, S. 253-262.

Dittrich, Karl-Heinz 1991: Sozialstrukturelle Bestimmgründe der Wahlentscheidung, in: Veen, Hans-Joachim/Noelle-Neumann, Elisabeth (Hrsg.), *Wählerverhalten im Wandel. Bestimmgründe und politisch-kulturelle Trends am Beispiel der Bundestagswahl 1987*, Paderborn: Schöningh, S. 129-162.

Downs, Anthony 1957: *An Economic Theory of Democracy*, New York: Harper and Row.

Dunleavy, Patrick 1980a: The Political Implications of the Sectoral Cleavages and the Growth of State Employment: Part 1, The Analysis of Production Cleavages, in: *Political Studies*, Vol. 28, No. 3, S. 364-383.

Dunleavy, Patrick 1980b: The Political Implications of the Sectoral Cleavages and the Growth of State Employment: Part 2, Cleavage Structures and Political Alignment, in: *Political Studies*, Vol. 28, No. 4, S. 527-549.

Dunleavy, Patrick 1987: Class Dealignment in Britain Revisited, in: *West European Politics*, Vol. 10, No. 3, S. 400-419.

Dye, Thomas R. 1984: Party and Policy in the States, in: *Journal of Politics*, Vol. 46, S. 1097-1116.

Eagly, Alice/Chaiken, Shelly 1993: *The Psychology of Attitudes*, Fort Worth u.a.: Harcourt Brace Jovanovich.

Eldersveld, Samuel J. 1982: *Political Parties in American Society*, New York: Basic Books.

Epstein, Leon 1980: *Political Parties in Western Democracies*, New Brunswick: Transaction Books.

Epstein, Leon 1986: *Political Parties in the American Mold*, London: University of Wisconsin Press.

Erikson, Robert S./Wright, Gerald C./McIver, John P. 1989: Political Parties, Public Opinion, and State Policy in the United States, in: *American Political Science Review*, Vol. 83, No. 2, S. 729-750.

Evans, Geoffry/Heath, Anthony/Payne, Clive 1991: Modelling Trends in the Class/Party Relationship 1964-1987, in: *Electoral Studies*, Vol. 10, No. 2, S. 99-117.

Falter, Jürgen W. 1977: Einmal mehr: Läßt sich das Konzept der Parteiidentifikation auf deutsche Verhältnisse übertragen?, in: Kaase, Max (Hrsg.), *Wahlsoziologie heute, Politische Vierteljahresschrift*, Jg. 18, Heft 2/3, S. 476-500.

Falter, Jürgen W./Rattinger, Hans 1983: Parteien, Kandidaten und politische Streitfragen bei der Bundestagswahl 1980: Möglichkeiten und Grenzen der Normal-Vote-Analyse, in: Kaase, Max/Klingemann, Hans-Dieter (Hrsg.), *Wahlen und politisches System. Analysen aus Anlaß der Bundestagswahl 1980*, Opladen: Westdeutscher Verlag, S. 320-421.

Falter, Jürgen W./Rattinger, Hans 1986: Die Bundestagswahl 1983: Eine Normalwahl-analyse, in: Klingemann, Hans-Dieter/Kaase, Max (Hrsg.), *Wahlen und politischer Prozeß. Analysen aus Anlaß der Bundestagswahl 1983*, Opladen: Westdeutscher Verlag, S. 289-337.

Field, William H. 1994: Electoral Volatility and the Structure of Competition: A Reassessment of Voting Patterns in Britain 1959-1992, in: *West European Politics*, Vol. 17, No. 4, S. 149-165.

Fiorina, Morris P. 1981: *Retrospective Voting in American National Elections*, New Haven: Yale University Press.

Fiorina, Morris P. 1989: *Congress: Keystone of the Washington Establishment*, New Haven and London: Yale University Press.

Fiorina, Morris P. 1990: The Electorate in the Voting Booth, in: Maisel, L. Sandy (Hrsg.), *The Parties Respond. Changes in the American Party System*, Boulder: Westview Press, S. 116-133.

Fiorina, Morris P. 1992: *Divided Government*, New York: Macmillan.

Fischer, Claus A. 1990: *Wahlhandbuch für die Bundesrepublik Deutschland. Daten zu Bundestags-, Landtags- und Europawahlen in der Bundesrepublik Deutschland, in den Ländern und in den Kreisen 1946-1989*, Band 1 u. 2, Paderborn: Schöningh.

Flanigan, William H./Zingale, Nancy H. 1985: United States, in: Crewe, Ivor/Denver, David (Hrsg.): *Electoral Change in Western Democracies. Patterns and Sources of Electoral Volatility*, London: Croom Helm, S. 23-49.

Flanigan, William H./Zingale, Nancy H. 1991: *Political Behavior of the American Electorate*, Washington D.C.: Congressional Quarterly Press.

Forschungsgruppe Wahlen e.V. 1994: Gesamtdeutsche Bestätigung für die Bonner Regierungskoalition. Eine Analyse der Bundestagswahl 1990, in: Klingemann, Hans-Dieter/Kaase, Max (Hrsg.), *Wahlen und Wähler. Analysen aus Anlaß der Bundestagswahl 1990*, Opladen: Westdeutscher Verlag, S. 615-665.

Foster, Jody/Muste, Christopher 1992: The United States, in: Butler, David/Ranney, Austin (Hrsg.), *Electioneering. A Comparative Study of Continuity and Change*, Oxford: Clarendon Press, S. 11-42.

Fraenkel, Ernst 1960: *Das amerikanische Regierungssystem. Eine politische Analyse*, Köln/Opladen: Westdeutscher Verlag.

Franklin, Mark N. 1985: *The Decline of Class Voting in Britain: Changes in the Basis of Electoral Choice*, 1964-1983, Oxford: Clarendon Press.

Fuchs, Dieter 1989: *Die Unterstützung des politischen Systems der Bundesrepublik Deutschland*, Opladen: Westdeutscher Verlag.

Gabriel, Oscar W. 1988: Zerfall der Parteiidentifikation - Krise der Volksparteien?, in: *Jugendforum*, Heft 6, S. 161-172.

Geiger, Theodor 1967: *Die soziale Schichtung des deutschen Volkes*, Stuttgart: Enke.

Gibowski, Wolfgang G./Kaase, Max 1991: Auf dem Weg zum politischen Alltag. Eine Analyse der ersten gesamtdeutschen Bundestagswahl vom 2. Dezember 1990, in: *Aus Politik und Zeitgeschichte*, B 11-12/91, S. 3-20.

Gibson, James L./Cotter, Cornelius P./Bibby, John F./Huckshorn, Robert J. 1985: Whither the Local Parties? A Cross-sectional and Longitudinal Analysis of the Strength of Party Organizations, in: *American Journal of Political Science*, Vol. 29, Nr. 1, S. 139-160.

Gibson, James L./Frendreis, John P./Vertz, Laura L. 1989: Party Dynamics in the 1980s: Change in County Party Organizational Strength, 1980-1984, in: *American Journal of Political Science*, Vol. 3, Nr. 1, S. 67-90.

Glatzer, Wolfgang/Hondrich, Karl Otto/Noll, Heinz-Herbert/Stiehr, Karin/Wörndl, Barbara 1992: *Recent Social Trends in West Germany 1960-1990*, Frankfurt: Campus.

Gluchowski, Peter 1978: Parteiidentifikationen im politischen System der Bundesrepublik Deutschland. Zum Problem der empirischen Überprüfung eines Konzepts unter variierten Systembedingungen, in: Oberndörfer, Dieter (Hrsg.): *Wählerverhalten in der Bundesrepublik Deutschland*, Berlin: Duncker und Humblot, S. 265-323.

Gluchowski, Peter 1983: Wahlerfahrung und Parteiidentifikation. Zur Einbindung von Wählern in das Parteiensystem der Bundesrepublik, in: Kaase, Max/Klingemann, Hans-Dieter (Hrsg.): *Wahlen und politisches System. Analysen aus Anlaß der Bundestagswahl 1980*, Opladen: Westdeutscher Verlag, S. 442-477.

Gluchowski, Peter 1987: Lebensstile und Wandel der Wählerschaft in der Bundesrepublik, in: *Aus Politik und Zeitgeschichte*, B12/87, S. 18-32.

Gluchowski, Peter/Zelle, Carsten 1993: Vom Optimismus zum Realismus: Ostdeutschland auf dem Weg in das bundesrepublikanische politische System, in: Plasser, Fritz/Ulram, Peter A. (Hrsg.), *Transformation oder Stagnation? Aktuelle politische Trends in Osteuropa*, Wien: Signum, S. 133-153.

Granberg, Donald/Holmberg, Soren 1988: *The Political System Matters: Social Psychology and Voting Behaviour in Sweden and the United States*, Cambridge: Cambridge University Press.

Hadaway, Kirk C./Marler, Penny Long/Chaves, Mark 1993: What the Polls Don't Show: A Closer Look at U.S. Church Attendance, in: *American Sociological Review*, Vol. 58, No. 6, S. 741-752.

Hames, Tim 1994: The Changing Media, in: Peele, Gillian/Bailey, Christopher J./Cain, Bruce/Peters, B. Guy (Hrsg.), *Developments in American Politics 2*, London: Macmillan, S. 335-347.

Harmel, Robert/Janda, Kenneth 1982: *Parties and Their Environments: Limits to Reform?*, New York: Longman.

Haungs, Peter 1990: Die CDU: Prototyp einer Volkspartei, in: Mintzel, Alf/Oberreuter, Heinrich (Hrsg): *Parteien in der Bundesrepublik Deutschland*, Bonn: Bundeszentrale für politische Bildung, S. 158-198.

Heath, Anthony/Jowell, Roger/Curtice, John 1985: *How Britain Votes*, Oxford: Pergamon Press.

Heath, Anthony/Jowell, Roger/Curtice, John 1987: Trendless Fluctuation: a Reply to Crewe, in: *Political Studies*, Vol. 35, S. 256-277.

Heath, Anthony/Jowell, Roger/Curtice, John/Evans, Geoff/ Field, Julia/Witherspoon, Sharon 1991: *Understanding Political Change. The British Voter 1964-1987*, Oxford: Pergamon Press.

Heimann, Siegfried 1993: Die Sozialdemokratie: Forschungsstand und offene Fragen, in: Niedermayer, Oskar/Stöss, Richard (Hrsg.): *Stand und Perspektiven der Parteienforschung in Deutschland*, Opladen: Westdeutscher Verlag, S. 147-186.

Herrnson, Paul S. 1988: *Party Campaigning in the 1980s*, Cambridge, Mass.: Harvard University Press.

Herrnson, Paul S. 1990: Reemergent National Party Organizations, in: Maisel, L. Sandy (Hrsg.): *The Parties Respond: Changes in the American Party System*, Boulder: Westview Press, S. 41-66.

Herrnson, Paul S. 1994: American Political Parties: Growth and Change, in: Peele, Gillian/Bailey, Christopher J./Cain, Bruce/Peters, B. Guy (Hrsg.), *Developments in American Politics 2*, London: Macmillan, S. 67-84.

Hildebrandt, Kai/Dalton, Russell J. 1977: Die neue Politik. Politischer Wandel oder Schönwetterpolitik?, in: Kaase, Max (Hrsg.), *Wahlsoziologie heute, Politische Vierteljahresschrift*, Jg. 18, Heft 2/3, S. 230-256.

Horst, Patrick 1993: Präsident Clinton und der 103. Kongreß: Ende des "gridlock"?, in: *Zeitschrift für Parlamentsfragen*, Jg. 24, Heft 2, S. 240-260.

Inglehart, Ronald 1989: *Kultureller Umbruch. Wertewandel in der westlichen Welt*, Frankfurt: Campus.

Jackson, John S. 1993: Twenty Years of the Party Elite Study, paper presented for delivery at the 1993 annual meeting of the APSA, Sept. 1993, Washington, D.C.

Jacobson, Gary C. 1993a: You Can't Beat Somebody with Nobody: Trends in Partisan Opposition, in: Niemi, Richard G./Weisberg, Herbert F. (Hrsg.), *Controversies in Voting Behavior*, Washington, D.C.: Congressional Quarterly Press, S. 241-267.

Jacobson, Gary C. 1993b: Deficit-Cutting Politics and Congressional Elections, in: *Political Science Quarterly*, Vol. 108, No. 3, S. 375-402.

Jennings, Kent M./Allerbeck, Klaus R./Rosenmayr, Leopold 1979: Generations and Families: General Orientations, in: Barnes, Samuel H./Kaase, Max u.a. (Hrsg.), *Political Action. Mass Participation in Five Western Democracies*, Beverly Hills: Sage, S. 449-486.

Jewell, Malcolm/Olson, David M. 1982: *American State Political Parties and Elections*, Homewood, Ill.: Dorsey.

Jung, Matthias 1990a: Auf dem Weg zu einer besseren Datenqualität. Ein Zwischenbericht über die Erfahrungen mit telefonischen Umfragen, in: Schmitt, Karl (Hrsg.): *Wahlen, Parteieliten, politische Einstellungen*, Frankfurt/Main: Peter Lang, S. 389-412.

Jung, Matthias 1990b: Der Wechselwähler - das unbekannte Wesen, in: Wehling, Hans-Georg (Hrsg.): *Wahlverhalten*, Stuttgart: Landeszentrale für politische Bildung: Der Bürger im Staat, 40 Jg., Heft 3, S. 181-185.

Kaase, Max 1967: *Wechsel von Parteipräferenzen. Eine Analyse am Beispiel der Bundestagswahl 1961*, Meisenheim: Anton Hain.

Kaase, Max 1975: Party Identification and Voting Behavior in the West German Election of 1969, in: Budge, Ian/Crewe, Ivor/Farlie, Dennis (Hrsg.), *Party Identification and Beyond*, New York: Wiley, S. 81-102.

Kaase, Max 1979: Legitimitätskrise in westlichen demokratischen Industriegesellschaften: Mythos oder Realität?, in: Klages, Helmut/Kmieciak, Peter (Hrsg.), *Wertewandel und gesellschaftlicher Wandel*, Frankfurt: Campus.

Kaase, Max 1986: Das Mikro-Makro-Puzzle der empirischen Sozialforschung. Anmerkungen zum Problem der Aggregatstabilität bei individueller Instabilität in Panelbefragungen, in: *Kölner Zeitschrift für Soziologie und Sozialpsychologie*, Vol. 38, No. 1, S. 209-222.

Kaase, Max 1992: Germany, in: Butler, David/Ranney, Austin (Hrsg.), *Electioneering. A Comparative Study of Continuity and Change*, Oxford: Clarendon Press, S. 156-172.

Kaase, Max 1993: Is There Really Personalization in Politics? Candidates and Voting Behavior in Germany in Dynamic Perspective, paper delivered at the annual meeting of the APSA, Sept. 1993, Washington D.C.

Kamarck, Elaine Ciulla 1990: Structure as Strategy: Presidential Nominating Politics in the Post-Reform Era, in: Maisel, L. Sandy (Hrsg.): *The Parties Respond: Changes in the American Party System*, Boulder: Westview Press, S. 160-186.

Keith, Bruce E./Magleby, David B./Nelson, Candice J./Orr, Elizabeth/Westlye, Mark C./Wolfinger, Raymond E. 1992: *The Myth of the Independent Voter*, Berkeley: University of California Press.

Kessel, John H. 1984: *Presidential Parties*, Homewood, Ill.: Dorsey.

Key, V.O. 1955: A Theory of Critical Elections, in: *Journal of Politics*, Vol. 17, No. 1, S. 3-18.

Key, V.O. 1959: Secular Realignment and the Party System, in: *Journal of Politics*, Vol. 21, No. 2, S. 198-210.

Key, V.O. 1966: *The Responsible Electorate. Rationality in Presidential Voting 1936-1960*, Cambridge/Mass.: Harvard University Press.

King, Gary/Laver, Michael 1993: Party Platforms, Mandates, and Government Policies, in: *American Political Science Review*, Vol. 87, No. 3, S. 744-747.

Klingemann, Hans-Dieter 1979: The Background of Ideological Conceptualization, in: Barnes, Samuel H./Kaase, Max u.a. (Hrsg.), *Political Action. Mass Participation in Five Western Democracies*, Beverly Hills: Sage, S. 255-277.

Klingemann, Hans-Dieter 1985: West Germany, in: Crewe, Ivor/Denver, David (Hrsg.): *Electoral Change in Western Democracies. Patterns and Sources of Electoral Volatility*, London: Croom Helm, S. 230-263.

Klingemann, Hans-Dieter 1995: Party Positions and Voter Orientations, in: Klingemann Hans-Dieter/Fuchs, Dieter (Hrsg.), *Citizens and the State*, Oxford: Oxford University Press (in Vorbereitung).

Klingemann, Hans-Dieter/Wattenberg, Martin P. 1990: Zerfall und Entwicklung von Parteiensystemen: Ein Vergleich der Vorstellungsbilder von den politischen Parteien in den Vereinigten Staaten von Amerika und der Bundesrepublik Deutschland, in: Kaase, Max/Klingemann, Hans-Dieter (Hrsg.): *Wahlen und Wähler. Analysen aus Anlaß der Bundestagswahl 1987*, Opladen: Westdeutscher Verlag, S. 325-344.

Kramer, Gerald H. 1983: The Ecological Fallacy Revisited: Aggregate- vs. Individual-level Findings on Economics and Elections, and Sociotropic Voting, in: *American Political Science Review*, Vol. 77, No. 1, S. 92-111.

Ladd, Everett Carll 1991: Like Waiting for Godot: The Uselessness of 'Realignment' for Understanding Change in Contemporary American Politics, in: Shafer, Byron (Hrsg.), *The End of Realignment? Interpreting American Electoral Eras*, Madison: University of Wisconsin Press, S. 24-36.

Ladd, Everett Carll/Hadley, Charles D. 1975: *Transformations of the American Party System: Political Coalitions from the New Deal to the 1970s*, New York: W. W. Norton & Company.

Landua, Detlef 1989: *Stabilität und Wandel von Parteineigungen. Eine Panelanalyse politischer Präferenzen in der Bundesrepublik*, Berlin: Wissenschaftszentrum Berlin, WZB-paper, P 89-105.

Lass, Jürgen 1993: Kandidatenorientierung und Wahlverhalten, Dissertation am Fachbereich Politische Wissenschaft der Freien Universität Berlin.

Lehner, Franz 1979: *Grenzen des Regierens. Eine Studie zur Regierungsproblematik hochindustrialisierter Demokratien*, Königstein/Ts.: Athenäum.

Lepsius, M. Rainer 1973: Parteiensystem und Sozialstruktur: zum Problem der Demokratisierung der deutschen Gesellschaft, in: Ritter, Gerhard A. (Hrsg.), *Deutsche Parteien vor 1918*, Köln: Kiepenheuer & Witsch, S. 56-80.

Lijphart, Arend 1971: Comparative Politics and the Comparative Method, in: *American Political Science Review*, Vol. 65, No. 3, S. 682-693.

Lipset, Seymour M. 1993: The Significance of the 1992 Election, in: *PS: Political Science and Politics*, Vol. 26, No. 1, S. 7-16.

Lipset, Seymour M./Rokkan, Stein 1967: Cleavage Structures, Party Systems, and Voter Alignments: An Introduction, in: Lipset, Seymour M./Rokkan, Stein (Hrsg.): *Party Systems and Voter Alignments: Cross-National Perspectives*, New York: The Free Press, S. 1-64.

Lösche, Peter 1993: "Lose verkoppelte Anarchie". Zur aktuellen Situation der Volksparteien am Beispiel der SPD, in: *Aus Politik und Zeitgeschichte*, B. 43/93, S. 34-45.

Mackenzie, G. Calvin 1990: Partisan Presidential Leadership: The President's Appointees, in: Maisel, L. Sandy (Hrsg.): *The Parties Respond: Changes in the American Party System*, Boulder: Westview Press, S. 267-288.

Mackie, Thomas T./Rose, Richard 1991: *The International Almanac of Electoral History*, London: Macmillan.

MacKuen, Michael/Erikson, Robert S./Stimson, James A. 1989: Macropartisanship, in: *American Political Science Review*, Vol. 83, No. 4, S. 1125-1142.

Mair, Peter 1984: Adaptation and Control: Toward an Understanding of Party and Party System Change, in: Daalder, Hans/Mair, Peter (Hrsg.), *Western European Party Systems. Continuity and Change*, London: Sage, S. 405-429.

Markus, Gregory B. 1988: The Impact of Personal and National Economic Conditions on the Presidential Vote: A Pooled Cross-Sectional Analysis, in: *American Journal of Political Science*, Vol. 32, No. 1, S. 137-154.

Mayhew, David R. 1974: *Congress: The Electoral Connection*, New Haven: Yale University Press.

Miller, Warren 1990: The Electorate's View of the Parties, in: Maisel, L. Sandy (Hrsg.), *The Parties Respond. Changes in the American Party System*, Boulder: Westview Press, S. 97-115.

Miller, Warren 1991: Party Identification, Realignment, and Party Voting: Back to the Basics, in: *American Political Science Review*, Vol. 85, No. 2, S. 557-568.

Miller, Warren/Jennings, M. Kent 1986: *Parties in Transition*, New York: Russell Sage.

Mintzel, Alf/Oberreuter, Heinrich 1990: Zukunftsperspektiven des Parteiensystems, in: Mintzel, Alf/Oberreuter, Heinrich (Hrsg.): *Parteien in der Bundesrepublik Deutschland*, Bonn: Bundeszentrale für politische Bildung, S. 365-377.

Müller-Rommel, Ferdinand 1993: *Grüne Parteien in Westeuropa. Entwicklungsphasen und Erfolgsbedingungen*, Opladen: Westdeutscher Verlag.

Müller-Schneider, Thomas 1994: *Schichten und Erlebnismilieus. Der Wandel der Milieustruktur in der Bundesrepublik Deutschland*, Wiesbaden: Deutscher Universitäts Verlag.

Nie, Norman H./Verba, Sidney/Petrocik, John R. 1976: *The Changing American Voter*, Cambridge, Mass.: Harvard University Press.

Nientiedt, Klaus 1994: Die Religion der "baby-boomer". Zur Entwicklung der religiösen Landschaft in den USA, in: *Herder Korrespondenz*, 48. Jg., Heft 3, S. 142-147.

Neu, Viola/Zelle, Carsten 1992: Der Protest von Rechts. Kurzanalyse zu den jüngsten Wahlerfolgen der extremen Rechten, Sankt Augustin: Konrad-Adenauer-Stiftung.

Norpoth, Helmut 1977: Kanzlerkandidaten. Wie sie vom Wähler bewertet werden und seine Wahlentscheidung beeinflussen, in: Kaase, Max (Hrsg.), *Wahlsoziologie heute, Politische Vierteljahresschrift*, Jg. 18, Heft 2/3, S. 551-572.

Oberndörfer, Dieter/Mielke, Gerd 1990: *Stabilität und Wandel in der westdeutschen Wählerschaft. Das Verhältnis von Sozialstruktur und Wahlverhalten im Zeitraum von 1976 bis 1987*, Freiburg: Arnold Bergstraesser Institut.

Page, Benjamin 1978: *Choices and Echoes in American Elections*, Chicago: University of Chicago Press.

Page, Benjamin I./Shapiro, Robert Y. 1992: *The Rational Public: Fifty Years of Trends in Americans' Policy Preferences*, Chicago/London: The University of Chicago Press.

Pappi, Franz Urban 1973: Parteiensystem und Sozialstruktur in der Bundesrepublik, in: *Politische Vierteljahresschrift*, Jg. 14, Heft 2, S.191-214.

Pappi, Franz Urban 1977a: Sozialstruktur und politische Konflikte in der Bundesrepublik. Individual- und Kontextanalysen der Wahlentscheidung, Habilitationsschrift an der Universität Köln.

Pappi, Franz Urban 1977b: Sozialstruktur, gesellschaftliche Wertorientierungen und Wahlabsicht. Ergebnisse eines Zeitvergleichs des deutschen Elektorats 1953 und 1976, in: Kaase, Max (Hrsg.), *Wahlsoziologie heute, Politische Vierteljahresschrift*, Jg. 18, Heft 2/3, S. 195-229.

Pappi, Franz Urban 1986: Das Wahlverhalten sozialer Gruppen bei Bundestagswahlen im Zeitvergleich, in: Klingemann, Hans-Dieter/Kaase Max (Hrsg.): *Wahlen und politischer Prozeß. Analysen aus Anlaß der Bundestagswahl 1983*, Opladen: Westdeutscher Verlag, S. 369-384.

Pappi, Franz Urban 1990: Klassenstruktur und Wahlverhalten im Wandel, in: Kaase, Max/Klingemann, Hans-Dieter (Hrsg.): *Wahlen und Wähler. Analysen aus Anlaß der Bundestagswahl 1987*, Opladen: Westdeutscher Verlag, S. 15-30.

Pateman, Carole 1970: *Participation and Democratic Theory*, Cambridge: Cambridge University Press.

Pedersen, Mogens N. 1979: The Dynamics of European Party Systems: Changing Patterns of Electoral Volatility, in: *European Journal of Political Research*, Vol. 7, No. 1, S. 1-26.

Pedersen, Mogens N. 1983: Changing Patterns of Electoral Volatility in European Party Systems, 1948-1977: Explorations in Explanation, in: Daalder, Hans/Mair, Peter (Hrsg.), *Western European Party Systems. Continuity and Change*, London: Sage, S. 29-66.

Pedhazur, Elazar J. 1982: *Multiple Regression in Behavioral Research. Explanation and Prediction*, New York: Holt, Rinehart and Winston.

Petracca, Mark P. 1992: The Rediscovery of Interest Group Politics, in: Petracca, Mark P. (Hrsg.), *The Politics of Interests. Interest Groups Transformed*, Boulder: Westview Press, S. 3-31.

Petrocik, John R. 1980: Contextual Sources of Voting Behavior: The Changeable American Voter, in: Pierce, John C./Sullivan, John L. (Hrsg.): *The Electorate Reconsidered*, Beverly Hills/London: Sage Publications, S. 257-277.

Polsby, Nelson W. 1983: *Consequences of Party Reform*, New York: Oxford University Press.

Pomper, Gerald M. 1975: *Voters' Choice: Varieties of American Electoral Behavior*, New York: Harper & Row.

Pomper, Gerald M. 1988: *Voters, Elections, and Parties: The Practice of Democratic Theory*, New Brunswick: Transaction Books.

Przeworski, Adam/Teune, Henry 1970: *The Logic of Comparative Social Inquiry*, Malabar, Fl.: Krieger.

Ranney, Austin 1975: *Curing the Mischiefs of Faction*, Berkeley: University of California Press.

Robertson, David 1984: *Class and the British Electorate*, Oxford: Basil Blackwell.

Rose, Richard/McAllister, Ian 1986: *Voters Begin to Choose. From Closed Class to Open Elections in Britain*, London: Sage.

Rose, Richard/McAllister, Ian 1990: *The Loyalties of Voters. A Lifetime Learning Model*, London: Sage.

Rucht, Dieter 1993: Parteien, Verbände und Bewegungen als Systeme politischer Interessenvermittlung, in: Niedermayer, Oskar/Stöss, Richard (Hrsg.): *Stand und Perspektiven der Parteienforschung in Deutschland*, Opladen: Westdeutscher Verlag, S. 251-275.

Särlvik, Bo/Crewe, Ivor 1983: *Decade of Dealignment. The Conservative Victory of 1979 and Electoral Trends in the 1970s*, Cambridge: Cambridge University Press.

Schiller, Theo 1990: Die FDP: Partei der wechselnden Wechselwähler, in: *Parteien in der Bundesrepublik Deutschland*, Köln: Verlag W. Kohlhammer, S. 63-85.

Schiller, Theo 1993: Stand, Defizite und Perspektiven der FDP-Forschung, in: Niedermayer, Oskar/Stöss, Richard (Hrsg.): *Stand und Perspektiven der Parteienforschung in Deutschland*, Opladen: Westdeutscher Verlag, S. 119-146.

Schmitt, Karl 1990: Religious Cleavages in the West German Party System: Persistence and Change, 1949-1987, in: Rohe, Karl (Hrsg.): *Elections, Parties and Political Traditions. Social Foundations of German Parties and Party Systems, 1867-1987*, New York/Oxford/München: Berg, S. 179-201.

Schütz, Astrid 1992: *Selbstdarstellung von Politikern. Analyse von Wahlkampfauftritten*, Weinheim: Deutscher Studien Verlag.

Schultze, Rainer-Olaf 1991: Außengeleitete Innovation und innengeleiteter Methodenrigorismus - Deutsche Wahlsoziologie auf dem Prüfstand internationalen Vergleichs, in: *Zeitschrift für Parlamentsfragen*, Jg. 22, Heft 3, S. 481-494.

Serra, George/Pinney, Neil/Cover, Albert D./Twombly, Jim 1993: The Changing Shape of Congressional Parties: Ideological Policy Cohesion and Polarization in the U.S.Congress, 1953-1990, Manuskript zum Vortrag auf der Annual Meeting of the American Political Science Association, Washington D.C., September 2-5.

Shaffer, Stephen D. 1981: A Multivariate Explanation of Decreasing Turnout in Presidential Elections 1960-1976, in: *American Journal of Political Science*, Vol. 25, No. 1, S. 68-95.

Shively, W. Phillips 1972: Party Identification, Party Choice, and Voting Stability: The Weimar Case, in: *American Political Science Review*, Vol. 66, No. 4, S. 1203-1225.

Shively, W. Phillips 1979: The Development of Party Identification among Adults: Exploration of a Functional Model, in: *American Political Science Review*, Vol. 73, No. 4, S. 1039-1054.

Shively, W. Phillips 1992: From Differential Abstention to Conversion: A Change in Electoral Change, 1864-1988, in: *American Journal of Political Science*, Vol. 36, No. 2, S. 309-330.

Sinclair, Barbara 1990: The Congressional Party: Evolving Organizational, Agenda-Setting, and Policy Roles, in: Maisel, L. Sandy (Hrsg.): *The Parties Respond: Changes in the American Party System*, Boulder: Westview Press, S. 227-248.

Sorauf, Frank J. 1988: *Money in American Elections*, Glenview, Ill: Scott, Foresman.

Sorauf, Frank J. 1992: *Inside Campaign Finance. Myths and Realities*, New Haven: Yale University Press.

Sorauf, Frank J. 1993: *The Case for Public Funding of Campaigns*, Manuskript, University of Minnesota.

Sorauf, Frank J./Wilson, Scott A. 1990: Campaigns and Money: A Changing Role for the Political Parties?, in: Maisel, L. Sandy (Hrsg.): *The Parties Respond: Changes in the American Party System*, Boulder: Westview Press, S. 187-203.

Sorauf, Frank J./Wilson, Scott A. 1993: *Campaigns and Money: A Changing Role for the Political Parties?*, zur Veröffentlichung in: Maisel, L. Sandy (Hrsg.), erscheint.

Statistisches Bundesamt (Hrsg.) 1985: *Datenreport 1985. Zahlen und Fakten über die Bundesrepublik Deutschland*, Bonn: Bundeszentrale für politische Bildung.

Statistisches Bundesamt (Hrsg.) 1989: *Datenreport 1989. Zahlen und Fakten über die Bundesrepublik Deutschland*, Bonn: Bundeszentrale für politische Bildung.

Statistisches Bundesamt (Hrsg.) 1992: *Datenreport 1992. Zahlen und Fakten über die Bundesrepublik Deutschland*, Bonn: Bundeszentrale für politische Bildung.

Statistisches Bundesamt (Hrsg.) 1993: *Statistisches Jahrbuch 1993 für die Bundesrepublik Deutschland*, Wiesbaden: Metzler Poeschel.

Stimson, James A. 1991: *Public Opinion in America: Moods, Cycles, and Swings*, Boulder: Westview Press.

Stöss, Richard 1983: Einleitung: Struktur und Entwicklung des Parteiensystems der Bundesrepublik - Eine Theorie, in: Stöss, Richard (Hrsg.), *Parteien-Handbuch. Die Parteien der Bundesrepublik Deutschland 1945-1980*, Band 1, Opladen: Westdeutscher Verlag, S. 17-309.

Stöss, Richard 1990: Parteikritik und Parteiverdrossenheit, in: *Aus Politik und Zeitgeschichte*, B21/90, S. 15-24.

Stone, Walter J./Rapoport, Ronald B./Abramowitz, Alan I. 1990: The Reagan Revolution and Party Polarization in the 1980s, in: Maisel, L. Sandy (Hrsg.): *The Parties Respond: Changes in the American Party System*, Boulder: Westview Press, S. 67-93.

Sundquist, James L. 1983: *Dynamics of the Party System*, Washington, D.C.: Brookings.

Teixeira, Ruy A. 1992: *The Disappearing American Voter*, Washington, D.C.: Brookings.

Veen, Hans-Joachim 1988a: Die Wähler sind wählerischer geworden, in: *Frankfurter Allgemeine Zeitung*, 20.10.1988.

Veen, Hans-Joachim 1988b: Die Grünen als Milieupartei, in: Maier, Hans u.a. (Hrsg.), *Politik, Philosophie, Praxis. Festschrift für Wilhelm Hennis zum 65. Geburtstag*, Stuttgart: Klett-Cotta, S. 454-476.

Veen, Hans-Joachim 1991: Einführung - Wählergesellschaft im Umbruch, in: Veen, Hans-Joachim/Noelle-Neumann, Elisabeth (Hrsg.), *Wählerverhalten im Wandel: Bestimmungsgründe und politisch-kulturelle Trends am Beispiel der Bundestagswahl 1987*, Paderborn: Schöningh, S. 9-19.

Veen, Hans-Joachim 1992: Die wachsende Bedeutung des Nichtwählens, Vortrag anläßlich der Expertentagung "Keine Wahl - auch eine Wahl" im Landtag von Baden-Württemberg, 4. Februar 1992, Dokumentation der Landeszentrale für politische Bildung Baden-Württemberg.

Veen, Hans-Joachim/Gluchowski, Peter 1988: Sozialstrukturelle Nivellierung bei politischer Polarisierung - Wandlungen und Konstanten in den Wählerstrukturen der Parteien 1953-1987, in: *Zeitschrift für Parlamentsfragen*, Jg. 19, Heft 2, S. 225-248.

Veen, Hans-Joachim/Hoffmann, Jürgen 1992: *Die Grünen zu Beginn der neunziger Jahre. Profil und Defizite einer fast etablierten Partei*, Bonn: Bouvier.

Vester, Michael/Oertzen, Peter v./Geiling, Heiko/Hermann, Thomas/Müller, Dagmar 1993: *Soziale Milieus im gesellschaftlichen Strukturwandel. Zwischen Integration und Ausgrenzung*, Köln: Bund Verlag.

Vorländer, Hans 1990: Die FDP, zwischen Erfolg und Existenzgefährdung, in: Mintzel, Alf/Oberreuter, Heinrich (Hrsg.), *Parteien in der Bundesrepublik Deutschland*, Bonn: Bundeszentrale für politische Bildung, S. 237-275.

Wattenberg, Martin P. 1986: *The Decline of American Political Parties 1952-1984*, Cambridge, Mass.: Harvard University Press.

Wattenberg, Martin P. 1991: *The Rise of Candidate-Centered Politics. Presidential Elections of the 1980s*, Cambridge, Mass.: Harvard University Press.

Wattenberg, Martin P. 1994: *The Decline of American Political Parties 1952-1992*, Cambridge, Mass.: Harvard University Press.

Weber, Max 1976: *Wirtschaft und Gesellschaft*, Tübingen: J.C.B. Mohr.

Weir, Blair T. 1975: The Distortion of Voter Recall, in: *American Journal of Political Science*, Vol. 19, No. 1, S. 53-62.

Weßels, Bernhard 1991: *Erosion des Wachstumsparadigmas: Neue Konfliktstrukturen im politischen System der Bundesrepublik?*, Opladen: Westdeutscher Verlag.

Weßels, Bernhard 1994: Gruppenbindung und rationale Faktoren als Determinanten der Wahlentscheidung in Ost- und Westdeutschland, in: Klingemann, Hans-Dieter/Kaase, Max (Hrsg.), *Wahlen und Wähler. Analysen aus Anlaß der Bundestagswahl 1990*, Opladen: Westdeutscher Verlag, S. 123-157.

Westle, Bettina 1990: Zur Akzeptanz der politischen Parteien und der Demokratie in der Bundesrepublik Deutschland, in: Kaase, Max/Klingemann, Hans-Dieter (Hrsg.), *Wahlen und Wähler. Analysen aus Anlaß der Bundestagswahl 1987*, Opladen: Westdeutscher Verlag, S. 253-295.

Wildenmann, Rudolf 1989: *Volksparteien: Ratlose Riesen?*, Baden-Baden: Nomos.

Winkler, Heinrich August 1993: *Weimar 1918-1933. Die Geschichte der ersten deutschen Demokratie*, München: Beck.

Winter, Thomas v. 1993: Die Christdemokraten als Analyseobjekt oder: Wie modern ist die CDU-Forschung?, in: Niedermayer, Oskar/Stöss, Richard (Hrsg.): *Stand und Perspektiven der Parteienforschung in Deutschland*, Opladen: Westdeutscher Verlag, S. 57-80.

Zapf, Wolfgang/Breuer, Sigrid/Hampel, Jürgen/Krause, Peter/Mohr, Hans-Michael/Wiegand, Erich 1987: *Individualisierung und Sicherheit. Untersuchungen zur Lebensqualität in der Bundesrepublik Deutschland*, München: Beck.

Zelle, Carsten 1994a: Steigt die Zahl der Wechselwähler? Trends des Wahlverhaltens und der Parteiidentifikation, in: Rattinger, Hans/Jagodzinski, Wolfgang/Gabriel, Oscar W. (Hrsg.), *Wahlen und politische Einstellungen im vereinigten Deutschland*, Frankfurt: Lang, S. 47-92.

Zelle, Carsten 1994b: Social Modernization, Political Frustration, and the Floating Voter: The Case of Germany, Manuskript zum Vortrag bei den Arbeitsgruppen "Wahlen und politische Einstellungen" und "Parteienforschung" der Deutschen Vereinigung für Politische Wissenschaft, März 1994, Bad Urach.

Zelle, Carsten 1995: Candidates, Issues, and Party Choice in the Federal Election of 1994, in: *German Politics*, Vol. 4, No. 2 (im Druck).

Zimmermann, Ekkart 1972: *Das Experiment in den Sozialwissenschaften*, Stuttgart: Teubner.

Aus dem Programm Sozialwissenschaften

Thomas Kleinhenz

Die Nichtwähler

Ursachen der sinkenden
Wahlbeteiligung in Deutschland

1995. 260 S. (Studien zur Sozialwissenschaft, Bd. 156) Kart.
ISBN 3-531-12711-X

Jeder fünfte Deutsche ging bei den
Bundestagswahlen 1994 und
1990 nicht zur Wahl. Dieses Buch
untersucht die Ursachen der dra-
stisch sinkenden Wahlbeteiligung.
Die längsschnittliche Analyseper-
spektive für den Zeitraum von 1980
bis 1994 eröffnet erstmals die
Möglichkeit, umfassend die Motive
der Nichtwähler zu erforschen. Deshalb wurde in dieser Arbeit auf der
Basis von über 30.000 Befragten
und über 3.000 Nichtwählern re-
präsentativ für die Bundesrepublik – erstmals eine Segmentierung
der Nichtwählerschaft vorgenommen. In ca. 20 Abbildungen und
70 Tabellen wird das Phänomen
der Nichtwähler, das in der Wahlforschung bisher nur am Rande diskutiert wurde, intensiv analysiert.

Oskar Niedermayer/
Richard Stöss (Hrsg.)

Stand und Perspektiven
der Parteienforschung
in Deutschland

1993. 347 S. (Schriften des Zen-
tralinstituts für sozialwiss. Forschung
der FU Berlin, Bd. 71) Kart.
ISBN 3-531-12354-8

Eine aktuelle Bestandsaufnahme der
deutschen Parteienforschung ist seit
langem überfällig. Dieser Band in-
formiert über Leistungen, Defizite
und Zukunftsaufgaben dieses For-
schungsfeldes. Behandelt werden
sowohl die westdeutschen Bundes-
tagsparteien als auch der Struktur-

wandel des DDR-Parteiensystems.
Einige übergreifende Beiträge beschäftigen sich mit der Gesamtent-
wicklung in historischer Perspektive, mit der Rolle der Parteien im
politischen System und mit Fragen
der innerparteilichen Demokratie.

Oskar Niedermayer/
Richard Stöss (Hrsg.)

Parteien und Wähler
im Umbruch

Parteiensystem und Wählerverhalten in der ehemaligen DDR
und den neuen Bundesländern

1994. 353 S. Kart.
ISBN 3-531-12648-2

Mit diesem Band wird erstmals eine
umfassende und detaillierte Analyse der dramatischen Wandlungs-
prozesse im Parteiensystem und
Wählerverhalten der heutigen neu-
en Bundesländer von der Wende in
der ehemaligen DDR 1989 bis in
die neueste Zeit hinein vorgelegt.
Im Anschluß an eine übergreifende
Analyse der Parteiensystementwick-
lung werden in Einzelkapiteln alle
relevanten Parteimitgliederstudien
vorgestellt.

WESTDEUTSCHER
VERLAG
OPLADEN · WIESBADEN